사회복지실천기술론

이태희 · 류동수 · 박희숙 · 오하나 · 황동섭

KNOWLEDGE COMMUNITY 공동체

머리말

현대사회의 급속한 변화와 다양성 앞에서 사회복지 현장도 다각도로 변화해 나아가고 있다. 특히 빠른 고령화와 다문화적 요소가 증가하면서 사회복지실천현장도 내용과 방법적 측면에서 다양해졌으며, 보다 전문적이고 세심한 접근이 필요하게 되었다. 이에 따라 사회복지사들도 전문적이고 효율적인 서비스를 수행하기 위하여, 대상자들의 특성과 다양한 측면을 이해하고 그에 맞는 적절한 서비스의 실행을 위해, 여러 학문 분야의 지식들이 실천현장에서 체계적으로 이루어져야 할 것이다.

특히 사회복지실천과 관련된 기술이란 특수 상황에 처해 있는 대상자들의 행동을 올바르게 이해하는 것에서부터 출발한다. 사회복지사는 다양한 이론적 바탕을 토대로 사회복지실천의 목적을 촉진시키기 위해 특정 상황에 적절한 이론과 실천기술을 선택하고 활용하는 능력이 요구된다.

그러므로 대상자들의 필요에 민감하고, 다양한 상황과 욕구에 맞는 적절한 서비스를 위하여 폭넓은 이론적 배경과 개입기술 등을 숙지하여 가장 합리적인 방법으로 서비스를 실현할 수 있도록 역량을 강화하고, 대상자들의 만족도를 높일 수 있도록 현실적인 접근방법에 익숙해져야 할 것이다.

이에 이 책에서는 사회복지실천기술에 대한 전반적 이해를 돕기 위해 사회복지실천현장에 대한 개념부터 실제 서비스 현장에서 맺게 되는 대상자들과의 관계기술, 원활한 면접을 위한 의사소통 방법으로 관찰기술과 상담기술, 이러한 기술을 활용한 개인, 가족, 집단, 지역사회를 대상으로 하는 다양한 실천모델과 개입기술, 서비스 과정을 기록하는 방법과 그 종류, 이를 통한 평가의 방법과 한계까지 수록하였다. 이를 통해 서비스의 전 과정에 필요한 실천가로서의 전문지식과 기술, 가치관 등을 숙지하고 연습하여 서비스 현장에서 현명하게 대처할 수 있는 업무역량을 갖출 수 있기를 바라는 바이다.

이를 위하여 사회복지학 교과목 지침서에 제시된 내용과 국가직무능력 표준(NCS : National Competency Standards)을 전제로 기본적인 지식과 기술 및 태도를 갖춘, 이 시대에 필요한 사회복지사 양성을 위하여 학문적 역량을 도모하고자 이 책을 출간하게 되었다. 계속된 연구를 통해 미흡한 부분은 완성도를 높여가도록 할 것이며, 기꺼이 조언과 충고도 수용할 것이다. 이 책이 나오기까지 따뜻한 관심과 성원을 보내주며 애써주신 공동체 가족 여러분께 진심으로 감사를 드리는 바이다.

2023년 9월

저자 일동

CONTENTS

차 례

CHAPTER 08 가족대상 사회복지실천기술 / 147

CHAPTER 09 집단대상 사회복지실천기술 / 191

CHAPTER 10 지역사회실천기술 / 237

차 례

01
CHAPTER

사회복지실천기술의 이해

1. 사회복지실천 지식과 기술
2. 사회복지실천의 전문적 기반
3. 사회복지실천기술의 유형
4. 사회복지실천의 가치

01 CHAPTER 사회복지실천기술의 이해

학습목표

1. 사회복지실천을 위한 전문적 지식을 설명할 수 있다.
2. 사회복지실천을 위한 전문적 기술을 분류하여 설명할 수 있다.
3. 전문 사회복지사로서의 가치관을 정립할 수 있다.

사회복지서비스는 다양한 실천현장과 복지욕구의 다양성 등으로 실천영역이 점차 확대되고 있다. 그러므로 사회복지사는 사회복지실천기술에 대한 폭넓은 이해와 자기분석을 통해 클라이언트에게 긍정적 영향력을 행사할 수 있도록 준비되어야 하고 전문가로서의 기본적 지식과 기술, 윤리, 가치관 등이 확립되어야 한다.

1. 사회복지실천 지식과 기술

개인문제에서부터 환경에 이르는 폭넓은 문제를 다루는 사회복지실천현장에서는 지식의 대부분이 사회과학과 행동과학 등 인접분야에서 빌려온 것들이다. 미국사회복지교육협의회(The Council on Social Work Education, 1992)에서는 사회복지실천의 맥락과 클라이언트를 이해하는 데 도움이 되는 교과내용으로 사회, 문화, 과학, 역사, 예술, 철학 등의 기초교양 과목을 포함하고 있으며, 다양한 관점과 시각을 위하여 심리학, 사회학, 정치학, 경제학, 인류학 등 기초사회과학을 포괄적으로 요구하고 있다. 그러므로 다양한 특성을 고려하여 적절한 사회복지서비스를 이루기 위해서는 여러 학문분야의 지식들이 실천 현장에서 체계적으로 이루어져야 할 것이다.

1) 전문적 지식

사회복지사에게 필요한 전문적 지식은 자기 자신에 대한 분석에서부터 대상자에 대한 이해, 실천과정, 관련 사회복지 정책 등 다양한 영역에서 지식이 필요하다. 헵워스, 루니와 라슨(Hepworth, Rooney & Larsen, 1997)은 사회복지사의 전문적 지식에 대해서 몇 가지로 범주화하고 있다(금기윤 외, 2013 : 12-14; 설진화, 2008 : 16-17; 허남순 외 공역, 2004 : 26-28).

(1) 인간행동과 사회환경에 관한 지식

전문적 사회복지사로서의 역할을 수행하기 위해서 가족, 집단, 조직, 지역사회 등과 같이 개인이 생활하는 다양한 사회체계의 영역에 있어서 인간의 생태-심리-사회학적 발달 등에 대한 지식은 사회복지사로서 효과적인 업무수행을 가능하게 한다. 인간의 문제에 접근하기 위해서 사회복지사는 대상자의 발달시기와 관련된 욕구와 자원 등에 대해서 알아야 한다. 또한 욕구가 어떻게 정의되고, 다양한 문화와 체계가 어떻게 만나는지 알아야 적절한 서비스를 진행할 수 있다.

(2) 사회정책과 서비스에 관한 지식

정부나 모든 사적 영역의 휴먼서비스 체계에 대해 계획을 세우고 이끌어 가는 사회정책의 형성에 포함되는 복잡한 요인들을 구체적으로 이해하기 위해서 사회·경제적 정의의 원칙 내에서 정책, 정책의 형성과정, 사회정책의 분석에 영향을 미치는 정치적·조직적 과정 등에 관한 지식을 갖추어야 한다. 그러므로 사회복지사는 전문가로서의 신념과 윤리, 가치뿐만 아니라 전체적 조화 속에서 실천을 위해 개인, 가족, 집단, 지역사회의 사회적 기능을 향상시키는 사회정책 개발과 활성화에 참여하여야 한다.

(3) 사회복지실천방법에 관한 지식

전문가와 기관을 포함하여 전달체계에 대한 지식이 필요하며, 사회정책이 변화해 온 역사적 맥락과 개인의 기능에 대한 사회정책의 영향력, 사회정책을 발전시키기 위한 사회복지사의 역할 등에 관한 지식이 필요하다.

(4) 조사연구에 관한 지식

사회복지실천을 위한 지식의 형성과 실천현장에서 서비스 전달을 평가하기 위한 과학적이고 분석적인 접근을 하는 과정에서 이해와 설명을 제공하기 위하여 경험적이고 주관적인 지식을 과학적이고 객관적인 지식으로 검증하여 다른 결론들과 구별할 수 있는 능력이 필요하다.

2) 전문적 기술

기술은 특수한 상황에 처해 있는 클라이언트의 행동에 대해 올바르게 이해하는 것에서부터 출발하는 것으로 사회복지사는 다양한 이론적 바탕을 토대로 사회복지실천의 목적을 촉진시키기 위해 특정 상황에 적절한 이론과 실천기술을 선택하고 활용하는 능력이 요구된다. 그러므로 기술은 사회복지실천의 예술적 측면으로 이해되기도 한다.

(1) 사회복지실천기술의 개념

기술(skill)이란 능력, 솜씨, 지식, 재능 또는 자원을 능숙하게 활용하는 것이며, 지식과 가치를 통합하여 행동으로 바꾸는 사회복지 실천의 핵심적 구성 요소로 지식을 효과적으로 이용하고 적용할 수 있게 해준다.

실천기술에 대한 정의를 살펴보면 바커(Barker, 1991)는 "대화나 클라이언트의 문제, 욕구, 능력 등에 대한 사정, 자원개발과 사회구조를 변화시키는 데 있어서의 숙련성"이라고 정의하고 있으며, 스말리(Smally, 1967)는 "사회복지사가 특정 프로그램이나 서비스의 목적을 달성하기 위한 과정을 진행하기 위해서 필요한 지식과 방법을 활용할 수 있는 능력"이라고 정의하고 있다. 또한 전재일과 이성희(2006)는 "사회복지실천의 지식과 가치, 윤리, 의무에 기초하여 클라이언트와 관련된 특별한 상황의 변화를 위하여 심리사회적 개입을 할 수 있는 사회복지사의 인지적이고 행동적인 능력"이라고 정의하고 있다.

이처럼 실천기술은 사회복지의 가치와 지식을 조화시켜 행동으로 옮기는 실천적 요소로서 클라이언트의 욕구에 반응하여 클라이언트의 사회적 기능을 향상시키려는 목적을 가지며, 대인관계기술, 면접기술, 집단지도기술, 의사소통기술, 평가 및 종결기술 등이 있다(금기윤 외, 2013 : 16-17).

(2) 사회복지실천기술의 특징

사회복지실천은 상황에 맞는 기술을 적용하기 때문에 특정 상황에 맞는 실천기술을 선택하고 활용하는 능력이 필요하다. 이러한 기술은 특정 이론에만 치우치면 안 되고 다양한 이론이나 방법적 요소들을 문제에 맞게 적절하게 선택해서 사용할 수 있도록 가치와 지식에 근거하여야 한다.

이러한 실천기술은 사회복지사가 가지고 있는 기본적 자질에 따라 달라질 수 있지만, 지식을 기반으로 하기 때문에 얼마든지 개발될 수 있고 학습을 통해 얻어질 수 있으며, 현장에서의 훈련과 재교육, 전문적 자문을 통해 향상될 수 있다. 또한 사회복지사가 지식과 이론에 기초하여 실천하고, 각 상황에서의 일반성과 특수성을 평가함으로써 새로운 상황에 그들이 학습한 지식과 이론을 적용할 수 있게 되는데 이것을 사회복지실천기술의 이전성이라고 한다(금기윤 외, 2013 : 17; 이영호, 2007 : 19).

2. 사회복지실천의 전문적 기반

사회복지실천에 있어서 "사회사업은 하나의 기술 또는 예술인 동시에 과학이다(Morals & Sheafor, 1980)"라는 말처럼 과학(science)과 예술(art)의 조화가 필요하다. 과학적 지식에만 의존하면 기계적 수행에 그칠 수 있고, 예술성에 치중하면 효과적 실천이 어려울 수 있다. 그러므로 사회복지사는 전문적 지식과 다양한 기법들을 활용하는 예술적 능력은 물론이고, 교육과 학습을 통해 과학성과 예술성이 조화를 이룬 전문가로서의 역량을 갖추어야 한다.

1) 과학적 기반

(1) 과학적 기반의 개념과 특징

사회복지실천에서의 과학적 기반이란 서비스의 효과적 개입을 위해 사회현상, 사회적 조건과 문제, 사회정책과 프로그램, 사회복지 전문직, 다양한 실천이론과 관련된 지식에 바탕을 두고 이를 적용하고 활용하는 것을 말한다. 과학적 방법은 현상을 연구하고 지식을 형성하기 위한 구체적 접근방법으로 편견이나 주관적 견해로 인한 오류를 줄여주고, 사회복지실천이 효과적이고 효율적일 수 있도록 한다(나눔의집, 2018 : 20).

(2) 과학적 기반의 구성 요소

사회복지실천에서 사회복지사는 인간행동, 사회환경, 변화환경에 대한 지식과 기술이나 절차를 이용할 수 있는 능력이 결합되어야 하며, 변화노력을 위한 체계적 지침을 제공하는 문제해결의 방법을 과학적 기반과 결합시켜야 하는데, 이를 위한 지식적 측면은 다음과 같다(나눔의집, 2018 : 20).

- 사회현상에 대한 지식
- 사회복지 전문직에 대한 지식

- 사회복지실천에 대한 지식
- 사회정책과 프로그램에 대한 지식
- 사회적 조건과 문제에 대한 지식
- 인간행동과 사회환경에 대한 지식

2) 예술적 기반

(1) 예술적 기반의 개념과 특징

사회복지실천에서 예술성은 사회복지사 개인의 특성이나 예술적 혹은 직관적 능력 등을 과학적 기반 위에 적절히 활용하는 것을 말한다. 즉, 사회복지사의 다양한 활동이나 개입이 효과적이기 위해 클라이언트에 대한 충분한 이해와 공감이 필요하고, 원조관계를 형성·유지하며, 양가감정을 다루고 클라이언트의 문제해결에 적극적으로 참여하여 변화를 일으킬 수 있도록 원조해야 한다.

(2) 예술적 기반의 구성 요소

사회복지사는 상황의 독특성을 인정하여 지식과 기술적 측면에서 문제를 이해하고, 적절한 개입방법을 선택함과 동시에 적용시키는 과정에 있어서 창의성과 직관 같은 예술성이 필요하게 되는데 예술적 측면은 다음과 같다 (나눔의집, 2018 : 21).

- 전문적 관계 형성
- 감정이입
- 희망
- 온화함
- 적절한 가치 기준
- 직관적 능력

- 융통성
- 진실성
- 상상력과 창의적 사고
- 건전한 판단력
- 인내심
- 동정심

3. 사회복지실천기술의 유형

1) 사회복지 실천가로서의 기술

미국사회복지사협회에서는 사회복지실천능력을 갖추기 위해서 수행하는데 필요한 구체적 실천가로서의 업무수행기술의 필요성을 강조하면서 필수적 실천기술을 제시하였다(금기윤 외, 2013 : 17-18; 나눔의집, 2018 : 28-29; 설진화, 2008 : 20; NASW, 1981 : 17-18).

- 전문가로서의 이해와 목적을 가지고 타인의 말을 경청
- 관련된 사실과 정보를 수집하고 조합하는 능력
- 전문적 원조관계를 형성, 유지, 발전시키고 그 관계 속에서 자신을 도구로 활용
- 언어적·비언어적 의사소통을 관찰하고 해석하며, 관련 이론이나 진단방법 활용
- 클라이언트와 초기관계를 맺고, 신뢰감 형성
- 정서적으로 민감한 주제들을 지지적 방법으로 다루는 기술
- 클라이언트의 욕구에 대한 창의적 해결책 모색
- 치료적 관계의 종결 시기와 방법을 결정하고 종결 실행
- 조사연구의 수행과 결과의 해석, 전문적 자료 해석

- 갈등관계에 놓인 양측을 화해시키거나 중재하고 협상
- 조직 간에 협력서비스를 제공
- 후원자, 시민, 입법관계자 등에게 사회적 욕구를 해석하고 전달

2) 개입 차원에 따른 기술

사회복지실천기술은 사회복지사가 관여하는 클라이언트 체계의 수준에 따라 미시(micro), 중범위/ 중간(mezzo), 거시(macro) 등으로 구분되며, 효과적 실천을 위해서 세 가지 영역을 포괄하는 총체적 지식과 관련된 기술이 필요하다(금기윤 외, 2013 : 13; 나눔의집, 2018 : 29).

(1) 미시적 수준의 기술

미시적 수준의 실천은 개인, 부부, 가족 등과 같은 클라이언트 체계를 대상으로 사회복지사가 일대일로 접촉하면서 직접적 서비스를 제공한다. 그러므로 대인관계기술이나 면접기술 등이 필요하다.

(2) 중범위 수준의 기술

중범위 수준의 실천은 클라이언트에게 의미 있는 관계로 직접적 영향을 미치는 가족, 또래집단, 이웃, 학교, 직장, 동료, 자조집단, 치료집단처럼 개인과 그 개인에게 가장 가깝고 중요한 사람들의 만남이 이루어지는 접점에서 개입한다. 그러므로 친밀도가 낮은 대인관계와 조직, 체계를 변화시키기 위하여 집단역동성을 활용하는 기술, 미시수준의 관계형성기술, 의사소통기술 등이 필요하다.

(3) 거시적 수준의 기술

거시적 수준의 실천은 직접적 실천과는 달리 사회계획과 지역사회조직 과정을 포함하는 것으로 사회복지사는 사회문제를 다루기 위해서 개인, 집

단, 조직으로 이루어진 지역사회 행동체계를 지원하는 전문적 변화 매개자로서의 역할을 수행하는 간접적 실천이다. 그러므로 시민단체나 사적·공적 혹은 정부 조직과 연계하여 일을 하기 때문에 주민조직기술, 지역사회 지도자 및 정책결정권자에게 접근하는 기술, 자금동원기술, 행동주도기술, 해결 협상기술, 클라이언트 옹호기술, 대변기술 등이 필요하다.

3) 사회복지실천현장

(1) 개념

사회복지실천현장은 좁은 의미로 볼 때 실천이 이루어지는 구체적 장소 혹은 서비스를 직·간접적으로 제공하는 사회복지기관을 말한다. 또한 넓은 의미로는 물리적 공간이나 장소만을 뜻하는 것이 아니라 사회복지실천이 이루어지는 분야 혹은 서비스의 초점이 되는 문제나 클라이언트 등을 모두 포함한다.

〈표 1-1〉 사회복지실천현장 분류

좁은 의미	넓은 의미
• 서비스가 이루어지는 구체적 장소 • 서비스를 제공하는 기관 • 종합사회복지관, 장애인복지관, 노인복지센터, 노인요양원 등	• 서비스가 이루어지는 분야 • 서비스의 대상이 되는 문제, 클라이언트 등 • 의료(영역별), 장애인(대상별), 교도소(장소별), 약물남용(영역 혹은 문제별) 등

출처 : 나눔의집(2018), p. 116 재구성.

(2) 사회복지 기능 혹은 목적에 따른 분류

사회복지실천의 기능이나 목적에 따른 구분으로 1차 현장은 서비스의 제공을 주된 기능과 목적으로 하는 기관을 말하며, 일반적으로 사회복지사들이 중심이 되어 활동한다(예 아동양육시설, 지역아동센터, 종합사회복지관 등).

또한 사회복지실천 2차 현장은 필요시 사회복지서비스를 제공하는 것으로 사회복지전문기관은 아니지만 서비스가 기관의 목표달성과 서비스의 효과성에 긍정적 영향을 미친다고 인정되어 사회복지실천을 부분적으로 수행하는 현장을 말한다(예 학교, 병원, 교정시설, 기업, 의료기관, 주민센터, 보건소, 보육시설 등).

(3) 기관 설립주체 및 재원조달 방식에 따른 분류

기관의 설립주체나 재원이 조달되는 방식에 따라서 구분한 것으로 첫째, 공공기관이 있다. 이는 정부 지원에 의해 운영되며, 사회복지 업무는 정부의 규정이나 지침에 의해 규정된다. 서비스를 계획하고 관리 · 지원하는 행정체계와 서비스를 직접 제공하는 집행체계로 나뉜다(예 읍 · 면 · 동 주민센터).

둘째, 민간기관이 있다. 이는 사회복지 관련 사업을 목적으로 하는 기관으로 타 기관의 기부나 후원금, 재단 전입금, 기타 대상자들로부터 받는 서비스 이용료 등이 주요 재원이 되는 기관이다. 이는 서비스를 직접 제공하는 기관과 간접서비스나 행정지원을 위해 조직된 협의체 등으로 나뉜다(예 사회복지법인, 재단법인, 사단법인, 종교단체, 시민사회단체, 개인 등).

(4) 서비스 제공 방식에 따른 분류

서비스를 실천하는 방식에 따라서 행정기관과 서비스 기관으로 구분된다. 행정기관이란 간접서비스를 제공하는 방식으로 사회복지서비스를 효율적으로 전달하기 위해 행정업무를 수행하고 기관 간 연계 및 협의 업무를 주로 담당한다. 그 예로 중앙정부 소속인 보건복지부, 문화체육관광부 등이 있으며, 민간 행정조직으로 한국사회복지사협회, 한국사회복지관협회 등의 협의체 조직이 있다.

또한 서비스 기관이란 클라이언트에게 직접서비스를 제공하는 것으로 주요 대상이나 문제영역에 따라서 서비스기관이 분류되며, 그 예로 아동상담소, 지역사회복지관, 보육시설 등이 있다(나눔의집, 2018 : 118).

(5) 주거서비스 제공 여부에 따른 분류

주거서비스의 제공 형태에 따라서 생활시설과 이용시설로 구분된다. 생활시설이란 주거서비스를 포함한 사회복지서비스를 제공하는 기관으로 장애인거주시설, 아동양육시설, 청소년 쉼터, 치매노인요양원, 그룹 홈 등이 있다. 또한 이용시설이란 자신의 집에 거주하는 클라이언트를 대상으로 사회복지서비스를 제공하는 기관으로 각종 복지관, 청소년상담복지센터, 치매주간보호센터 등이 있다.

〈표 1-2〉 사회복지실천현장 분류 기준과 유형

분류	기능/ 목적	설립주체/ 재원조달	서비스 제공 방식	주거서비스 제공 여부	이윤추구 여부	서비스 영역
유형	• 1차 현장 • 2차 현장	• 공공기관 • 민간기관	• 행정기관 • 서비스 기관	• 생활시설 • 이용시설	• 영리기관 • 비영리기관	노인, 여성, 아동, 장애인, 의료, 소득보장 등

출처 : 나눔의집(2018), p. 117 재구성.

4) 역할에 따른 기술

사회복지실천현장에서 필요한 역할과 활동을 살펴보면(금기윤 외, 2013 : 25-26; 설진화, 2008 : 21-22; Zastrow, 2003 : 25-26) 다음과 같다.

- **조력자**(enabler) : 클라이언트가 스스로 문제해결을 할 수 있는 능력을 기르고 필요한 자원을 찾아낼 수 있도록 돕는 기술
- **현장활동가**(outreach worker) : 욕구파악을 위하여 지역사회의 실제 현장에 뛰어들며, 상황과 욕구에 적합한 서비스를 의뢰함
- **중개자**(broker) : 이용 가능한 서비스를 알고 욕구가 있는 사람에게 적절한 서비스가 주어지도록 가교 역할을 함
- **옹호자**(advocator) : 클라이언트를 대변하며, 특정 서비스를 받지 못하는 클라이언트에게 서비스를 줄 수 있도록 돕고, 욕구가 있는 더 많은 사람들

에게 서비스가 확대·제공될 수 있도록 도와줌

- 평가자(evaluator) : 욕구와 자원을 평가하며, 욕구를 충족시킬 수 있는 대안을 만들고 그 대안 중에서 선택하도록 함
- 교육자(teacher) : 클라이언트에게 새로운 정보나 지식, 기술 등을 배울 수 있도록 도와주고 직접 가르침
- 동원가(mobilizer) : 새로운 서비스를 개발하도록 도움
- 행동수정가(behavior changer) : 클라이언트의 특정 행동을 변화시킴
- 자문가(consultant) : 다른 전문가들과 함께 활동하면서 그들이 더욱 효과적으로 서비스를 제공하도록 도움
- 지역사회계획가(community planner) : 지역사회 집단들이 그 지역의 복지욕구를 충족시키기 위한 효과적 계획을 세우도록 도움
- 보호제공자(care giver) : 자신의 욕구를 충족시키지 못하고, 자신의 문제를 충분히 해결할 수 없는 사람들에게 지지서비스를 제공
- 정보관리자(data manager) : 정책결정을 위한 필요정보를 수집하고 분석
- 행정가(administrator) : 각종 서비스 프로그램을 계획하고 실천하는 데 필요한 행동들을 수행
- 행동가(activist) : 클라이언트의 이익이나 권리가 침해당하는 사회적 조건 등을 인식하고 클라이언트의 인권을 보호하기 위한 활동 등에 참여

〈표 1-3〉 사회복지사의 기능별 역할

기 능	역 할	역할의 예
직접서비스 제공	클라이언트에게 직접서비스 제공	• 상담가, 가족치료사 • 집단사회복지지도자 • 정보제공 및 교육자
체계와 연결	클라이언트를 다른 체계와 연결	• 중개자/ 중재자 • 사례관리자/ 조정자 • 클라이언트 옹호자
연구 및 조사	개입방법을 선택하고 그 효과성을 평가하기 위해 연구 및 조사 수행	• 프로그램 평가자 • 조사자

체계 유지 및 강화	서비스 전달 시 효율성을 떨어뜨리는 기관의 정책·기능적 관계를 평가	• 조직분석가 • 촉진자 • 자문가
체계 개발	기관의 서비스 확대 및 개선을 위해 체계 개발에 관련된 역할 수행	• 프로그램 개발자 • 기획가 • 정책과 절차 개발자

출처 : 나눔의집(2018), p. 126 재구성.

4. 사회복지실천의 가치

가치란 믿음 또는 신념과 같은 것으로 '좋다/ 싫다', '바람직하다/ 나쁘다' 등과 같이 선호하는 것에 대한 견해로서 인간의 삶과 관련된 주관적 선호를 나타내는 것이다. 그러므로 인간의 행동에 있어서 선택의 기준으로 작용하며 인간행동의 방향과 동기를 제공한다. 또한 지식, 기술과 더불어 사회복지실천의 3대 중심축의 하나로 사회복지실천이 추구해야 하는 방향성을 제시한다.

1) 본질적 가치

인간의 존엄성 존중과 배분적 사회정의는 사회복지실천의 본질적 가치로서 사회복지실천의 이중(double)가치체계라고도 하는데, 그 내용을 살펴보면 다음과 같다(나눔의집, 2018 : 51).

(1) 인간존엄성 존중

인간을 존엄한 존재로 생각하는 것으로 클라이언트의 개별화, 자기결정권, 비밀보장을 준수하는 수단적 가치와 직업윤리의 토대가 된다. 모든 인간에 대하여 가치 있는 존재로 인정할 때에 바람직한 사회복지서비스가 제공된다고 할 수 있다.

(2) 분배의 정의

사회의 책임성과 참여를 중시하는 것으로 개인의 문제는 사회적 자원의 결핍이나 사회 환경의 역기능적 영향에 의해 발생하는 것이기 때문에 사회는 개인의 발전을 위해 최소한의 사회적 자원을 공평하게 배분해 주어야 한다.

2) 사회복지 전문직의 가치

레비(Levy)는 사회복지사가 갖추어야 하는 전문직의 가치를 3개의 범주로 나누어 설명하면서 기능적 측면을 기준으로 구분하여 다음과 같이 설명하고 있다(나눔의집, 2018 : 52-53).

(1) 사람 중심

전문직 종사자가 갖추어야 할 기본적 가치로서 인간의 본성을 제시해 줄 수 있는 가치를 말한다. 즉, 클라이언트를 개별화된 인간으로 보고 능력을 인정해 주며 그에 따라 권한을 인정해 주는 가치관을 갖는다. 그 예로 개인의 타고난 가치와 존엄성에 대한 믿음, 건설적 변화 의지와 능력에 대한 믿음, 상호적 책임, 소속의 욕구, 독특성, 일반적인 인간적 욕구 등을 인정하는 것을 말한다.

(2) 결과 중심

사회가 개인의 발전을 위해 사회참여의 기회를 동등하게 제공해야 한다는 사회적 책임에 대한 믿음이다. 사람에 대해 서비스를 제공했을 때 초래되는 결과에 대한 가치로서 바람직한 결과 성취를 위해 가져야 하는 가치를 말한다. 그 예로 인간의 기본 욕구 충족, 부적절한 교육이나 주택문제 등의 사회문제를 제거하는 것 등이 있다.

(3) 수단 중심

서비스를 수행하는 방법과 수단, 도구에 대한 가치를 말한다. 그 예로 사람은 존경과 존엄으로 다루어져야 하며, 자기결정권을 가져야 하고, 사회변화에 동참하도록 촉진되며, 독특한 개인으로 인정되어야 하고, 이를 위해 비심판적 태도를 취해야 한다.

학습평가

01 사회복지실천을 위한 전문적 지식이 아닌 것은?

① 사회복지실천방법에 대한 지식
② 과학적 기반에 대한 지식
③ 조사연구에 대한 지식
④ 인간행동에 대한 지식
⑤ 사회정책에 대한 지식

정답 ② 과학적 기반에 대한 지식은 사회복지실천의 전문적 기반을 위한 요소이다.

02 사회복지사가 갖추어야 하는 예술적 요소가 아닌 것은?

① 융통성 ② 진실함
③ 감정이입능력 ④ 창의력
⑤ 고정관념

정답 ⑤ 고정관념은 건강한 사회복지서비스를 위해 지양해야 하는 요소이다.

03 미시적 관계에 대한 설명으로 적절하지 않은 것은?

① 지역사회조직능력 필요 ② 대인관계기술 필요
③ 면접기술 필요 ④ 일대일 관계
⑤ 클라이언트에 대한 직접서비스

정답 ① 지역사회조직능력은 거시적 관계에서 필요한 기술이다.

04 클라이언트가 필요로 하는 자원을 연결해 주는 역할로 옳은 것은?

① 중재자　② 조력자
③ 중개자　④ 옹호자
⑤ 동원자

정답 ③ 이용 가능한 서비스를 욕구가 있는 사람에게 적절하게 연결시켜 주는 것을 중개라고 한다.

05 전문 사회복지사가 갖추어야 하는 가치관이 아닌 것은?

① 인간존중　② 공익 추구
③ 공정한 분배　④ 워커 중심
⑤ 적절한 수단 강구

정답 ④ 모든 사회복지서비스는 소비자인 클라이언트를 중심으로 진행하는 것을 원칙으로 한다.

02
CHAPTER

사회복지실천의 관계기술

1. 사회복지실천 대상과의 관계 이해
2. 관계형성이론
3. 사회복지실천 관계의 기본 원칙
4. 관계형성기술

02 CHAPTER 사회복지실천의 관계기술

학습목표

1. 사회복지실천 대상과의 관계를 이해할 수 있다.
2. 사회복지 관계기술을 통해 클라이언트 중심의 서비스 계획을 수립할 수 있다.
3. 전문적 관계 정립을 통해 전문가로서의 자질을 키울 수 있다.

1. 사회복지실천 대상과의 관계 이해

1) 사회복지실천에서 관계의 개념

관계란 클라이언트와 사회복지사가 서로 상호작용을 통하여 좋은 라포(rapport)를 형성하는 것을 의미한다. 사회복지사와 클라이언트가 서로 좋은 관계를 유지, 발전시키는 것은 효과적인 사회복지실천과 원조관계를 유지하기 위한 노력 중에서 가장 선행되어야 할 부분이다.

2) 관계형성의 전제조건

사회사업이란 하나의 응용과학으로서 실제로 문제를 가진 개인들과 전문적 관계를 통하여 그들이 얼마나 효과적으로 자신들의 문제를 해결할 수 있도록 도와줄 수 있느냐 하는 능력, 즉 기술의 개발이 사회사업교육의 일차적인 목표라 할 수 있다. 사회복지의 실천, 즉 사회사업을 시작하기 위해서는 관계가 형성되어야 하는데, 이를 위해 필요한 기초기술은 다음과 같다(김민경, 2017 : 18-19).

① **면담기술** : 의사소통 및 관여 기술
② **사정기술** : 개인과 환경의 상호작용의 맥락에서 문제나 어려움을 발견하는 기술
③ **개입기술** : 문제나 어려움을 해결하는 기술
④ **팀워크기술** : 문제해결을 위해 다른 전문직과 협력하여 함께 노력하는 기술
⑤ **지지망 구축 기술** : 개입효과의 지속성을 유지함으로써 클라이언트의 자립을 유도하는 기술
⑥ **협상기술** : 클라이언트의 복지와 관련된 주변 체계와의 협상기술
⑦ **평가 및 종결 기술** : 클라이언트와 사회복지사의 협력적 노력의 결과를 평가하고 클라이언트의 자립생활을 위해 종결하는 기술

위의 기술은 실제로 사회복지현장에서 사용될 때, 통합적으로 사용되는 경우가 많다. 실천기술들이 종합적으로 잘 활용될 때 긍정적인 원조관계가 형성되고, 긍정적인 원조관계는 사회복지실천의 결과에 긍정적인 영향을 준다.

사회복지실천을 통해 클라이언트의 긍정적인 결과를 얻어내기 위해서 사회복지사는 복지실천에 필요한 모든 기술들을 능숙하게 활용할 수 있도록 익히고, 이 기술들은 긍정적인 원조관계 형성이라는 일차적인 목표를 위해 사용해야 함을 명심해야 한다. 원조관계 형성은 전체적인 실천과정의 기초를 다진다는 점에서 초기단계의 중요 과제이다.

2. 관계형성이론

1) 관계의 개념

관계란 공통의 이해관계를 지닌 사람들 간에 일시적 또는 장기적으로 감정의 상호작용이 일어나는 조건으로 정의할 수 있다(Perlman, 1957). 상호 간의 정서적 교환 및 태도, 역동적 상호작용, 전문적인 만남, 상호작용과 과정 등으로 이루어지며 정서적인 성격을 가진다.

2) 학자들의 정의

(1) 비에스텍(Biestek, 1957)

사회복지실천에서의 관계란 사회복지사와 클라이언트 간의 감정과 태도의 역동적 상호작용, 클라이언트가 자신과 환경 간의 좀 더 나은 적응을 이룰 수 있도록 돕는 데 목적이 있다.

(2) 펄만(Perlman, 1973)

관계란 하나의 촉매로서, 문제해결과 도움을 향한 인간의 에너지와 동기를 지지하고 양성하며 자유롭게 하는 원동력이다.

(3) 노던(Northen, 1969)

인간의 행동이 각기 다른 정서적 반응을 불러일으키는 것처럼, 관계란 일차적으로 한 사람으로부터 다른 사람에게로 흘러가는 감정적 반응으로 구성된다.

(4) 핀커스와 미나한(Pincus & Minahan, 1973)

관계란 사회복지사와 그가 관계하는 다른 체계 간의 정서적 유대, 이들 관계에는 협력, 협상 또는 갈등의 분위기가 포함된다.

(5) 비스맨(Bisman, 1994)

바람직한 관계를 형성하는 데 있어 사회복지사와 클라이언트가 동시에 지녀야 할 마음가짐을 사회복지실천관계에서 '신념유대'로 간주해서 설명한다.

3) 사회복지실천관계

사회복지를 실천하기 위해서는 우선적으로 대상자를 알아야 하고, 대상자를 알기 위해서는 관계를 형성해야 한다. 대상자, 즉 클라이언트와 알아가는 데 있어서 지적 · 감정적 · 의지적인 영역이 필요하지만 이 중 한 가지에만 치우치게 되면 문제가 발생하게 되므로 이 영역들이 서로 조화를 잘 이루고 있을 때 인격적 관계가 형성된다고 볼 수 있다.

(1) 전제

사회복지실천은 클라이언트를 돕는 과정이고 여기서 발생되는 상호 간의 관계는 전문적인 관계가 되어야 한다. 이러한 전문적 인간관계를 이루기 위한 기본 바탕은 의지적 · 감정적 · 지적인 부분이 조화롭게 균형을 이루는 인격적 관계가 성립될 때 가능하게 된다.

(2) 지적

만남의 첫 단계로 상대방을 만나서 알아가는 것에서부터 시작된다. 상대방에 대한 것을 많이 알게 될수록 그 사람을 이해하는 폭이 넓어지게 되고, 깊이 알게 될수록 감정이 생기게 된다.

(3) 감정

앎을 바탕으로 감정이 생기게 되는데, 사람들은 감정을 전부라고 생각하는 경우가 많다. 인격적 관계를 이루기 위해서는 감정적인 부분도 중요하지만 감정은 그 일부이지 전부가 아니라는 것을 자각해야 한다.

(4) 의지

사람이 추억을 만드는 이유는 상대방과의 관계가 감정적으로 약화되었을 때 관계의 유지를 위해서 필요하기 때문이다. 이처럼 감정은 자신의 의지가 필요하게 된다.

4) 전문적인 관계의 기본 요소

전문적 관계는 사회복지사가 클라이언트의 문제해결과 적응이라는 분명한 목적을 가지고 제한된 시간 안에서 이루어지는 특수한 관계를 의미한다. 이러한 관계는 클라이언트와의 상호작용에 의해 형성되고 유지될 수 있으나, 일반적인 인간관계와는 달리 클라이언트는 복지사 또는 기관에 도움을 요청하고 사회복지사는 전문가로서 클라이언트에게 도움을 주는 관계이기 때문에 상호 간의 관계의 전반적인 과정에 대한 전문적인 책임을 필요로 하게 된다.

5) 전문가로서 사회복지사의 자질

(1) 성숙함

유능한 사회복지사는 성숙해 가는 과정 속에서 자신을 성장시키며 발전해 나가야 한다.

(2) 창조성

창의적인 사회복지사는 클라이언트의 문제 상황에 대한 해결책에 대해 개방적이어야 한다. 이미 알려진 해결책만을 찾고 적용하기보다는 당면한 상황에서 최선의 해결책을 찾도록 자신을 개방하고 기존의 이론적인 입장이나 사고체계를 거부하지 않으면서 새로운 대안을 찾으려는 자세를 가져야 한다.

(3) 용기

사회복지사는 복지를 실천하면서 실패하거나, 어려운 상황에 휘말리는 일, 자신의 힘으로 통제할 수 없는 상황에 감정적으로 억눌리거나 비난 또는 학대받는 일, 계획과 어긋나는 등의 예측할 수 없는 상황에 계속적으로 연관되는 일, 신체적으로 위협받는 일 등을 기꺼이 받아들일 수 있는 용기가 있어야 한다.

(4) 민감성

사회복지사가 특정한 단서가 없더라도 클라이언트의 내면세계를 느끼고 감지할 수 있는 능력을 민감성이라고 한다.

(5) 자기 관찰 능력

자기 관찰 능력이란 자신의 목표에 대해서 깊이 생각하고 이를 실천하는 자기 자신을 믿고 존중하며, 시야가 좁아지지 않도록 한 발 물러서서 자신과 자신의 계획을 객관적인 시점으로, 개입활동의 일부분으로 관찰할 수 있는 능력을 말한다.

(6) 인간적 자질

클라이언트를 존중하며 이해하는 마음을 갖고 공감하고, 수용하며, 비심판적인 태도로 클라이언트를 있는 그대로 인정하는 것이 필요하다. 자신과 다른 경험을 한 사람의 행동양식을 이해하려 노력하고, 각기 다른 가치관에 대해서 포용성을 가지며, 장기적인 목표를 가지고 이를 끈기 있게 실천해 가고, 클라이언트가 스스로 자기결정권을 행사할 수 있도록 기다려 주며 돕는 것을 의미한다.

3. 사회복지실천 관계의 기본 원칙

1) 비에스텍(Biestek)의 인간의 욕구를 기초한 관계 기본 원칙

사회복지실천은 사회복지사와 클라이언트 간의 전문적인 관계를 통하여 원조를 중심으로 이루어진다. 이러한 관계는 클라이언트와 사회복지사 간의 감정의 교류나 역동적인 태도의 상호작용에서 형성되며, 궁극적인 목적은 클라이언트의 긍정적인 미래를 기대하고, 클라이언트가 자신이 처해 있는 사회환경에 보다 효율적인 적응을 할 수 있도록 원조하는 것이다.

(1) 개별화(Individualization)

클라이언트 개개인을 다른 가치, 문화, 생활경험 등 독특한 자질을 가지고 있는 유일무이한 인간으로 이해하며, 각자의 개별성을 인정하고 존중하여 당면한 문제와 이에 대한 원조계획을 개별화하여 실천하여야 한다.

- **사회복지사의 역할** : 인간에 대한 편견이나 선입관에서 벗어나야 하며, 인간행동 및 발달에 대한 지식을 적용하여 활용할 수 있어야 한다.

(2) 의도된 감정표현(Purposive Expression of Feeling)

클라이언트가 자신의 감정을 표출할 수 있도록 사회복지사가 이끌어 주는 것으로, 신뢰감 형성이 전제조건이 된다. 특히 부정적인 감정을 자유롭게 표현할 수 있도록 이끌어 주어야 한다.

- 사회복지사의 역할 : 클라이언트가 편안함을 느끼도록 긴장하지 않고 클라이언트를 격려하고 촉진시켜야 한다.

(3) 통제된 정서적 관여(Controlled Emotional Response)

클라이언트의 감정적 표현을 유도하기 위해 이들의 감정에 호응을 해야 하지만, 다양하게 표출되는 클라이언트의 감정에 전이와 같이 사회복지사가 휘말리지 않도록 감정을 냉정하게 조절해야 한다.

- 사회복지사의 역할 : 클라이언트의 감정에 민감하게 반응하고 이해하며 객관성과 전문성을 통해 반응해야 한다.

(4) 수용(Acceptance)

사회복지사가 클라이언트의 장점과 단점 등 있는 그대로의 모습과 감정을 받아들이고 이해하는 것이다. 수용의 단계는 클라이언트와 사회복지사 간의 신뢰관계를 형성하는 기반이 될 수 있다.

- 사회복지사의 역할 : 클라이언트가 중심이 되는 반응적 수용을 해야 하며 자신의 요구가 아닌 클라이언트의 요구에 집중해야 한다. 인간행동양식에 관한 충분한 지식이 있어야 한다.

(5) 비심판적 태도(Non Judgemental Attitude)

심판받지 않으려는 인간의 욕구에 기반한 비심판적 태도는 문제가 클라이언트의 잘못 때문인지, 클라이언트의 책임이 있는지 등을 심판하지 않고, 클라이언트의 특성과 가치관을 비난하지 않는다는 것이다.

- **사회복지사의 역할** : 사실로서 상황을 직시하는 태도가 필요하며 클라이언트의 죄책감, 열등감, 고독감을 주의해야 한다.

(6) 클라이언트의 자기결정(Client Self-determination)

클라이언트는 자신의 삶에 자기결정을 행사할 권리가 있으며 사회복지사는 최대한 클라이언트가 스스로 자기결정을 할 수 있도록 격려하고 원조해야 한다. 자기결정을 최대화하기 위해 인간의 잠재능력에 대한 믿음에 근거한 클라이언트의 장점과 능력을 강조하는 것이다.

- **사회복지사의 역할** : 클라이언트의 내재된 인격적 자원을 발견하여 활용할 수 있도록 자극을 주고 지나친 의존감을 키우지 않도록 조절해야 한다.

(7) 비밀보장(Confidentiality)

클라이언트와 전문적 관계, 원조과정에서 알게 되는 개인정보 및 비밀스러운 정보를 사회복지 치료목적 외에 타인에게 누설해서는 안 된다는 원칙이다. 비밀보장은 사회복지사의 윤리적 의무이지만 다른 전문직과 사례를 공유할 때, 클라이언트 자신의 생명을 위협하는 경우 등에서는 비밀보장이 어려워질 수 있다.

- **사회복지사의 역할** : 클라이언트의 내부적 갈등을 이해하고 사회복지사 및 사회기관의 권리와 클라이언트의 요구가 충돌하는 부분을 원칙에 따라 처리해야 한다.

2) 관계형성의 장애요인

(1) 사회복지사의 문제

① 부정적 감정을 초래하는 행동

사회복지사가 클라이언트를 무시하거나 비난 또는 비방으로 느껴지게끔 행동할 때, 클라이언트가 경험하는 중요한 감정을 인식하지 못할 때, 클라이언트가 성장해 나가고 있음을 자각하지 못할 때 관계형성은 큰 벽에 부딪히게 된다.

② 경험이 적거나 병리적인 사회복지사

사회복지사의 독선적이거나 나쁜 인품, 클라이언트를 판단하고 지배하려고 하는 태도, 클라이언트와의 약속을 어기거나 습관적으로 늦는 행동, 성적으로 난잡하거나 클라이언트를 동정적으로만 보는 행동, 그리고 클라이언트의 요구에만 집중하여 현실반영은 생각하지 못하는 계획 등이 상호 간의 신뢰는 물론 관계형성에 부정적인 영향을 준다.

(2) 클라이언트의 문제

① 신뢰문제(불신)

사회복지사와의 관계 이전에 중요한 다른 관계에서 비롯되는 경우가 많다. 클라이언트가 지금까지 살아온 과정에 따라서 편차가 심하게 나타날 수 있으며, 사람과의 관계에서 상처받고 비난과 거부 등의 경험이 많을수록 미리 방어적 태도를 보이기에 자기노출을 하지 않고 변화를 기대할 수 없게 된다.

② 저항반응

저항은 사회복지사와 클라이언트의 관계에서 변화를 방해하는 힘으로 사회복지사의 개입목표와 반대되는 클라이언트의 무의식적 행동이라고 할 수 있다. 저항의 유형으로는 침묵, 핵심에서 벗어난 주제, 무력함의 표시, 문제의 축소나 기적 또는 마술적 해법의 기대, 저항심리를 행동으로 나타내는 것 등이 있다.

- 침묵

  경험이 적은 사회복지사가 대처하기 가장 힘들어하는 저항의 형태로 갑자기 말을 하지 않거나 '말하고 싶지 않다', '할 말이 생각나지 않는다'는 등의 대화를 거부하는 형태이다.

- 핵심에서 벗어난 주제 말하기

  주제에서 벗어난 이야기는 장황하게 잘 말하다가 핵심적인 주제에 대한 이야기는 생략하고 넘겨버리는 것을 말한다. 갑자기 중요한 이야기가 생각났다고 하며 다른 이야기를 하거나 주변 이야기에서만 맴도는 식으로 중요하거나 고통스러웠던 기억을 회피한다.

- 무력함의 표시

  '잘될 리가 없다', '해봐도 아무 소용 없다', '내가 그렇지 뭐', '별 수 없다'라는 식의 표현을 하며 변화에 대한 무력함을 보인다. 이러한 클라이언트의 무력한 반응은 사회복지사까지 무력하게 만들 수 있다.

- 문제의 축소 또는 마술적 해법 기대

  '시간이 약이다', '별로 심각한 거 아니다', '어떻게든 되겠지'의 반응으로 클라이언트가 문제에 직면하지 않음으로써 변화에 대한 노력을 하지 않고, 해결을 원하는 마음만 있는 형태이다.

- 저항심리를 행동으로 나타내기

  면담에 결석하거나 지각하기, 면담시간에 하품을 하며 지루해하거나 안절부절못하며 집중하지 못하는 행동을 통해 변화를 거부하는 행동을 보인다.

③ 전이반응

전이는 클라이언트가 어린 시절의 누군가에 대한 바람, 원망, 사랑, 두려움의 감정들을 사회복지사에 보이는 것이다. 클라이언트가 이전 경험을 토대로 현재 경험을 과도하게 일반화해서 왜곡된 인식을 가지게 될 수 있다. 대인관계에서 어려움을 찾아내지만 치료적 관계에서 성장을 위한 기회를 나타내기도 하는 것이 전이반응이다.

전이반응은 상황에 맞지 않는 비현실적 왜곡을 낳아 클라이언트가 변화에 대한 강한 저항을 일으킬 수 있고, 부정적 전이는 물론 긍정적 감정도 변화를 일으키지 못하게 된다.

④ 역전이

전이가 클라이언트가 사회복지사에게 나타내는 것이라면 역전이는 사회복지사가 클라이언트를 마치 자신의 과거 어떤 인물처럼 느끼고 무의식적으로 그렇게 반응하는 것이다. 클라이언트와의 관계가 모호할 경우에 특히 이러한 역전이를 조심해야 한다.

⑤ 비자발성

비자발성을 보이는 클라이언트는 변화의 동기가 없고, 타인에 의해 전문적 도움을 받도록 강요받은 사람들에게 주로 나타난다. 개입과정에서 불만과 적대감을 표현하기 쉽기 때문에 이러한 문제가 나타날 때 사회복지사는 자신의 선입견을 버리고 추궁하는 듯한 느낌이 전달되지 않도록 주의해야 한다.

4. 관계형성기술

1) 사회복지실천을 의한 관계형성과 기본적 기술

사회가 발전하고 클라이언트와 사회의 욕구가 다양해짐에 따라서 서비스를 제공하는 사회복지사들이 해결해야 할 인간의 문제는 점점 복잡하고 다양해지고 있으며, 이러한 문제에 대처하고 다양한 클라이언트와 집단에 대처할 수 있는 고도의 기술이 요구되고 있다.

보엠(W. Boehm)에 의하면 사회사업에서의 전문적 기술은, 사회복지사의 활동에 포함하고 당면한 전문적 과업에 관련된 지식의 선택과 이러한 지식과 가치들의 융합, 이 모든 것들의 총합을 전문적 행동으로 표현해 내는 복지사의 예술적 창조물이라고 정의하고 있다. 사회복지사가 효과적으로 활동하기 위해서는 클라이언트가 당면하는 여러 가지 특정한 상황에 따라서 대응할 수 있는 적절한 지식과 기법의 선택, 그리고 선택한 기법을 효과적으로 적재적소에 활용할 수 있는 능력의 두 가지를 충족시켜야 한다.

사람을 대상으로 하는 분야에 종사하는 사회복지사들은 클라이언트와의 전문적 관계를 통해 수립한 대상자의 복지목표 달성을 위해서 사용할 수 있는 광범위한 지식, 전략, 기법 및 기술의 체계를 가져야 하며, 지식과 가치에 기반을 두고 진행되는 사회사업기술에 있어서는 활용해야 하는 방법과 활용해서는 안 되는 방법을 명확하게 선별하는 기술이 있어야 한다. 무엇보다 중요한 것은 실제로 실천 가능한 방법을 사용할 줄 아는 기술이 필요하다. 위의 내용을 정리한다면 사회사업기술이란 클라이언트라는 특정 개인 또는 클라이언트 집단의 문제해결과 예방, 긍정적인 변화를 이끌어 내기 위하여, 다양한 지식과 이론, 그리고 적용 가능한 적합한 기법들을 원칙과 가치의 범주 안에서 창조하고 선택하며 적용하는 예술적 능력이라고 정의할 수 있다.

2) 관계형성을 위한 기본적인 기술

(1) 기술의 전제조건

자아인식은 지적인 과정에 의해 교육과 훈련되는 것이라기보다는 감정적인 자신과의 만남의 경험을 통해 습득될 수 있는 것이다. 즉, 자기 자신과 자신의 욕구에 대한 것을 인식하고 자신 내의 여러 성격 유형들을 처리할 수 있는 능력이 자아인식인 것이며, 사실을 정확히 인식하고 솔직한 관계를 형성하기 위하여 자신의 장점과 약점을 인지하여 자신의 능력의 한계성으로부터 벗어나는 능력 등을 키우는 노력이 전제되어야 한다.

클라이언트와 관계형성, 즉 라포형성을 잘 할 수 있는 사회복지사의 자질을 키우기 위한 기술은 다음과 같다.

① 공감능력, 감정이입

공감능력 또는 감정이입의 기술은 내가 중심이 되는 것이 아니라 상대방의 눈, 관점을 통해서 문제와 세상을 보는 능력이다. 사회복지사는 원조의 계획을 세울 때, 도움을 필요로 하는 클라이언트의 기준에서 생각하고 기획을 해야 효율적이고 효과적인 작업을 할 수 있다. 클라이언트의 현재의 상황에 역지사지하여 마치 클라이언트가 나 자신인 것처럼 그들의 마음속 깊이 파고 들어가서 그들이 느끼는 상황을 간접적으로라도 느끼고 그들이 처한 상황에서 세상을 경험하는 것과 똑같은 또는 거의 비슷한 경험을 할 수 있는 능력이다.

클라이언트와 공감하는 능력이 클라이언트와 함께 서비스를 진행하는 상황에서 효과적으로 나타나면 개입에 대한 클라이언트의 여러 감정과 포부, 가치와 신념, 그리고 지각을 정확하고 민감하게 감지하고 이에 맞추어 반응할 수 있다. 또한 사회복지사가 클라이언트의 긍정적인 미래를 위해 준비하고 실천하는 일에 대한 이해를 클라이언트에게 충분히 언어적·비언어적 의사소통을 통해 전달하여 최대한의 협조를 이끌어 낼 수 있는 계기가 되기도 한다.

② 존경심 또는 보살핌

클라이언트는 상황에 있어서 도움이 필요한 것이지 그 사람 자체를 불쌍하게 여기거나 측은지심으로만 원조를 해서는 안 된다. 클라이언트로 하여금 사회복지사가 자신을 한 사람으로서 존중하고 상황에 넘치지 않는 관심과 원조계획을 가지고 있음을 명확하게 전달해야 한다. 클라이언트 본인이 자신이 처한 문제와 자신의 인생에 대하여 무엇인가를 스스로 할 수 있는 능력을 가지고 있으며 보살핌이나 도움을 통해 긍정적인 미래로 나아가고 있다는 점을 사회복지사가 확신하며 이 점을 클라이언트에게 전달하여 지지하는 능력의 표현이다.

③ 구체성

클라이언트로 하여금 자신의 행동과 사고, 그리고 감정을 그 자신의 독자적인 방법으로 정확하게 묘사하고 표현할 수 있도록 도와주는 능력이다. 클라이언트가 자신의 상황과 강점을 구체적으로 표현할 수 있을 때, 원조의 효과는 커지게 된다.

④ 진실성, 순수성

클라이언트와의 관계에서 사실을 기반으로 실천 가능한 원조계획을 함께 구상할 수 있는 진실함과 사회복지사의 능력의 한계, 또는 기관에서 실천 가능한 범위를 정확하게 알려주는 것이다. 이를 통해 클라이언트에게 순수한 목적을 가지고 있음을 알려주고 신뢰를 얻을 수 있다.

⑤ 대응, 직면

사회복지사가 클라이언트의 이야기를 경청하면서 얻은 정보를 분석해 본 결과, 어떤 모순점이나 사실과 다른 점이 발견되면 이를 클라이언트에게 이야기해서 솔직한 자기 자신을 볼 수 있도록 해주는 것이다.

⑥ 직접성

사회복지사와 클라이언트가 지금 시점에서 일어나고 있는 상호작용 속에서 경험하는 행동과 감정, 사고에 있어서의 현실을 직시하게 하는 능력이다. 정확하고 명확한 묘사와 진지한 토의를 통하여 바로 그 장면에서 그러한 현실을 클라이언트가 직접 수정해 나갈 수 있도록 해준다.

⑦ 자아노출

사회복지사가 도움의 상황에서 클라이언트에게 적절하다고 판단되는 자신의 경험을 알려주는 것이다. 클라이언트는 자신만 이러한 경험을 겪는 것이 아님을 알 수 있고 유사한 경험이 있는 사회복지사와 함께 자신의 문제를 극복하고 해결해 나갈 수 있다는 동기부여가 될 수 있다.

⑧ 따뜻함

따뜻함이란 사람을 대상으로 하는 사회복지 전문가가 반드시 지녀야 할 자질이라고 할 수 있으며, 클라이언트의 긍정적인 미래와 더 나은 복지를 위하여 언어적·비언어적 방법으로 관심을 전달한다. 사회복지사의 관심을 클라이언트에게 사람 대 사람으로 전달할 수 있는 능력이다.

⑨ 자아실현

매슬로우의 욕구이론 중에 최상위에 위치하는 욕구로서, 사회복지사가 클라이언트의 모든 문제를 그 자신의 성장을 위한 기회들로 볼 수 있으며, 이 과정을 통해 모든 인간의 문제와 난관에서도 발전 가능성을 찾으며 긍정적이고, 유머감각을 유지할 수 있는 능력을 말한다.

⑩ 권위와 권력

권위라는 것은 정당성을 가지고 타인을 통솔하여 따르게 하는 의미이다. 사회복지사가 전문가로서 권위와 권력관계의 핵심을 받아들이지 않거나 이해하지 않는다면 클라이언트가 부정직한 관계로 오해하기 쉽기 때문에 자신의 말과 행동에 권위를 가지고 클라이언트를 대해야 한다.

3) 사회사업실천을 위한 기본적인 기술

(1) 기초적인 도움의 기술

사회복지사가 클라이언트와의 관계를 위하여 자기 자신을 적절하고 목적적으로 활용하는 것을 의미하며 가장 기본적이고 중요한 기술이다.

(2) 약속 내지 계약의 기술

클라이언트를 원조하는 상황에서 효과적으로 참여시키는 것에는 약속 내지 계약이 성립되어야 한다. 구두약속보다는 원조에 대한 것을 명시하여 계약서를 작성하면 도움에 대한 내용을 서로 확인할 수 있고, 클라이언트도 능동적으로 함께할 수 있도록 이끌어 줄 수 있는 기술이다.

(3) 관찰의 기술

관찰은 단순히 보는 것만을 의미하는 것이 아니라 클라이언트가 이야기하는 것과 동시에 이야기하지 않는 것, 즉 비언어적인 행동에서 나타나는 것을 알아봐 주고 트라우마와 같이 내면에 숨겨져 있는 이야기의 근본적인 의미도 함께 해석할 수 있어야 한다.

(4) 의사소통기술

사람들의 관계에서 각자의 생각과 정보, 감정을 상호 전달하는 의사소통은 인간을 돕는 상황 속의 다양한 상황에서 수시로 이루어지며, 가장 중요한 도구로 활용되고 있다고 말할 수 있다. 의사소통에서는 언어적인 것뿐만 아니라 비언어적인 부분도 소통할 수 있는 기술이 필요하다.

학습평가

01 다음의 관계형성의 전제조건에 대한 설명으로 옳은 것은 무엇인가?

개인과 환경의 상호작용의 맥락에서 문제나 어려움을 발견하는 기술

① 면담기술
② 개입기술
③ 사정기술
④ 협상기술
⑤ 팀워크기술

정답 ③ 문제나 어려움을 상호작용의 맥락에서 발견하는 것을 사정기술이라고 한다.

02 다음의 관계형성이론을 주장한 학자는 누구인가?

관계란 사회복지사와 그가 관계하는 다른 체계 간의 정서적 유대로, 이들 관계에는 협력, 협상 또는 갈등의 분위기가 포함된다.

① 비에스텍
② 펄만
③ 노던
④ 핀커스와 미나한
⑤ 비스맨

정답 ④ 다른 체계 간의 정서적 유대에서 협력, 협상, 갈등의 분위기를 주장한 것은 핀커스와 미나한이다.

03 다음 중 전문가로서 사회복지사의 자질이 아닌 것은 무엇인가?

① 성숙함
② 용기
③ 민감성
④ 인간적 자질
⑤ 타인을 관찰하는 능력

정답 ⑤ 전문가로서 사회복지사의 자질에는 성숙함, 창조성, 용기, 민감성, 자기 관찰 능력, 인간적 자질이 있다.

04 비에스텍의 인간의 욕구를 기초한 관계 기본 원칙에서 다음의 사회복지사의 역할은 어디에 해당되는가?

클라이언트가 편안함을 느끼도록 긴장하지 않고 클라이언트를 격려하고 촉진시켜야 한다.

① 의도된 감정표현　　② 수용

③ 개별화　　④ 비심판적 태도

⑤ 클라이언트의 자기결정

정답 ① 사회복지사의 의도된 감정표현은 클라이언트를 격려하고 촉진시키며, 편안하게 만들 수 있다.

05 다음 설명은 클라이언트의 문제로 인해 발생되는 문제 중 어떤 것에 해당되는가?

클라이언트가 문제에 직면하지 않음으로써 변화에 대한 노력을 하지 않고, 해결을 원하는 마음만 있는 형태

① 침묵　　② 마술적 해법 기대

③ 무력함의 표시　　④ 저항심리를 행동으로 나타내기

⑤ 저항반응

정답 ② '시간이 약이다', '별로 심각한 거 아니다', '어떻게든 되겠지'의 반응으로 클라이언트가 문제에 직면하지 않음으로써 변화에 대한 노력을 하지 않고, 해결을 원하는 마음만 있는 형태는 문제의 축소 또는 마술적 해법 기대이다.

03 CHAPTER

사회복지실천의 면접기술

1. 면접의 유형
2. 면접의 구성요소
3. 면접의 기술

03 CHAPTER

사회복지실천의 면접기술

학습목표

1. 유형에 따른 면접을 분류하여 그 특징을 설명할 수 있다.
2. 면접환경 조성 시 필요한 요소들에 대하여 설명할 수 있다.
3. 면접에 사용하는 다양한 기법들을 예를 들어 설명할 수 있다.

면접이란 두 사람 이상이 특정한 목적을 달성하기 위해 함께 이야기를 나누는 것으로 언어적·비언어적 의사소통의 다양한 방식을 사용한다. 특히 사회복지실천현장에서의 면접은 전문적 관계에 바탕을 두고, 의도적으로 나누는 전문적 대화로서 사회복지사와 클라이언트 간에 계약된 활동으로 목적지향적이고 공식적 활동이며 상호작용을 이루게 된다. 또한 클라이언트의 문제를 파악하고 실행, 평가하기 위한 전반적 실천과정이라는 측면에서 사회복지 개입을 하기 위해 기본적이면서도 중요한 도구로 사용되고 있다. 이처럼 면접은 적절한 실천을 위한 정보수집의 도구가 되기도 하고, 그 자체가 치료로 활용된다는 특징을 가진다.

1. 면접의 유형

면접은 구조화의 정도에 따라서 구조화된 면접, 반구조화된 면접, 비구조화된 면접으로 나누며, 목적에 따라서 정보 수집을 위한 면접, 사정을 위한 면접, 치료를 위한 면접 등으로 나눌 수 있다. 이러한 방법은 각각 장점과 단점이 있으므로 목적과 상황에 따라 선택적으로 상호 보완하여 사용해야 하며, 어떤 면접을 선택하느냐에 따라 정보의 양과 질이 다르다(나눔의집, 2018 : 218-220).

1) 구조화 정도에 따른 분류

(1) 구조화된 면접

면접자가 표준화된 조사표나 질문들을 만들어서 면접상황과 무관하게 모든 피면접자에게 동일한 절차와 방법으로 면접을 진행하는 방법이다. 정해진 면접 계획과 내용에 따라 기계적으로 진행하며, 동일 질문이기에 피면접자 간의 면접 내용을 비교하는 것이 용이하다.

이 방법은 수집한 자료의 비교가 중요하거나 한 명 이상의 면접자가 면접을 수행할 때, 면접자의 면접 경험이 부족할 때 사용하는 것이 바람직하다. 그러나 논리적인 반응을 하게 되는 경향이 있어서 정서적 내용은 거의 확인하기 어려우며, 특정 질문의 경우 해당되지 않거나 부적절할 수 있어서 면접시간을 낭비할 수 있다는 한계가 있다.

(2) 반구조화된 면접

미리 결정된 질문이나 주요 단어, 질문 지침을 가지고 면접을 진행하는 방법이다. 각각의 이슈에 대하여 특정 질문을 만들지는 않지만 피면접자의 반응에 따라 적절한 시점에서 개방형 질문을 진행한다. 특정 관점에서 질문할 수 있고, 구조화된 면접보다 개방적 질문이 가능하기에 피면접자들의 정보를 비교하면서 각각의 개인적 상황에 대한 심층적 이해가 필요할 때 사용하기에 적절한 방법이다.

(3) 비구조화된 면접

사람들의 견해를 이해하기에 가장 좋은 개방형 면접으로 피면접자의 세계에 대해 심층적이고 자세한 묘사와 이해를 얻고자 할 때 적용하는 방법이다. 그만큼 면접에 집중해야 하고, 시간과 비용이 드는 것을 감안해야 한다.

2) 목적에 따른 면접

(1) 정보 수집

클라이언트와 그의 상황을 이해하는 데 필요한 각종 정보를 수집하기 위한 것으로 클라이언트 개인이나 상황에 대한 정보를 수집하고 문제를 더 잘 이해할 수 있으며, 클라이언트의 개인적 · 사회적 문제와 관련된 배경이나 개인의 성장 발달사에 관한 정보를 얻을 수 있다. 여기에는 객관적 사실과 주관적 감정, 태도 등이 모두 포함되며, 클라이언트의 유형, 문제영역, 기관의 성격 등에 따라서 초점이 달라질 수 있다.

(2) 사정

사정(assessment)은 자료를 해석하고 의미를 부여하여 실천방향 및 개입방향을 결정하는 일이므로 사정을 위한 면접은 서비스에 대한 의사결정을 하기 위해 실시하는 것으로서 목적 지향적인 방법이다. 이 면접을 통해 클라이언트가 처해 있는 현재의 문제 상황, 문제해결 목표, 목표를 달성하기 위한 개입방법의 선택 등이 가능하다.

(3) 치료

클라이언트 자신이 변화하거나 클라이언트의 기능 향상을 위해 사회적 환경을 변화시키기 위해서 실시하는 면접이다. 면접을 통해 클라이언트에게 자신감과 자기효율성을 강화하고, 필요한 기술을 훈련하며, 문제를 해결하는 능력을 키운다.

2. 면접의 구성요소

1) 장 소

면접은 공식적 장소에서 행해지기도 하지만 개인의 사생활을 보장하고, 안락하며, 조용하고 타인에 의해 방해를 받지 않는 곳에서 행해지기도 한다. 면접 시에는 채광, 조명, 적정 온도, 면접의 목적에 맞는 공간과 가구, 비밀이 보장되는 안전하고 독립적인 공간, 외부로부터 방해받지 않는 분위기 등이 필요하다.

〈표 3-1〉 **면접장소에 따른 특성**

구분	상담실	가 정
장점	• 클라이언트의 심리적 안정을 위해 물리적 상황 통제 가능 • 외부로부터의 비밀보장 및 방해의 최소화	• 클라이언트 생활에 대한 풍부한 정보 입수 • 일상적 가정생활의 관찰을 통해 행동에 대한 유용한 정보 입수
단점	• 환경의 변화 • 긴장과 불안 야기	• 면접자가 클라이언트의 집을 방문해야 하므로 시간과 에너지를 사용 • 생활소음이나 가족원으로부터의 면접 방해 • 사적 만남과의 구별이 어려움 • 클라이언트의 부재

2) 면접자의 태도

(1) 옷차림과 행동

옷차림과 행동은 기관의 조직문화나 클라이언트의 기대를 고려해야 한다. 또한 클라이언트에 대한 관심과 염려 등을 표현할 수 있어야 하고, 면접 중 불필요한 행동을 통해 오해나 불쾌감이 발생하지 않도록 신중해야 한다. 또한 면접 시 눈을 감거나, 팔짱을 끼는 행위, 전화통화를 길게 하는 행위, 다른 곳을 주시하는 행위, 신체적 접촉의 정도 등에 있어서 신중해야 한다.

(2) 개인적 질문

클라이언트는 사회복지사에 대한 호기심과 탐색, 사회복지사의 자질 정도, 사회복지사와 사적 관계를 만들고자 하는 의지, 사회복지사에 대한 감정의 표현 등을 위해 사회복지사에게 개인적인 질문을 하는 경우가 있다.

이때 사회복지사가 어떻게 대처해야 하는지 주의사항을 살펴보면 다음과 같다.

① 일상적 질문이라면 간략히 직접적으로 대답하고 초점을 클라이언트에게로 옮긴다.

② 사회복지사의 자질을 묻는 질문의 경우 솔직하게 자신감을 갖고 말한다.

③ 사회복지사의 인간적 자질을 우려하는 질문의 경우 거짓으로 응대하지 말고 솔직하게 그 한계를 인식시킨다.

④ 전문적 관계가 진행되는 동안 사적 관계에 대한 관리가 필요하다. 따라서 전화번호나 주소 등을 공개하지 않도록 명시적 규칙을 만들고 규칙을 알려주도록 한다.

3. 면접의 기술

1) 관 찰

(1) 관찰의 개념

관찰은 사회복지실천의 전 과정 동안 사용하는 기술로서 클라이언트가 말하고 행동하는 모든 것에 주의를 기울이는 것이다. 특히 언어적 표현뿐만 아니라 비언어적 표현을 통해 클라이언트를 이해하는 데 중요한 단서를 찾게 한다.

(2) 관찰의 내용

① 언어 · 비언어 : 클라이언트가 표현하는 표정, 손놀림, 눈 맞춤, 얼굴의 붉힘 정도, 억양 등을 관찰할 수 있다.

② 시작과 끝 : 클라이언트가 어떤 말로 시작과 끝을 맺는가에 따라서 어떤 태도와 가치관을 가지고 있는지 관찰할 수 있다.

③ 대화 중 화제전환 : 대화 중 클라이언트가 화제를 바꾸는 경우 이전에 했던 말과 이후에 시작하는 말의 주제를 파악해야 한다. 클라이언트가 무의식적으로 자신의 상황을 표현할 수 있다.

④ 주제 반복 : 클라이언트가 반복해서 유사한 이야기를 한다는 것은 매우 중요하거나 욕구가 표출된 것으로 볼 수 있다.

⑤ 진술 불일치 : 클라이언트의 진술이 한결같지 않을 경우 이야기의 내용이 위협적이거나 밝히고 싶지 않은 부분일 수도 있음에 주의한다.

⑥ 의미 있는 행동 : 클라이언트가 면접 중 말실수나 특정 태도를 취한다면 그 속에 감추어진 의미가 있을 수 있으며, 때로는 의도적으로 감추어진 것이 있음을 알리기도 한다.

⑦ 침묵 : 이야기하는 중에 침묵한다는 것은 자신에게 위협적이라고 느끼거나 말하기 곤란한 경우 나타날 수 있다.

2) 경 청

경청이란 클라이언트가 무엇을 말하고자 하는지, 그의 사고와 감정은 어떤지를 이해하고 파악하면서 듣고 보는 것을 말한다. 이는 단순히 듣기만 하는 것이 아니라 클라이언트의 사고와 감정의 모든 부분을 듣고 보면서 반응하는 것을 말한다.

이러한 경청은 클라이언트의 상황과 감정에 공감하고 적극적으로 필요한 반응을 하면서 듣는 것으로 클라이언트는 감정의 정화와 마음의 안정을 도모할 수 있으며, 이를 통해 신뢰관계가 돈독해지고, 클라이언트의 자기개방이 증진되어 문제해결에 도움이 된다.

클라이언트의 메시지가 사회복지사에게 제대로 전달되고 있음을 알려주기 위해 반응하는 반영적 경청을 위해서는 클라이언트의 언어적 · 비언어적 메시지에 주의를 기울여야 한다. 또한 클라이언트의 잠재된 감정에 주목하면서 명확한 질문을 통해 클라이언트에 대한 이해를 높이고, 클라이언트가 말할 때 너무 많이 끼어들거나 개입하려 하지 않는다(나눔의집, 2018 : 226).

설진화는 적극적 경청을 위한 유의사항으로 ① 충분히 오랫동안 적극적으로 경청, ② 적극적 경청 이후 해결책 제시, ③ 적극적 경청이 동의를 하는 것은 아님, ④ 사회복지사가 잘못 이해할 수도 있음, ⑤ 사회복지사 자신의 비언어적 의사표현에 주의할 것 등을 제시하고 있다(설진화, 2013 : 50).

3) 질 문

질문은 클라이언트로부터 필요한 정보를 얻기 위해 가장 많이 사용하는 면접기술로 사회복지사와 클라이언트 간 상호작용을 촉진하고 문제해결에 대한 정보를 효과적으로 얻을 수 있다. 이에 질문의 유형을 살펴보고 이러한 질문을 사용함에 있어서 몇 가지 유의사항을 살펴보면 다음과 같다.

(1) 질문의 유형

① **개방형 질문** : 클라이언트의 생각이나 감정의 자유로운 표현으로 초기 면접에 많이 사용하는 질문이다. 클라이언트의 생각을 다양하게 알 수 있는 방법이지만 언어적 표현에 익숙하지 않은 클라이언트에게는 불안감과 부담감을 초래할 수 있다(예 그것에 대해서 어떻게 생각하세요?).

② **폐쇄형 질문** : 클라이언트의 초점을 제한하고 확실한 사실을 묻는 방식으로 간단한 단답형 질문을 진행한다. 단편적이며 상세한 내용을 부각시키고 확실한 것을 강조하기 위해 사용하는 측면이 있으나 제한적이기 때문에 클라이언트에 대한 이해의 폭은 좁을 수 있다(예 식사는 하셨나요?).

③ **폭탄형 질문** : 한 번에 많은 질문을 하는 것으로 과도한 질문으로 적절한 정보를 끌어내지 못하게 되고 관련 정보의 수집에 있어서 비생산적이고 비효과적이다. 또한 클라이언트를 당황하게 할 수 있으므로 한 번에 하나의 질문을 하도록 한다(예 그것에 대해서 당신은 어떻게 생각하세요? 또한 그런 생각이 들면 당신은 어떤 행동을 하나요?).

④ **유도형 질문** : 클라이언트로 하여금 특정 응답을 하도록 이끄는 질문으로 자신의 의견보다는 사회복지사가 원하는 방향으로 응답하게 한다. 그러므로 클라이언트의 감정이나 견해를 알 수 없게 한다(예 당신은 노는 것이 즐겁죠? 그렇죠?).

⑤ **"왜" 질문** : 질문 시 '왜?'라는 단어를 사용하면 클라이언트는 방어적 태도로 응답할 수 있으며 클라이언트는 사회가 허용하는 방향으로 대답할 수 있다(예 당신은 왜 그것을 선택했나요?).

(2) 질문 시 유의사항

사회복지사가 질문을 함에 있어서 범하기 쉬운 것으로 유도하는 질문, 암시적 질문, 이중적 질문, 왜 또는 무엇을 묻는 질문이 있는데, 이때의 유의사항을 살펴보면 다음과 같다.

① 잘못된 질문은 추궁하거나 대화의 흐름을 막는 역효과를 초래하며, 관계형성에 방해 요소로 작용할 수 있으므로 상황에 맞는 적절한 질문을 사용한다.
② 질문을 너무 많이 하면 클라이언트는 혼란을 느끼고, 너무 적게 하면 면접 시 부담을 가질 수 있다.
③ 질문 시 직접적 질문보다 간접적 질문을 하는 것이 바람직하고 개방형 질문을 통해 클라이언트의 욕구를 잘 파악하도록 한다.
④ 질문의 진행 속도는 클라이언트의 반응에 맞추도록 한다. 또한 분석된다고 느끼게 하거나 필요 이상 깊게 알려고 하는 것은 방어하게 만들 수도 있다.
⑤ 이중구속 메시지(double-bind message)의 사용은 혼란을 야기하므로 사회복지사 스스로 자신의 질문양상을 분석하도록 한다.

4) 의사소통 기술

(1) 나 전달법(I-message)

의사소통에 있어서 나 전달법은 부모효율성 프로그램(PET : Parent Effectiveness Training)을 통해 고든(T. Gordon)이 소개한 대화방법으로 상대방과의 갈등 발생 시 자신의 마음을 효과적으로 알리고 문제를 풀어가는 기술로서 분명하고 직접적인 메시지를 통하여 효율적인 의사소통이 되도록 하는 방법이다(금기윤 외, 2013 : 51-52).

① 나 전달법의 요소

- 특정 행동에 대한 간결하면서 분명한 묘사(사실)
- 그 행동으로 인해 경험된 감정(감정)
- 그 감정으로 인해 받은 명백한 영향 묘사

② 나 전달법 사용 시 유의사항

- 지금-여기에서 일어난 일만 묘사
- 이전에 있었던 행동 등을 종합해서 '항상', '언제나', '늘'처럼 표현하는 것 자제
- 말하는 사람의 바람(희망)은 사용하지 않거나 조심
- 조용하면서 단호한 목소리로 표현
- 꾸짖거나 탓하기, 화내기, 위협적 태도 등 자제

③ 나 전달법의 효과

- 상대방을 존중하면서 자신의 감정을 전달
- 솔직하고 개방적 표현으로 친밀성과 진지함을 가지게 되어 원만한 관계 유지
- 말하는 자의 마음을 다스릴 수 있어서 비난하지 않고 표현
- 문제행동의 수정 책임은 당사자에게 남겨둔 채로 행동의 영향을 표현

(2) 비언어적 의사소통

대면적 의사소통의 90% 이상이 비언어적이다. 모든 메시지의 약 50%가 얼굴 표정, 특히 눈을 통해서 전달되며 약 30%는 목소리의 어조나 음조 등을 통해서 표현된다고 한다. 또한 언어와 비언어가 불일치하는 상황이 발생하면 대부분의 사람들은 비언어적 태도나 목소리 등을 단서로 결정하는 것이 일반적이라고 한다(금기윤 외, 2013 : 53-55).

① 시선

시선의 접촉(eye contact)은 의사소통의 중요 수단으로 참여하겠다는 뜻의 표시이고 민감성과 이해의 정도를 나타내는 지표이다. 그러므로 눈을 마주치지 않는 것은 진실함이나 흥미가 없는 것으로 해석되며, 지나치게 응시하거나 힘을 주어 보면 무례함이나 분노로 받아들여질 수도 있다. 더구나 문화적 차이도 있으므로 다양한 상황을 고려해야 한다.

② 목소리

목소리에도 감정이 묻어난다. 목소리가 크고 힘이 있을 경우 공격성, 통제, 힘이 느껴지지만 약하고 잘 들리지 않는 목소리는 철회, 두려움, 약함, 흥미 없음, 소극적 경향 등으로 해석된다.

③ 얼굴 표정

비언어적 메시지 중 미소 짓기, 고개 끄덕거리기, 몸 흔들기, 입 오물거리기, 인상 쓰기 등의 표정은 일종의 메시지를 포함하는 것으로 해석된다. 그러므로 면접과정에서 사회복지사는 끊임없이 표정 관리를 할 필요가 있다.

④ 팔과 손 동작

팔과 손으로 하는 동작은 말로 표현하는 것 이상으로 강한 감정을 나타낸다. 팔을 가슴에 교차하면 방어적이고 긴장했다고 해석될 수 있고, 팔과 손이 몸의 가장자리에 있거나 뻗어 있다면 개방적이라고 해석될 수 있다. 또한 주먹을 쥐면 분노나 불안감의 표출로 보게 되고, 손과 발을 떤다면 불안과 신경질적인 상태 혹은 다른 일에 몰두해 있는 상태로 해석될 수 있다.

⑤ 몸의 자세

몸의 자세와 태도는 여러 가지 의미를 내포한다고 볼 수 있다. 상대방을 똑바로 쳐다보면 공격적으로 받아들여질 수도 있고, 상대방 쪽으로 몸을 기울여 주거나 기대어 앉으면 관심과 수용하는 자세로 해석되기도 한다. 그러나 상대방이 물리적 공간과 심리적 공간을 가지고 있기 때문에 너무 가까이 다가가면 위험과 불편함을 느낄 수도 있고, 오해의 소지가 있으므로 사회복지사는 클라이언트의 신호를 정확히 읽어 바람직한 자세를 취하는 것이 필요하다.

5) 기타 면접기술

(1) 명료화

명료화(clarification)는 주로 질문형식으로 진행되는 것으로 클라이언트가 표현을 분명하게 하도록 격려하거나 사회복지사가 정확하게 이해하고 있는지 확인하는 기법이다. 클라이언트의 진술에 일관성이 없거나 모호할 때 분명한 대답을 요구하기 위해 사용하며, 클라이언트가 자신의 견해를 재구성하도록 함으로써 자신의 생각과 변화 가능성을 인식할 수 있도록 돕는다(예 그렇게 하는 것이란 구체적으로 무엇을 말하는 것이죠?). 그러나 클라이언드 스스로 의사소통을 잘못한다고 받아들이거나 비난하는 것으로 느낄 수도 있으므로 면담의 흐름을 깨거나 기분이 나빠질 수도 있다.

(2) 직면

직면(confrontation)은 클라이언트의 언행이 불일치할 때 표현한 가치와 실행 사이의 불일치에 대해 자신의 모순을 인식하도록 돕는 기법이다(예 금연을 해야 한다고 말하면서도 계속해서 담배 사는 것을 보니 금연에 대한 솔직한 당신의 심정이 궁금해지네요).

(3) 요약하기

요약하기(summarization)란 면접의 시작과 끝, 혹은 새로운 주제로 전환할 때 클라이언트가 이전에 언급한 것을 간략히 요약하고 내용을 분명히 하는 기법이다. 이를 통해 중요 사항을 부각시키고, 무엇이 잘 다루어졌고 어떤 주의가 필요한지 알게 한다. 또한 그동안 이루어진 진전사항을 파악하고 그 내용이 정확한지 확인하도록 한다. 이를 통해 사회복지사가 클라이언트의 말을 경청하고 있는지, 정확히 이해했는지 확인할 수 있다(예 지금까지 당신이 한 이야기를 정리해 보니 ~~같군요. 내가 제대로 이해하고 있나요?).

(4) 반영하기

반영(reflection)이란 클라이언트의 메시지나 정보에 대한 이해를 전달하기 위한 감정이입 기법으로 클라이언트가 말한 내용을 부연하여 설명하고 다시 클라이언트에게 표현하여 사회복지사가 경청하고 이해하기 위해 노력하는 것을 보여주는 방법이다. 현재 시점에서 클라이언트의 말 속에 담긴 주된 생각을 재진술하도록 하되 단순히 따라 해서는 안 된다(예 그렇게 말하는 것을 보니 정말 그게 하고 싶다는 것이군요).

또한 클라이언트의 현재의 감정을 분명하게 파악하여 말 속에 내포된 클라이언트의 감정과 태도를 표면으로 이끌어 냄으로써 클라이언트가 자신의 내면을 보게 하면서 감정을 명확하고 간결하게 요약해 주는 기법이다(예 그 생각을 하는 당신의 얼굴을 보니 정말 기쁜 것 같네요).

(5) 공감하기

공감(empathy)이란 사회복지사가 자신의 관점과 객관성을 유지하면서 클라이언트의 입장에서 생각하거나 감정 · 욕구 · 사고 · 행위 등을 이해하는 능력과 그렇게 하는 태도를 말한다. 이를 통해 클라이언트의 주관적 경험과 감정을 정확하게 인지하고 표현하는 것이며, 상대방과 더불어 느끼는 감정으로 동정심과는 구분된다(예 이야기를 들어보니 그 상황에서 당신이 왜 화가 났는지 이해가 되면서 저도 화가 나는군요).

(6) 지지하기

지지(support)란 동의와 찬성을 통하여 상대방으로 하여금 문제해결 능력이 있다는 확신을 갖게 하는 기법을 말한다. 즉, 클라이언트가 긴장이나 스트레스 또는 위기상황에 처해 있을 때 사회복지사가 신뢰나 존중, 돕고자 하는 태도, 후원자가 될 수 있음을 직접적으로 전달하여 언제든지 기대고 싶어 하는 클라이언트의 욕구에 반응하는 기법이다. 이를 통하여 클라이언트는 불안을 감소하고 동기화를 촉진하며, 긴장이나 불안감이 감소되어 자기의 상황에 대해 솔직하게 이야기할 수 있게 해주며 자존감도 증진시킬 수 있다.

이러한 지지기법에는 크게 두 가지 방법이 있다. 첫째, 재보증으로 합리적이고 현실적인 생각이나 결정에 대해 클라이언트가 염려할 때 사회복지사가 신뢰를 표현함으로써 불안과 불확실성을 제거하고 위안을 주는 방법으로 주로 과거의 상황에 개입한다(예 그런 어려운 상황 속에서도 잘 감당한 것을 보니 참으로 성실하고 열심히 살았다는 것을 알겠네요). 둘째, 격려로 클라이언트가 자신감이 없거나 자존감이 낮아 두려워할 때 특정 행동이나 경험 혹은 두려움에서 벗어나도록 인정이나 칭찬을 통해 동기화시켜 앞으로 발생할 상황에 대해 문제해결 능력을 향상시키는 기법이다(예 당신은 충분히 잘할 거라고 믿어요. 그동안 최선을 다했으니 긴장하지 말고 침착하게 한다면 잘 해낼 수 있을 거예요).

학습평가

01 면접과정에서 진행되는 적절한 질문을 모두 고르시오.

㉠ 너는 동생의 행동에 대해 어떻게 생각하니? ㉡ 어려운 상황에서 왜 그런 말을 했을까? ㉢ 지금처럼 힘든 적이 언제 또 있었니? ㉣ 그때 동생의 반응은 어땠어? 혹시 미안한 마음은 들지 않았니?

정답 ㉠, ㉢ 면접 시 개방형 질문이 바람직하다. 나머지 질문은 폭탄형 질문과 유도형 질문으로 면접과정에서 피해야 할 질문유형이다.

02 면접진행 시 상담실에서 진행할 때의 유익한 점이 아닌 것은?

① 심리적 안정 가능
② 비밀보장에 대한 확신
③ 외부로부터의 방해 최소화
④ 풍부한 생활정보 입수
⑤ 물리적 환경통제 용이

정답 ④ 생활정보는 가정방문(out-reach service)을 통해 풍부하게 입수할 수 있다.

03 관찰 시 필수적으로 확인해야 하는 내용이 아닌 것은?

① 침묵 상황
② 논리성
③ 진술의 일관성
④ 비언어적 메시지
⑤ 반복적 진술

정답 ② 논리성은 필수적 상황은 아니고 참고로 활용할 수 있다.

04 다음 중 부적절한 질문이 아닌 것은?

① 상황에 따른 적절한 질문 ② 추궁하는 질문
③ 많은 질문 ④ 빠른 속도의 질문
⑤ 폐쇄형 질문

정답 ① 상황에 따른 적절한 질문은 관계형성의 한 요소이다.

05 클라이언트의 언어와 비언어가 불일치하면서 회피하고 변명할 때 사용하는 면접기술로 충분히 관계가 형성되었을 때 사용하는 것이 효율적인 기법을 무엇이라고 하는가?

① 해석 ② 직면
③ 설명 ④ 인지
⑤ 질문

정답 ② 라포(rapport)형성이 안 된 상태에서의 직면은 클라이언트로 하여금 방어적이고 공격적인 태도를 취하게 한다.

04

CHAPTER

사회복지 심리사회 실천모델과 개입기술

1. 심리사회모델의 기본 가정
2. 심리사회모델의 주요 개념과 원칙
3. 심리사회모델의 주요 기술 및 한계

04
CHAPTER

사회복지 심리사회 실천모델과 개입기술

학습목표

1. 심리사회모델의 기본 가정을 이해한다.
2. 심리사회모델의 주요 개념과 원칙을 이해한다.
3. 심리사회모델의 주요 기술 및 한계를 학습한다.

1. 심리사회모델의 기본 가정

1) 등장배경

심리사회실천모델은 어떤 특정 이론에 근거하여 발달한 모델이라기보다는 사회복지실천 양식이 정형화되고 발달되는 과정에 직간접적으로 영향을 미친 여러 가지 요소들이 절충되고 선택되어 이루어진 모델이다. 심리사회실천모델은 정신분석이론의 발달과 자아심리학의 출현, 사회과학적 지식들의 도입과 더불어 리치몬드(M. Richmond)의 연구에 의해 발전하였다.

1917년 리치몬드는 『사회진단』이라는 저서와 1922년 『What is Social Case Worker』라는 저서를 통해 'case work'의 개념화를 시도하는 정의를 제시함으로써 개별사회사업(case work)의 개념을 이론적으로 체계화하였다. 이러한 개념은 클라이언트를 수용하고 개별화하며 '클라이언트가 있는 곳에서 출발

(start where the client is)'하는 등의 실천원칙을 강조하였다.

1930년대 후반 심리사회실천모델이 고든(H. Gordon)에 의해서 심리사회적 이론으로 처음 불리기 시작했고 그 후 1960년대에 홀리스(F. Hollis)에 의해서 사회복지의 실천이론과 접근방법으로 구체화되었다. 전통적으로 사회복지 실천의 내용은 개인 내적 요소와 사회적 요소를 모두 중시하는 심리사회적인 것이었으며, 이 전통을 계승하고 집약한 것이 심리사회실천모델이다.

심리사회모델은 사회복지실천 분야의 진단주의와 기능주의의 논쟁에서 진단주의의 실천양식에 뿌리를 둔 모델이기 때문에 어떤 사례를 이해하기 위해 클라이언트의 환경을 현재 및 과거 시점에서 조사했던 리치몬드의 영향을 받고 있으며, 관련된 과거 사실에 대한 세심한 개인력 조사를 통한 역동적 분석을 강조한 프로이트(Freud)의 관점도 반영하고 있다. 따라서 이 모델에서는 가족, 개인 및 가족의 최근접 환경, 상황 속의 인간 등을 철저히 조사하는 사정(assessment) 또는 진단(diagnosis)이 강조된다. 이는 개인의 현재 기능은 현재는 물론 과거 사건들의 영향을 받는다는 생각에 기초를 하고 있다(이영호, 2008 : 135).

심리사회적 접근은 클라이언트 상황에서의 정신 내부적·대인관계적·환경적 측면들을 완전하게 이해하기 위해 새로운 이론과 다양한 지식을 받아들이는 개방체계로서의 성격을 가지면서 절충주의를 취하고 있다. 어떠한 우수한 생각이나 실천기술이라도 그 하나만으로는 클라이언트의 복잡하고 광범위한 문제를 모두 포괄할 수는 없다. 그러한 점에서 심리사회모델은 사회복지 영역뿐만 아니라 정신의학, 심리학, 사회학, 인류학 등을 포함하는 다양한 지식체계들로부터 클라이언트 상황에 대한 더 나은 이해를 도모한다. 또한 다양한 수준-개인, 소집단, 가족, 중요한 타자, 다른 영역의 전문가 그리고 클라이언트 생활 내 여타 체계에서의 원조 제공을 강조함으로써 복잡하고 복합적인 사안들에 효과적으로 대처하고자 하는 경향을 보이고 있다(김기태 외, 2006 : 394-395).

심리사회실천모델의 개입초점 역시 클라이언트 개인의 심리적 상태, 개인을 둘러싼 사회환경, 그리고 개인과 환경과의 상호작용 양상에 맞추어진다. 즉, 심리사회실천모델에서는 클라이언트가 자신의 행동과 감정을 이해하고 통찰함으로써 자신의 문제를 해결하기 위한 능력을 고취하도록 원조하는 것을 강조한다(엄명용 외, 2005).

역사적 관점에서 심리사회실천모델은 정신분석이론에 기반을 두고 진단주의의 옹호자였던 해밀턴(Hamilton, 1940)에 의해 사회복지실천에 학문적으로 정착되었다.

심리사회실천모델은 19세기 우애방문단 및 자선조직협회의 활동에 영향을 받았고, 특히 리치몬드는 자선조직협회에 의한 우호방문만으로는 충분한 원조를 제공할 수 없으며, 개인에 대한 초점뿐 아니라, 본인을 둘러싼 가족과 집단 등의 환경 속에서 이해되어야 한다는 개념을 주장하였다.

이 모델은 한 가지 이론에 근거해서 발달한 모델이라기보다 여러 가지 이론의 영향을 받아 발달한 모델이다. 정신분석이론의 영향을 받았지만 생물학적이고 심리사회적인 영향과 체계의 상호작용에 관심을 갖는다. 심리사회모델의 이론적 배경으로는 생태체계이론, 정신분석이론, 역할이론, 의사소통이론 등이다(Woods & Hollis, 2000).

또한 사회복지 서비스는 정확한 분석을 통하여 이루어져야 함을 중시하면서 사회복지 실천 현장의 경험으로부터 얻어진 정보를 통하여 수집된 과학적 자료를 갖게 함으로써 전문가로 출발할 수 있게 하였다. 이러한 활동은 단순히 베푸는 자선이 아닌 사회조사, 진단, 치료계획 같은 원조과정을 가진 전문가로서 사회복지사를 양성하는 토대가 되게 했다.

이처럼 심리사회모델 이론은 인간의 심리적 요소와 그가 속한 사회환경 그리고 개인과 환경과의 상호작용이라는 세 면에서 사정과 진단을 통해 문제의 원인을 찾고 해결하고자 하는 이론이다.

2) 기본 가정

심리사회모델에서는 클라이언트와 사회복지사의 관계를 중요하게 여기고 관계를 형성하기 위해 실천원칙을 강조한다(김혜란 외, 2010).

심리사회실천모델의 기본적 가치는 수용, 개별화, 자기결정으로 사회적, 자연적 결핍과 불행에 맞서서 인간을 보호하고, 사회에 잘 적응하게 하는 데 있다.

우드와 로빈슨(Woods & Robinson, 1990)은 인간의 행동에 대해서 다음과 같은 기본 가정을 제시하고 있다.

첫째, 모든 인간의 근본은 선하다.

둘째, 인간의 행동은 단순히 이해될 수 있는 것이 아니며 예측 가능한 방법으로 영향을 받고 변화할 수 있다.

셋째, 인간의 현재 행동을 이해하기 위해서는 과거를 중요시한다. 따라서 클라이언트의 문제나 상황을 이해하기 위해 클라이언트의 과거를 파악할 필요가 있다.

넷째, 인간의 무의식은 인간의 경험에 중요한 영향을 미치지만 행동을 결정짓는 유일한 요인은 아니다.

2. 심리사회모델의 주요 개념과 원칙

1) 주요 개념

심리사회실천모델의 주요 개념은 다음과 같다(조휘일 · 이윤로, 1999 : 111).

(1) 환기

클라이언트가 공격 · 적대감 같은 감정을 표현하지 않고 억압시키고 있으면 그의 사고와 행동을 올바르게 표현하지 못하게 되므로 클라이언트의 감정을 정화(catharsis)시켜 준다.

(2) 관계형성의 교정

클라이언트가 사회복지사를 통해 마치 어머니와 아동 같은 관계를 경험하도록 하여 클라이언트가 과거에 주변 인물과 가지고 있었던 불만족스러웠던 관계를 보상해 준다. 이전에 주 보호자와 가졌던 부정적인 상호작용은 사회복지사와의 긍정적인 경험을 통해 클라이언트의 개인적인 성숙을 가져오게 되어 이전에 해결되지 못한 문제를 교정하는 경험을 갖도록 도울 수 있다.

(3) 주요 전제

심리사회실천모델은 다음과 같은 주요 전제를 하고 있다(엄명용 외, 2001 : 411-412).

① 모든 개인은 생래(生來)적인 가치 또는 존엄성을 가지고 있다고 전제된다.

② 모든 인간은 성장능력, 학습능력, 적응력 그리고 사회 또는 물리적 환경을 변화시킬 수 있는 능력을 가진 긍정적 존재로 간주된다.

③ '개인이 어떻게 기능하는가?'에 대한 이해를 위해서는 성격체계의 구조나 발달에 관한 프로이트의 관점이 이용된다.

④ 심리체계는 독립적으로 존재하는 것이 아니라 생물학적 체계, 사회적 체계와 끊임없이 상호작용한다고 전제된다.

⑤ 문제상황을 다룸에 있어 차별성이 강조된다(클라이언트의 문화적 배경, 사회 · 경제적 배경, 계층, 주변 환경 등이 차별적으로 다루어져야 한다).

2) 개입목표

심리사회실천모델에서는 클라이언트의 과거 경험이 현재의 심리적·사회적 기능에 영향을 미친다고 본다. 따라서 심리사회실천모델의 개입목표는 클라이언트가 경험한 과거의 경험이나 사건 또는 현재의 경험과 관련된 심리 내적 갈등과 어려움을 클라이언트가 스스로 이해하고 통찰할 수 있도록 원조하는 것이다. 또한 사회복지사가 클라이언트의 변화를 직접 이끌어 가는 것이 아니라, 클라이언트 스스로가 자신과 환경을 변화시키는 노력을 하는 과정에 최대한 도움을 제공하고, 현실적 자원을 제공하는 것을 목표로 한다(금기유 외, 2013 : 71 재구성).

3) 원 칙

(1) 수용

사회복지사의 개인적인 선호와 관계없이 클라이언트에게 선한 의지와 태도를 유지하는 것을 의미한다. 이를 위해 공감과 감정이입 능력을 갖추어야 하며 클라이언트에게 도움을 제공하기 위해서는 개인의 행동이나 상황에 대한 객관성, 관용, 지적인 이해를 뛰어넘을 수 있어야 한다.

(2) 자기결정

클라이언트의 자기결정은 클라이언트 스스로 자신의 행동에 대한 결정을 내리고 스스로 선택할 수 있는 권리를 갖고 있다는 개념이며, 사회복지사는 이러한 클라이언트의 자기결정을 최대한 존중해 주어야 한다. 사회복지사는 클라이언트의 자기결정을 위해 다양한 정보와 대안을 제공하고 클라이언트가 자기결정을 할 수 있도록 클라이언트의 능력을 향상시키는 기회를 다양하게 제공한다. 이를 통해 클라이언트는 자율성을 경험하며 클라이언트 스스로가 자신의 삶의 전문가임을 받아들이도록 돕는다.

(3) 전문적인 관계형성

사회복지사와 클라이언트 간에 라포가 형성되기 위해서는 사회복지사의 온화함과 관심, 진실성, 공감, 수용 등을 통해 전문적인 관계가 형성된다. 사회복지사와 클라이언트 간에 상호 이해와 일관성 있고 조화로운 공감상태는 클라이언트의 두려움을 감소시키고, 사회복지사를 신뢰할 수 있게 되는 것을 의미하며 이를 통해 클라이언트 자신이 해결하지 못한 문제로 인한 수치심이나 실패감을 줄이며 지나친 의존이나 불안감을 줄여나갈 수 있다. 특히 비자발적으로 의뢰된 클라이언트의 경우 사회복지사는 클라이언트의 잠재적 욕구와 강점을 더욱 깊이 파악하여 적정하게 반응을 할 필요가 있다.

3. 심리사회모델의 주요 기술 및 한계

심리사회실천모델에서 개입기법은 클라이언트의 심리 내적 변화를 추구하는 직접적인 개입기법과 클라이언트의 환경에 관련된 대인관계에 개입하거나 클라이언트와 사회환경의 변화를 추구하는 간접적인 실천기술로 나누어 살펴본다(Hollis, 1970, 설진화, 2018 : 92-95 재구성).

1) 직접적 개입 주요 기술

(1) 지지하기

지지하기는 클라이언트의 감정과 행동을 지지하기 위한 것으로 사회복지사의 활동 가운데 가장 기본적이고 핵심적이다. 클라이언트의 문제해결 능력에 대한 확신감을 표현하여 클라이언트의 불안을 줄이고 자아존중감을 증진하기 위한 과정이다. 클라이언트가 죄책감과 수치심, 두려움, 분노를 느끼는 경우에 유용하다. 언어적/ 비언어적 형태(실질적 도움뿐만 아니라 관심과 수용, 공감적 이해, 재보증, 격려 등)를 포함한다.

① **목표** : 클라이언트의 불안을 감소시키고 동기화를 촉진시켜 원조관계를 수립한다.

② **내용** : 사회복지사는 클라이언트를 수용하고 원조하고자 하는 의사를 표현한다. 그리고 문제해결 능력에 대해 확신을 표현해서 클라이언트가 가지고 있는 불안을 줄이고 자기존중감을 증진시킨다. 지지는 언어적 그리고 비언어적 의사소통으로 전달할 수 있다.

③ **기술** : 경청, 수용, 격려, 불안이나 죄책감에 대한 재보증(reassurance), 신뢰감의 표현, 선물 주기 등이 있다.

(2) 직접적 영향 주기

문제를 해결하기 위해 직접 영향을 주기 위한 것으로 사회복지사는 클라이언트의 행동을 향상하기 위한 조언, 제언 등을 통해 사회복지사의 의사를 관철하기 위한 과정이다.

① **목표** : 클라이언트의 사회생활기능에 있어 장애가 되는 요인을 제거한다.

② **내용** : 클라이언트의 동기 및 행동을 강화하기 위해 사회복지사의 의사를 관철하면서, 클라이언트의 욕구에 따라 조언하거나 제언한다. 직접적 조언과 옹호적 행동은 클라이언트와 강한 신뢰관계가 수립되었을 때, 클라이언트에 대해 충분한 지식을 가지고 있을 때 사용한다.

③ **기술** : 클라이언트 자신의 제안을 격려하고 강화하기, 현실적 제한 설정하기, 직접적 조언하기, 옹호적 행동하기 등이 있다.

(3) 탐색-기술-환기

탐색(exploration), 기술(description), 환기(ventilation)는 클라이언트 문제와 관련하여 클라이언트의 환경 혹은 클라이언트와 환경과의 상호작용에 관한 사실을 진술하고 설명하도록 도와주고 환기법을 사용하는 것이다.

① **목표** : 진단적 이해와 함께 환기법을 사용하여 긴장완화를 시도한다.
② **내용** : 클라이언트가 자신의 상황과 자신과 주변 사회환경의 상호작용에 대한 사실과 그와 관련된 감정을 표출하여 감정정화를 경험하고 긴장이 완화되도록 도와주는 기법이다. 즉, 단순히 클라이언트 자신이 보는 그대로의 사실을 제공하게 하는 것이다. 환기는 사실과 관련된 감정을 끌어내는 것이다. 클라이언트는 이러한 과정에서 자연히 자신의 감정을 표현하고, 환기를 경험하는 것만으로 문제를 해결하는 경우도 있다. 탐색-기술-환기는 병행되어야 하며 사회복지사는 탐색-기술과정에서 드러나지 않고 있는 감정에 대해 민감해야 한다.
③ **기술** : 초점 잡아주기, 부분화하기, 화제 전환하기 등이 있다.

(4) 반영하기

반영하기는 인간-상황과의 관계에 반영하기로, 사회복지사는 클라이언트가 상황 속의 인간이라는 관점에서 반영하기를 한다. 인간-상황에 대한 반영하기는 여섯 가지로 이루어진다.

첫째, 다른 사람의 건강, 상황
둘째, 클라이언트의 행동이 자신과 다른 사람에게 미치는 영향
셋째, 클라이언트 행동의 성격
넷째, 클라이언트 행동의 원인
다섯째, 자기평가
여섯째, 사회복지사와 치료과정

① **목표** : 문제를 더 잘 이해하기 위해 또는 행동에 변화를 초래하기 위해 클라이언트가 잘못 이해하고 있는 내용들을 현실적으로 파악하게 한다.

② **내용** : 클라이언트를 둘러싼 현재 혹은 최근 사건에 대해 반영을 하는 것으로 심리사회실천모델의 핵심기법이다. 사회복지사가 클라이언트를 도와 클라이언트 자신의 상황과 그 속에서 자신의 위치나 기능, 상황 속에서 경험한 생각이나 느낌, 감정 등에 대해 보다 잘 이해할 수 있도록 해준다. 반영은 다른 사람, 건강, 상황, 사건 등에 대한 클라이언트의 지각방식을 알아보는 외부반영과 클라이언트 자신의 행위나 자신 또는 타인에게 어떤 영향을 주는가를 생각해 보게 하는 내부반영, 자신의 행동이 자신 또는 타인에게 어떤 영향을 주는가를 생각해 보게 하는 중간 정도의 반영으로 나누어 볼 수 있다.

③ **기술** : 논리적 토의 및 추론, 설명, 일반화, 행동시연, 역할극, 강화, 명확화, 직면, 요약, 옹호, 교육 등이 있다.

(5) 유형-역동성에 대한 반영

사회복지사는 클라이언트의 성격과 행동, 심리 내적 역동에 대해 반영한다.

① **목표** : 변화의 동기를 촉진시키면서 자신의 성격유형, 특징, 행동유형, 방어기제, 초자아와 자아의 기능수행 정도 등 심리 내적 역동에 대해 이해하도록 한다.

② **내용** : 지금까지 서술한 모든 기법과 함께 사용한다. 클라이언트의 행동경향, 클라이언트로 하여금 어떤 특정 행위에 이르게끔 하는 생각이나 감정의 유형, 또는 사건에 대한 생각들을 클라이언트 스스로 찾아낼 수 있도록 도와주는 기법이다.

③ **기술** : 명확화, 해석, 통찰의 개발 등이 있다.

(6) 발달적 반영

클라이언트의 사회적 기능 수행에 영향을 주는 과거와 현재의 경험을 반영하는 것으로, 사회복지사는 클라이언트가 자신의 현재 성격이나 기능에 영향을 미친다고 생각되는 원가족에서의 경험 또는 유아기의 경험에 대해 생각하도록 하는 의사소통행위이다.

① **목표** : 변화를 위해 유년기의 문제와 현재 행동과의 인과관계를 클라이언트에게 자각하게 한다.

② **내용** : 클라이언트의 현재의 성격이나 기능에 영향을 미친다고 생각되는 원가족의 경험 또는 유아기의 경험에 대해 생각해 보도록 하는 기법이다. 유년기의 문제와 현재 행동 간의 인과관계를 클라이언트가 깨닫게 함으로써 변화를 유도한다.

③ **기술** : 명확화, 해석, 통찰의 개발, 논리적 토의 및 추론, 설명, 일반화, 행동시연, 역할극, 강화, 옹호, 직면, 요약, 교육 등이 있다.

④ 환경에 대한 개입에 있어 사회복지사의 역할 유형 가운데 가장 중요한 사항은 클라이언트에 대한 비밀보장과 책임성이다. 이에 따른 사회복지사의 역할을 살펴보면 다음과 같다(엄명용 외, 2005 : 282).

- **자원의 제공자** : 기관에서 자원을 제공하는 업무에 관여한다.
- **자원 발견자** : 사회복지사는 지역사회 자원에 대해 많이 알고 있어야 하며 클라이언트가 무엇을 필요로 하는지 정확하게 파악해야 한다.
- **자원의 창출자** : 사회복지사는 사회복지기관이나 관련 기관들이 새로운 프로그램을 신설하도록 독려한다.
- **해석자** : 클라이언트의 주변 사람들이 클라이언트를 다르게 이해하고 클라이언트에 대해 다르게 행동할 수 있도록 지원한다.
- **중재자** : 옹호하는 형태로 클라이언트의 주변 사람들이 클라이언트의 인격, 욕구, 권리 등에 대해 바르게 이해할 수 있도록 하는 역할이다. 해석자의 역할보다 더 적극적인 역할이다.

- 공격적 개입자 : 클라이언트의 권리가 명백히 무시되거나 거부 또는 침해당하고 있을 경우 그것에 직면하는 활동이다. 중재활동으로 목적을 달성하지 못할 경우 동원되는 역할이다.

2) 간접적 실천기법-환경 조정하기

① 목표

클라이언트를 둘러싼 사회환경에 관련된 문제를 해결한다.

② 내용

클라이언트의 대인관계에 개입하거나 사회환경적 변화를 추구하는 활동이다. 클라이언트에게 필요한 자원을 발굴, 제공하여 클라이언트에 대한 옹호 및 중재활동을 한다. 또한 클라이언트 스스로가 주변을 변화시킬 수 있도록 원조한다. 클라이언트의 문제해결 과정에서 주변 사회환경 자원을 최대한 활용하기 위해서 사회복지사는 기관의 정책, 기관이 가지고 있는 자원, 기관의 권력구조, 타 전문직의 문화 또는 분위기 등을 이해하고 있어야 한다. 또한 기관의 직원과도 지속적 협력관계를 유지해야 한다. 간접적 실천에 있어 사회복지사의 역할과 관련하여 강조해야 할 두 가지 중요한 사항으로서 클라이언트의 신상에 대한 비밀보장과 클라이언트의 자기결정과 그에 따른 클라이언트의 책임성을 들 수 있다.

③ 기술

심리사회모델은 개인의 정신 내적인 요인들에 초점을 맞추던 정신역동모델과는 달리 환경적인 요인들을 강조하기 시작했다는 점에서는 큰 의미가 있으나, 정신분석학이나 정신역동모델을 크게 벗어나지는 못했다는 한계도 있다. 따라서 심리사회모델에서는 환경의 변화나 조정 목적으로 직접적 실천기술들도 활용된다.

④ 사회복지사의 역할

환경에 개입할 때 사회복지사는 클라이언트의 신상에 관한 정보가 공개되지 않도록 비밀 유지에 신경을 써야 한다. 환경에 대한 개입에 관련된 의사결정에 있어서 사회복지사가 아닌 클라이언트가 책임을 진다는 것에 유념해야 한다.

3) 심리사회모델의 한계

심리사회실천모델은 자원을 창조하고 발견하고 제공하는 역할을 하거나, 클라이언트와 다른 사람들 사이에서 중재자의 역할을 한다. 그러나 기관이나 지역사회, 또는 정치적 수준 같은 환경적인 작업에 대해서는 강조점이 덜 주어지고 있다는 비판이 있다. 또한 심리사회실천모델은 너무 정신분석적이고, 억압받는 인구와 다른 다양한 목표집단 욕구와 강점에 불충분하게 반응한다는 비판을 받았다.

홀리스는 심리사회치료가 더 추구해 나가야 할 과제로 다음과 같은 질문을 하고 있다(Hollis, 1970 : 73).

① 사회복지사가 클라이언트를 변화시키기 위해 사용하는 언어적 또는 비언어적 지시를 어느 정도까지 무의식적으로 주는 것이 가능한가?
② 의식적이든 무의적이든 간에 비언어적 커뮤니케이션이 어느 정도까지 치료의 결과에 영향을 미칠 수 있는가?
③ 사회복지사의 성격과 방식 중 어떤 요소가 치료에 영향을 미치며 또한 어떻게 영향을 미치는가?
④ 어떤 상황에서 시간이 제한된 치료가 효과적인가?
⑤ 1회나 여러 회의 클라이언트 면담이 가장 효과적인 상황을 결정하는가?
⑥ 어떤 사회 문화적 요소가 치료에 중요한 영향을 미치며 어떠한 방법으로 치료 접근에 조정이 필요한가?
⑦ 클라이언트 교육이 치료과정을 선택하는 데 요인이 되는가?

⑧ 클라이언트와 사회복지사의 인종 차이가 치료에 어떻게 영향을 미치는가?

이러한 질문들의 해답을 구할 수 있어야 함을 지적하면서 홀리스는 또 하나의 문제점으로 조사연구의 미비함을 지적하였다. 그동안 케이스워크의 조사연구는 사회과학이나 행동과학의 조사방법을 빌려 쓴 것이 사실이고 케이스워크 과정을 연구할 수 있는 방법이 개발되지 못했다. 따라서 케이스워크 이론과 실천에 능한 사람 중에 조사방법론 또한 익숙히 알고 적용할 수 있는 사람이 필요함을 강조하였다.

다른 학자 중에서 심리학자 아이젠크(Eysenk, 1965)는 심리사회치료가 강조하는 통찰력이 행동변화의 선행조건이라는 가설이 실험적으로 증명되지 않았다는 점을 지적했고, 클로와드와 엡스타인(Cloward & Epstein, 1965)은 진단주의 학파가 클라이언트가 될 수 있는 사람들을 어느 특정한 틀에 맞추려 하기 때문에 서비스를 받지 못하는 사람이 생기며 치료불능으로 간주되기도 한다고 비난하였다.

브리아와 밀러(Briar & Miller, 1971)도 진단주의가 기법을 사용할 때 분명하고 적절히 규정하지 않았다고 지적하였다. 통찰력은 기법이 아니라 목표인데, 사회복지사가 어떻게 통찰력을 부여할 수 있으며, 지지 또한 관계과정에서의 한 특징일 뿐 기법이 아닌데, 어떻게 지지적 관계가 수립되고 유지되는지에 대한 분명한 규명이 부족하다고 보았다.

학습평가

01 심리사회모델에 관한 설명으로 옳은 것은?

① 정신분석이론, 자아심리학, 대상관계이론에 영향을 미쳤다.

② 클라이언트의 현재와 미래에 초점을 둔다.

③ 클라이언트의 수용과 자기결정을 강조한다.

④ 외현화 및 인지 재구조화 기술을 사용한다.

⑤ 인간의 내적 갈등보다는 환경을 강조한다는 비판을 받는다.

정답 ③ 심리사회모델에서는 클라이언트와 사회복지사 간에 형성되는 관계를 매우 중요시한다. 신뢰관계가 형성되어야 클라이언트에게서 의미 있는 변화가 일어날 수 있기 때문이다. 이를 위해 수용과 개별화, 자기결정 같은 가치를 중요시한다.

02 심리사회모델의 형성에 기여한 이론이 아닌 것은?

① 역할이론 ② 자아심리이론

③ 대상관계이론 ④ 의사소통이론

⑤ 사회구성주의이론

정답 ⑤ 심리사회모델은 다양한 이론의 영향을 받아서 발전되었는데 주로 역할이론, 자아심리이론, 대상관계이론, 의사소통이론, 정신역동이론(정신분석이론)의 영향을 받았다. 그러나 사회구성주의이론의 영향을 받지는 않았다. 사회구성주의이론은 현실은 객관적으로 존재하는 것이 아니라 그 문제를 바라보는 관점에 따라 다르게 구성되는 것이므로 그에 따라 해결방법도 다양하다고 보는 이론이다.

03 심리사회모델의 기법에 관한 설명으로 옳지 않는 것은?

① 지지하기 : 클라이언트가 표현한 표적문제와 명백한 연관성을 탐색한다.

② 직접적 영향 : 문제해결을 위해 사회복지사의 의견을 강조한다.

③ 발달적 고찰 : 성인기 이전의 생애경험이 현재의 기능에 미치는 영향에 대해 고찰한다.

④ 탐색-기술-환기 : 클라이언트와 환경과의 상호작용에 대한 사실을 기술하고 감정을 표현하도록 한다.

⑤ 인간-상황에 대한 고찰 : 사건에 대한 클라이언트의 지각방식 및 행동에 대한 신념, 외적 영향력 등을 평가한다.

정답 ① 지지하기 기법은 심리사회모델 기법 중 가장 기본이 되는 기법으로서 클라이언트의 불안감, 자아존중감의 결핍, 자신감 결핍 등을 감소시키기 위해서 사용한다. 클라이언트를 수용하고 클라이언트를 돕겠다는 의사를 표현하며 클라이언트가 문제해결능력을 가지고 있다는 확신을 표현해 주는 기법이다.

04 단기 개입에 적합하지 않는 실천 모델은?

① 심리사회모델 ② 행동수정모델

③ 과제중심모델 ④ 해결중심모델

⑤ 위기개입모델

정답 ① 심리사회모델은 정신역동이론(혹은 모델)의 영향을 많이 받은 이론으로서 과거가 현재에 미치는 영향에 대한 탐색을 중요시한다. 정신역동모델은 클라이언트의 무의식에 대한 통찰력 획득을 목표로 하기 때문에 매우 긴 시간이 필요하며 이에 영향을 받은 심리사회모델도 장기개입을 한다. 일반적으로 장기와 단기를 구분하는 기준은 6개월이다.

05 개인대상 사회복지기술에 관한 내용의 연결이 옳지 않은 것은?

① 재보증 : 클라이언트의 불안감이나 불확실한 감정을 줄이고 편안한 감정을 가질 수 있도록 돕는 기법

② 명료화 : 클라이언트가 말한 내용을 사회복지사가 잘 이해했는지 확인하는 기법

③ 환기 : 클라이언트의 부정적 감정이 문제해결에 방해가 될 경우 감정의 강도를 약화시키는 기법

④ 인정 : 클라이언트가 어떤 행동을 하거나 중단한 이후 이에 대해 긍정적으로 평가해 주는 기법

⑤ 도전 : 클라이언트가 부여하는 의미를 수정해서 클라이언트의 시각을 변화시키는 기법

정답 ⑤ 도전(challenge)기술은 클라이언트가 자신의 문제를 해결함에 있어서로 충돌되거나 불일치하는 상황을 다룰 때 사용하는 기술이다. 사회복지사는 클라이언트가 다루기 어려워하는 상황을 생각해 보고 이를 해결할 수 있도록 원조한다. 클라이언트의 시각을 변화시키는 기법은 재명명, 재구조화 등이다.

05
CHAPTER

사회복지 인지행동 실천모델과 개입기술

1. 인지행동모델의 기본 가정
2. 인지행동모델의 주요 개념과 원칙
3. 인지행동모델의 주요 기술 및 한계

05 CHAPTER

사회복지 인지행동 실천모델과 개입기술

학습목표

1. 인지행동모델의 기본 가정을 이해하고 설명할 수 있다.
2. 인지행동모델의 주요 개념과 원칙들을 이해하고 설명할 수 있다.
3. 인지행동모델의 주요 기술 및 한계를 이해하고 적용할 수 있다.

1. 인지행동모델의 기본 가정

1) 이론적 배경

인지행동모델의 등장배경은 정신분석모델에 대한 거부감과 치료의 효과성에 대한 의문이 제기되고 기존 이론의 한계가 발생하면서 대두되기 시작하였다. 정신분석이론은 인간의 심리와 행동을 지나치게 심리 내적 요인으로 설명하였으며, 행동주의 이론은 인간을 기계적 존재로 간주하는 한계를 보였다. 이러한 한계에 대응하기 위해 인지이론이 등장했다. 또한 다양한 욕구를 가진 클라이언트들이 생겨나고 이에 따른 다양한 욕구 충족과 문제에 모두 적용될 수 있는 통합적인 이론의 필요성이 대두되기 시작하였다. 이러한 등장배경으로 인지이론에 근거하여 다양한 치료법이 개발되었으나 인지이론에 근거한 개입만으로는 인간의 문제를 해결하는 데에도 한계가 있음에 행동주의적 요소를 결합시켜 인지행동모델이 탄생하게 되었다.

인지행동모델은 인지이론과 행동주의 모델이 결합된 모델이기 때문에 두 이론이 각각의 독특한 특성을 갖는다. 인지이론에서는 환경에서 발생하는 일에 대해 수동적이고 기계적으로 반응하는 것이 아니라 스스로 환경에 대해 의미를 부여하고 구성해 가는 방식을 강조한다. 즉, 왜곡된 인식이나 해석으로 인간의 문제가 발생한다고 보는 반면, 행동주의 이론에서는 행동을 유발하는 원인이 인간 내부에 있는 것이 아니라 외부 환경에 있으며, 대부분의 인간행동은 학습되고 학습을 통해 수정될 수 있다고 본다. 클라이언트가 잘못된 혹은 부정적인 행동을 모방, 학습한 결과로 역기능적인 행동을 보인다고 주장한다(Payne, 1997). 즉, 인지행동모델은 하나의 실천모델이 아니라 여러 모델을 총칭하는 용어이다. 인지행동모델은 인간이 생각하고 정보를 처리하는 과정에 관한 이론인 인지이론과 행동을 유발하는 원인이 인간 내부에 있는 것이 아니라 외부에 있다고 보는 행동주의 이론에서 나온 개념들을 통합 적용한 절충적 접근모델이다.

1920년대 : 정신분석	1950년대 : 행동주의	1960년대 : 인지이론
인간 행동이나 성격 형성에 대해 지나치게 심리 내적 요인으로 설명	과거 경험이나 심리 내적 요인보다는 외부 환경이나 자극에 의해 학습됨을 강조	인간의 행동은 사고의 산물임을 강조

인지행동모델	인지이론 + 행동주의 이론

|그림 5-1| 인지행동모델의 구성

인지행동모델에 영향을 준 학자와 이론들은 손다이크(Thorndike, 1898)의 조작적 조건화이론, 스키너(Skinner, 1953)의 행동수정이론, 보울비(Bowlby, 1958)의 애착이론, 반두라(Bandura, 1977)의 사회학습이론 등이다. 특히 이들 학자들 중 인지치료에 행동주의적 기법을 적용한 최초의 임상가는 엘리스(Ellis, 1957)와 벡(Beck, 1962)으로서 이들은 인지, 정서, 행동의 상호작용 과정을 설명하였다.

(1) 알버트 엘리스(Albert Ellis)

합리정서행동치료를 고안한 심리학자 알버트 엘리스(Albert Ellis)는 인지행동주의 접근의 선구자이다. 그는 1955년 합리치료(rational therapy)를 시작했으며 1968년에는 합리정서치료연구소를 설립하였다. 이후 1993년에는 합리정서치료에 행동주의적 요소를 더하여 '합리정서행동치료(REBT : Rational Emotive Behavior Therapy)'로 명명하였다.

(2) 아론 벡(Aron Beck)

아론 벡(Aron Beck)은 인지치료의 대표적 학자이다. 그는 힘든 유년기를 보냈는데, 이로 인해 우울증에 관심을 갖게 되었고, 우울증 환자들을 만나면서 이들에게서 공통적으로 나타나는 부정적 사고나 왜곡된 인지에 주목하게 되었다. 객관적인 증거와 맞지 않을 때도 부정적인 자동적 사고가 지속되는 것을 임상에서 관찰한 후, 왜곡된 도식을 교정하는 것이 심리적 증상 및 정서장애를 해결하는 데 도움이 될 것이라고 보았다. 그는 1960년대 초에 우울증 척도를 개발하였고 인지치료를 고안하였다.

2) 기본 가정

인지이론에서는 인간은 주관적 존재로 개인이 의미를 부여하는 주관적 현실만 존재한다고 본다. 인간의 행동은 무의식에 의한 것이기보다는 의식적인 사고와 의지의 결과물로 보며, 왜곡된 사고나 신념이 반복적인 활용에 의해서 자동적인 사고와 신념으로 이어져서 역기능적인 정서가 형성된다고 본다.

① 인간은 심리 내적인 힘이나 외부 환경 및 자극에 의해서 반응하는 수동적인 존재가 아니라 환경과 상호작용하면서 행동하는 존재이다.

② 인간의 행동은 보상과 처벌에 의해 형성되는 것이 아니라 환경이 끊임없이 인간에게 제공하는 정보와 개인의 인지적 과정이 상호작용한 결과이다.

③ 인간은 자신의 인생을 어떻게 살아 나갈지를 결정할 수 있는 창조적 존재이다.

④ 인간은 고유한 인지과정을 통해 환경에서 자신의 주관적인 경험을 해석하고 행동하며 행동의 결과는 다시 주위 반응에 영향을 받는 순환적인 상호과정이다.

⑤ 인지활동은 행동에 영향을 주기 때문에 인지를 변화시킴으로써 행동변화가 가능하다.

⑥ 인지활동을 모니터하고 바꿀 수 있다.

(1) 개입과정

인지행동모델의 개입과정은 다양하게 표현되지만 보편적으로 초기단계, 개입단계, 종결단계 등의 절차를 따르는 것이 일반적이다.

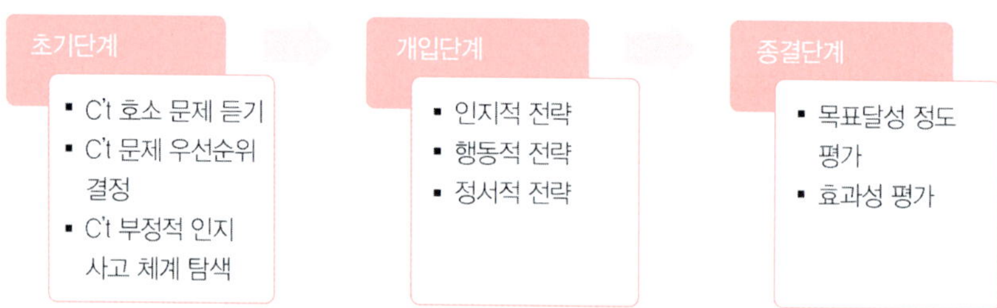

|그림 5-2| 인지행동모델의 개입과정

2. 인지행동모델의 주요 개념과 원칙

1) 주요 개념

인지란 '사고능력'을 의미하며, 넓게는 사고 이외에 지각, 기억, 지능, 언어 등을 포함하는 정신과정 전체를 지칭하기도 한다. 인지이론은 인간의 경험과 사회적 상호작용의 결과로 인간의 인지능력이 발달한다는 이론이다. 인지행동모델은 비합리적 신념이나 인지적 오류, 자기 패배적인 사고를 변화시킴으로써 감정이나 행동을 변화시키는 것을 목표로 한다.

(1) 합리적 정서치료(RET : Rational-Emotive Therapy)

엘리스(Albert Ellis)는 정신분석학자들이 환자를 치료할 때 과거의 경험을 가지고 문제를 해결하려는 것에 반대하며 합리적 정서치료 모델을 창시하였다. 인간이 가진 문제의 원인은 비합리적인 신념, 즉 자신에 대한 부정적인 평가에서 온다고 본다. 비합리적 신념이란 '절대로', '반드시 ○○해야 한다', '모든' 등의 사고들이 저변에 깔려 있는 신념으로서 '○○해야 한다', '○○해서는 안 된다' 등의 당위적 사고형태를 띤다. 자신에 대한 분노와 수치심 같은 부정적 감정과 우울이나 불안 같은 심리적 증상들은 비합리적 신념에서 비롯되므로, 비합리적 신념을 합리적 신념으로 대체하면 정서장애가 개선될 수 있다고 본다.

비합리적 신념은 어떤 일을 사실보다 더 나쁜 것이라고 생각하여 과장되고 허황된 결론을 내리거나, 하지 말아야 할 것을 했을 경우 자신이나 타인을 인간 이하로 평가하거나 비난하는 내용이 많다. 비합리적 신념의 대표적인 예로는 '절대로', '반드시', '모든', '완전히' 등의 완벽주의 또는 모두로부터 사랑받고 싶다는 욕구, 과도한 자기기대감, 비난 성향, 과도한 불안, 좌절감, 무력감 등과 문제 회피 등이다.

① 비합리적 신념의 종류

- **인정의 욕구** : 모든 사람으로부터 사랑과 인정을 받아야 한다는 생각
- **과도한 자기기대감** : 자기 자신이 가치 있는 사람이 되기 위해서는 모든 영역에서 완벽하게 잘해내서 반드시 성공해야 한다는 생각
- **비난 성향** : 자신에게 해를 끼치거나 악행을 저지르는 사람은 나쁘므로 이들은 반드시 비난과 처벌을 받아야 한다는 생각
- **좌절적인 반응** : 일이 뜻대로 되지 않을 때 인생은 아무런 가치가 없다는 믿음
- **정서적 무책임** : 인간의 불행은 외부 환경에서 비롯되므로 그것을 통제할 수 없다는 믿음
- **문제 회피** : 어려움은 직면하는 것보다 회피하는 것이 더 쉽다는 믿음
- **의존성** : 사람은 다른 사람에게 의존해야 하며, 자신이 의존할 수 있는 강한 누군가가 필요하다는 믿음
- **무력감** : 사람의 행동은 과거에 의해서 결정되므로 과거의 영향으로부터 벗어날 수 없다는 생각
- **과도한 불안** : 위험하고 두려운 일은 항상 신경 써야 하고, 일어날 수 있는 가능성을 염두에 두어야 한다는 믿음
- **타인에 대한 지나친 염려** : 다른 사람의 문제나 어려움에 대해서도 신경을 쓰고 염려해야 한다는 생각
- **완벽주의** : 모든 문제는 완전한 해결책이 있으며, 그 해결책을 찾지 못하면 파멸이라 믿음

② 합리정서행동치료의 개입과정 : ABCDE모델

개입방법은 ABCDE모델로 개념화하여 사용한다. ABCDE모델에서는 클라이언트가 어떤 사건 혹은 사실에 의해서가 아니라 그것에 대한 해석이나 의미부여에 의해서 부정적 감정이나 행동을 하게 되므로 어떤 사건에 대해서 갖는 신념체계의 중요성을 강조한다. 즉, 인간은 사건 그 자체가 아니라

사건에 대한 생각이나 해석에 의해 정서적 장애나 행동적 장애를 겪을 수 있다고 본다.

- A(Accident, 실재하는 사건)

  클라이언트가 경험하는 어떤 사건이나 사실 또는 행위

  예 시험을 제대로 못봐서 완전히 망친 사건
- B(Belief, 신념체계)

  클라이언트가 부여하는 의미 혹은 그러한 사건에 대해 가지는 신념이나 생각

  예 "시험을 망쳤으니 앞으로 좋은 일이 일어나지 않을 것이고, 앞으로 성공할 가능성은 없는 거야."
- C(Consequence, 정서적 · 행동적 결과)

  믿음으로 인해 초래된 감정이나 행동, 즉 신념에 따른 결과
- D(Dispute, 논박)

  비합리적 신념체계에 대한 논박

  예 "시험을 망쳤다고 해서 무가치하고 실패한 인간이라는 말이 맞나?" 함께 생각해 보는 것
- E(Effect, 효과)

  논박을 통해 스스로 비합리적 신념을 합리적 신념으로 대치하여 얻게 되는 효과로서 자기 수용적 태도와 긍정적 감정을 얻는 것

  예 "시험을 망친 일이 마음 편한 일은 아니지만 그렇다고 해서 인생을 망친 끔찍한 일일 것까지는 없는 거야."

(2) 인지치료(Cognitive Therapy)

벡(Aron Beck)은 인간의 감정이나 행동을 결정하는 것은 어떤 사건이나 상황 자체가 아니라 그것에 대한 해석이나 평가과정에 달려 있다고 보았다. 그는 인간이 가진 문제의 원인은 인지 왜곡 및 오류에 의해 발생한다고 보았다. 주요 개념으로는 도식(핵심믿음체계, 중간믿음체계), 자동적 사고, 인지적 오류 등이 있다.

① 도식(schema, 인지도식, 스키마)

도식은 정보를 받아들이고 조직화하는 인지구조이다. 사물이나 사건을 바라보는 전체적 윤곽으로서 사고의 틀이라고 볼 수 있다. 동일한 사건의 의미를 사람마다 다르게 해석하는 이유도 인지도식이 각기 다르기 때문이다. 도식이 유지된 기간과 믿음 수준에 따라 핵심믿음과 중간믿음[1])으로 구분한다.

예 어린 아동이 개를 보고 "이야~ 큰 고양이다"라고 말했다면 그 아동은 네발 달린 동물은 고양이라는 고양이에 대한 도식만 있고 개에 대한 도식은 없는 것

② 동화(assimilation)

동화란 자신이 가지고 있는 도식에 맞추어 이해하고 받아들이는 인지과정이다. 즉, 네발 달린 동물은 고양이이기 때문에 개를 보고도 고양이라고 인지하는 것을 말한다.

③ 조절(accommodation)

조절이란 사물이나 대상들이 현재 본인이 가지고 있는 도식에 맞지 않을 때 새로운 도식을 만드는 것을 말한다. 즉, 네발 달린 동물이지만 고양이가 아닌 개에 대한 새로운 도식을 만드는 것을 말한다.

④ 적응(adaption)

동화와 조절을 포함하는 개념이나 동화와 조절이 동시에 발생했을 때 적응이라고 말한다.

⑤ 조직화(organization)

조직화란 신체적 · 심리적 과정을 전제로 사물을 배우는 것이 아니라 성숙해지면서 서로 다른 도식들이 서로 결합하며, 발전시키는 것을 말한다.

---

1) 핵심믿음(core belief)은 어린 시절부터 타인들과 세상에 대한 근원적인 깊은 수준의 믿음이다. 사실 여부나 존재 여부에 관한 검증 없이 당연한 것으로 여기고 절대적 진리로 받아들인다. 중간 믿음(intermediate belief)은 어떤 상황을 보는 관점에 영향을 끼치는 태도나 규칙에 대한 믿음이다. 즉, 어떻게 생각하고 느끼고 행동하는지에 영향을 준다.

⑥ 자동적 사고(automatic thinking)

자동적 사고는 어떤 상황을 접했을 때 순간순간 자동적으로 머리에 떠오르는 생각이나 영상을 의미한다. 자동적 사고의 내용이 부정적이거나 역기능적인 경우, 심리적 문제가 발생할 수 있다. 개인이 가지고 있는 핵심믿음체계가 태도나 규칙, 가정 같은 중간믿음체계를 거쳐 자동적 사고로 나타난다. 벡은 우울증에 시달리는 내담자에게 나타나는 부정적인 자동적 사고에 주목하며 자신의 이론을 전개했다.

예 책을 펼치자마자 "이건 너무 어려워. 내가 결코 이해할 수 없어"라는 생각이 떠오르는 것

⑦ 인지적 오류(인지 왜곡)

인지적 오류란 생활사건의 의미를 부정적인 것으로 받아들이면서 다양한 유형의 오류를 범하는 것을 말한다. 치료자는 클라이언트에게 상담과 평가 과정을 통해 왜곡된 사고를 밝혀내는 것을 돕고, 이러한 왜곡된 사고가 감정, 행동에 부정적 영향을 미치는 것을 인식하게 하고, 개입을 통해 부정적 사고를 교정하는 것이다. 벡은 교정의 대상이 되는 왜곡된 사고, 즉 인지적 오류를 제시하였다. 구체적인 인지적 오류의 종류들은 다음과 같다.

〈표 5-1〉 **인지적 오류의 종류**

인지적 오류	설 명
임의적 추론 (자의적 추론)	근거가 없는 성급한 추론. 충분하고 적절한 증거가 없거나 부적절함에도 불구하고 결론에 도달하는 것 예 "내가 여행을 왔으니 비가 오고 좋지 않은 일이 일어날 거야."
선택적 요약 (선택적 추론)	부분만을 근거로 선택하는 것으로 사건의 일부 사항만을 선택해서 결론 내리고, 전체 맥락 중 중요한 부분은 고려하지 않는 것 예 "여행이 전체적으로 즐거웠는지는 중요하지 않아. 우리가 10분간 싸웠다는 게 중요해."
과잉 일반화	한두 번의 사건으로 일반적인 결론을 내리고, 그것과는 관련 없는 상황에 적용하는 것 예 "교수님께 오늘 혼났으니 학과 친구들 모두가 나를 싫어할 거야."
극대화와 극소화 (과장과 축소)	어떤 상황을 실제보다 더 확대하거나 축소하는 것

이분법적 사고 (흑백논리)	어떤 사물이나 현상을 단순히 둘로 나누어 해석하려는 사고 예 "A+을 받지 못하면 완전한 실패한 것이야."
개인화	관련 없는 외적 상황까지 스스로와 관련짓는 것 예 "내가 그때 그 친구의 전화만 받았더라도 그 친구가 사고를 당하지 않았을 텐데… 나 때문에 사고를 당한 거야."

3. 인지행동모델의 주요 기술 및 한계

1) 개입기법

(1) 인지행동모델에 따른 개입기술

① 내적 의사소통의 명료화

클라이언트 스스로에게 피드백을 줌으로써 자신의 생각과 이야기 속에 숨겨진 인지적 오류와 비합리적 신념이나 태도에 대해서 사회복지사의 피드백을 통해서 깨닫고 통찰력을 발전시키고 인식할 수 있도록 돕는다. 자기대화는 스스로에게 말하는 것으로, 경험한 것을 그 사람만의 독특한 방식으로 해석하는 경향을 말한다.

다양한 인지적 오류로 어떤 사람은 흑백논리로, 비극화로 혹은 모든 문제를 자신의 탓으로 돌리며 문제를 평가하고 최악의 사태가 일어날 것으로 생각한다. 이것은 비합리적인 생각과 잘못된 믿음에서 나온다. 이러한 인지적 오류를 수정하기 위한 방법은 다음과 같다.

- 지금 이 순간의 생각과 느낌이 무엇인지를 명확히 한다.
- 자신과의 자기대화를 되새기며 극단적인 것에 주의를 기울인다.
- 심호흡을 세 번 하고 객관적인 사실을 천천히 살펴본다.
- 있는 그대로 사실을 직시하며 부정적인 용어를 사용하지 않고 문제를 파악해 본다.
- 상황을 직시하고 무엇을 해야 하는지 고려해 본다.

② 설명

설명은 클라이언트에게 생각이나 신념이 감정에 미치는 결과를 설명하는 것이다. 클라이언트의 정서가 엘리스가 제시한 ABC모델(사건 → 인지 → 정서적 결과)에서 어떻게 작용하는가를 설명해 주는 일련의 치료기술이다.

예 맛있게 음식을 먹은 후에(A) 친구의 장난으로 그 음식이 상한 것이라는 말을 듣는 순간(B) 갑자기 구토나 어지럼증을 느끼게 된다(C)

③ 경험적 학습

클라이언트가 믿는 신념과 반대되는 행동이나 경험을 하게 함으로써 클라이언트가 자신이 믿는 신념이 잘못되었다는 인지적 오류를 발견하고 인정하여 수정하도록 하는 기법이다.

클라이언트는 자신의 생각과 다른 행동을 할 때 불편함을 느끼게 되는데, 이를 해소하기 위해 자신의 생각을 바꾸게 된다.

예 집에 어머니가 없다면 가족들이 생활할 수 없을 것으로 믿는 주부에게 여행을 가도록 하여 어머니가 없어도 가족들이 큰 어려움이 없다는 것을 인식하게 함으로써 주부 스스로 가족에 대한 집착에서 벗어나도록 도울 수 있다.

④ 인지 재구조화

클라이언트의 역기능적인 사고나 인식을 순기능적으로 교정시켜 주는 것이다. 인지 재구조화 기법은 모델링, 행동시연, 이완훈련, 자기주장훈련, 체계적 둔감법 같은 기술이 함께 사용될 때 더 효과적이다.

예 아버지가 고집불통이라는 생각 때문에 아버지와 대화를 거부하는 사람에게 아버지는 주관이 강하고 소신 있는 분이라고 긍정적으로 생각하게 함으로써 아버지에 대한 인식과 태도를 긍정적으로 바꾸어 나가도록 돕는다.

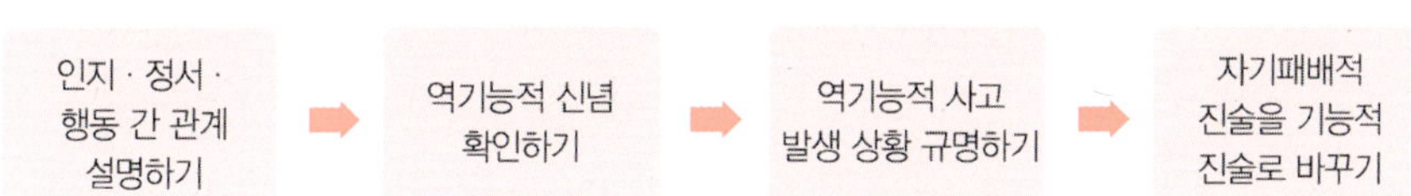

|그림 5-3| 인지행동모델의 인지 재구조화 기법의 절차

⑤ 모델링

타인의 행동을 봄으로써 새로운 행동을 학습하는 기법이다. 모델링은 관찰학습과정을 통해 이루어진다. 관찰학습과정은 1단계 : 주의집중과정 → 2단계 : 보존과정(보유과정, 파지과정) → 3단계 : 운동재생과정 → 4단계 : 동기과정 등의 4단계로 이루어진다.

⑥ 체계적 둔감법

체계적 탈감법(체계적 둔감법)은 고전적 조건화를 이용한 행동수단 개입기법이다. 클라이언트에게 가장 덜 위협적인 상황에서 가장 위협적인 상황까지 상황들을 순서대로 제시하면서, 불안자극과 불안반응 간의 연결이 없어질 때까지 불안을 일으키는 자극들을 반복적으로 이완상태와 짝짓는 것이다.

⑦ 시연

행동시연(rehearsal)이라고도 한다. 시연은 클라이언트가 습득한 행동기술을 현실에서 실제로 실행하기 전에 미리 연습해 보는 것이다. 발달시키고자 하는 행동을 반복적으로 연습함으로써 행동으로 숙달되도록 하는 것이다.

⑧ 홍수법

홍수법(flooding)은 클라이언트가 겪은 충격적인 경험을 안전한 조건에서 다시 겪게 하여 공포나 불안 등 충격적인 정서 반응을 감소시키는 개입기법이다. 체계적 탈감법과는 달리, 한번에 매우 강한 자극에 노출시켜 공포반응이 사라질 때까지 지속한다.

예 고소공포증 환자의 경우 가상현실을 사용하여 가상으로 높은 곳에 있는 것처럼 강한 경험에 지속적으로 노출하게 하여 치료한다.

⑨ 자기지시기법

클라이언트가 변화하고자 하는 행동을 조성하기 위해 실천지침을 가지고 익혀나가는 기법이다. 목표 선택, 목적행동 형성, 자기탐지, 계획의 실천 등의 과정을 통해 자신이 통제하거나 변화시키기를 원하는 구체적인 행동에 대한 지침과 계획들을 세우는 기법이다.

⑩ 사회기술훈련

대인관계에서 어려움이나 불편함을 느끼는 사람들을 대상으로 대인관계 기술 향상을 목표로 하는 훈련 프로그램이다. 대상의 특성이나 욕구에 따라 다양하지만 일반적으로 양육기술, 자기주장기술, 말하기와 듣기 같은 의사소통기술, 친구 만들기 기술 같은 사회기술을 다룬다. 사회기술훈련은 의사소통기술이 부족하거나 만족스러운 대인관계를 형성하고 싶은 사람, 지적 장애가 있는 클라이언트의 사회기술향상 훈련에 유용하다.

⑪ 이완훈련

어떤 상황이나 사람 앞에서 긴장하고 불안해하는 사람에게는 스스로 긴장을 풀 수 있는 이완법을 권한다. 근육의 수축과 이완, 깊고 규칙적인 호흡, 즐거운 사고나 심상 등을 훈련함으로써 일상생활에서 유발되는 스트레스에 대처할 수 있도록 가르치는 기법이다.

예 많은 사람 앞에서 말하는 것을 두려워하는 사람에게는 심호흡을 하며 친구들에게 이야기하는 것처럼 생각하게 하여 치료한다.

〈표 5-2〉 인지행동모델 개입기술

개입기법	설 명
내적 의사소통의 명료화	클라이언트 스스로에게 피드백을 줌으로써 자신의 생각과 이야기 속에 숨겨진 인지적 오류와 비합리적 신념에 대한 통찰력을 발전시키고 이해할 수 있도록 도움
설 명	클라이언트의 정서가 엘리스가 제시한 ABC모델(사건-인지-정서적 결과)에서 어떻게 작용하는가를 가르쳐 주는 일련의 치료기술
경험적 학습	클라이언트에게 자신의 인지적 오류에 부합하지 않는 특정한 행동을 하도록 함으로써 클라이언트가 자신의 인지적 오류를 발견하고 수정하도록 함. 자기주장훈련, 모델링, 역할극, 사회기술훈련, 심리극 등을 활용
인지 재구조화	클라이언트의 역기능적 사고와 관념을 인식하고 이를 현실적인 사고와 관념으로 대치하고 순기능적일 수 있도록 돕는 것

모델링	관찰학습과정을 통해 클라이언트가 시행착오학습을 거치지 않고 원하는 행동을 학습할 수 있도록 하게 하는 것
체계적 둔감법	클라이언트에게 가장 덜 위협적인 상황에서 가장 위협적인 상황까지 상황들을 순서대로 제시하면서, 불안자극과 불안반응 간의 연결이 없어질 때까지 불안을 일으키는 자극들을 반복적으로 이완상태와 짝짓는 것
시 연	발달시키고자 하는 행동을 반복적으로 연습함으로써 행동으로 숙달되도록 하는 것
홍수법	클라이언트가 겪은 충격적인 경험을 안전한 조건에서 다시 겪게 하여 공포나 불안 등 충격적인 정서 반응을 감소시키는 것
자기지시기법	목표 선택, 목적행동 형성, 자기탐지, 계획의 실천 등의 과정을 통해 자신이 통제하거나 변화시키기를 원하는 구체적인 행동에 대한 지침과 계획들을 세우는 것
사회기술훈련	대인관계에서 어려움이나 불편함을 느끼는 사람들을 대상으로 대인관계 기술 향상을 목표로 하는 훈련 프로그램
이완훈련	근육의 수축과 이완, 깊고 규칙적인 호흡, 즐거운 사고나 심상 등을 훈련함으로써 일상생활에서 유발되는 스트레스에 대처할 수 있도록 가르침

출처 : Corey, G.(1991). Theory and Practice of Counseling and Psychotherapy(4th ed.). Pacific Grove, CA : Brooks/Cole; 조현춘 · 조현재 공역(1996). 심리상담과 치료의 이론과 실제. 시그마프레스; 엄명용 외(2000). 사회복지실천의 이해. 학지사.

2) 인지행동모델의 한계

① 자신의 사고와 감정 및 행동의 관계와 인지행동모델 이론의 적용기술 등을 이해할 수 있는 일정한 교육수준, 지적 능력, 새로운 시도에 대한 의지를 가진 클라이언트에게 적용 가능

일반적으로 책임감이 강하고 과제수행에 대한 의지를 가진 클라이언트에게 많은 효과가 있으나 지나친 분노, 융통성이 부족한 클라이언트에게는 적용이 어려운 한계가 있다.

② 일반적으로 4~14회 정도의 기간이 소요되므로, 즉각적인 개입을 필요로 하는 클라이언트(예 자살위험 클라이언트)에게는 적용이 어려움

인지행동모델은 클라이언트의 왜곡된 인지를 대체하는 인지를 가질 수

있도록 하여 행동의 변화를 유도하는 교육적 모델이므로 즉각적인 개입이 필요한 클라이언트에게는 적용이 어렵고 개입이 가능하다 하더라도 임시대응적인 응급책이라고 여길 수 있는 어려운 한계가 있다.

③ 특정 개입기술을 적용할 때 윤리적 문제가 발생할 수 있음

홍수법이나 체계적 둔감화 같은 개입기술은 공포의 두려움을 가진 클라이언트에게 공포감을 줄여주기 위해 더 문제를 경험하게 되어 악화될 가능성이 있기 때문에 클라이언트에게 목적을 분명히 하고 이를 수용할 수 있게 하여야 한다.

④ 사회복지사는 개입 및 치료과정에 적극적이어야 함

클라이언트에게 이 기술을 활용하는 목적을 분명하게 설명하고 이를 수용할 수 있게 하며, 클라이언트가 인지 재구조화 등의 새로운 시도를 해보려는 의지를 갖게 하여야 한다.

⑤ 실천과정에서 변화가 지속되지 않으면 개입효과성이 없을 수 있음

실제로 사회복지사는 이 이론을 적용하는 데 너무 오랜 시간과 노력이 필요하다. 클라이언트의 변화된 인지체계가 현실생활에서 유지될 수 있도록 하려면 클라이언트에게 변화를 지속시키기 위한 과제를 내주어 순기능적인 측면으로 인지를 바꾸는 훈련을 지속적으로 시켜야 유지 가능하다.

⑥ 실천종결단계에서 클라이언트가 추후 상담과 종결을 결정하기 때문에 클라이언트가 평소에 가지고 있던 역기능적인 인지체계나 사고체계가 어느 정도 합리적인 대안체계로 바뀌었는가 판단이 어려움

문제해결 정도를 판단하기 전에 상담이 종결될 수도 있는 어려움을 경험할 수 있다.

학습평가

01 다음 중 인지행동모델의 주요 원칙의 내용으로 포함되지 않는 것은?

① 건전한 치료관계

② 목표 지향적이고 문제 중심적

③ 클라이언트의 미래의 긍정적인 상황을 강조

④ 구조화된 면담

정답 ③ 인지행동모델의 주요 원칙은 지금-여기서의 상황을 강조함

02 다음 중 인지행동모델의 한계점에 대한 설명으로 옳지 않은 것은?

① 일정한 교육수준, 지적 능력과 상관없이 모든 클라이언트에게 적용 가능함

② 일반적으로 4~14회 정도의 기간이 소요됨

③ 윤리적 문제는 클라이언트에게 목적을 분명히 하고 이를 수용할 수 있어야 함

④ 즉각적인 개입을 필요로 하는 클라이언트에게는 적용이 어려움

정답 ① 일정한 교육수준, 지적 능력을 가진 클라이언트에게 적용 가능

03 다음의 설명은 무엇에 해당되는가?

목표 선택, 목적행동 형성, 자기탐지, 계획의 실천 등의 과정을 통해 자신이 통제하거나 변화시키기를 원하는 구체적인 행동에 대한 지침과 계획들을 세우는 것

① 시연 ② 모델링
③ 경험적 학습 ④ 자기지시기술

정답 ④ 목표 선택, 목적행동 형성, 자기탐지, 계획의 실천 등의 과정을 통해 자신이 통제하거나 변화시키기를 원하는 구체적인 행동에 대한 지침과 계획들을 세우는 것을 자기지시기술이라고 한다.

04 다음 인지행동모델의 주요 기술은 무엇인가?

클라이언트에게 가장 덜 위협적인 상황에서 가장 위협적인 상황까지 상황들을 순서대로 제시하면서, 불안자극과 불안반응 간의 연결이 없어질 때까지 불안을 일으키는 자극들을 반복적으로 이완상태와 짝짓는 것

① 인지재구조화 ② 자기지시기법
③ 이완훈련 ④ 체계적 둔감화

정답 ④ 체계적 둔감화에 관한 설명이다.

05 다음 중 인지행동모델의 특징에 대한 설명으로 옳지 않은 것은?

① 자신과 타인에 대한 무조건적인 존경
② 주관적인 경험의 독특성
③ 자신의 책임
④ 비구조화된 접근

정답 ④ 구조화된 접근이 인지행동모델에서의 특징이다. 인지행동모델은 치료자가 문제해결을 위해 구조적인 절차를 가지고 있으며, 표적이 되는 문제에 전략적 초점을 유지하며, 클라이언트와의 협조적인 관계와 노력 그리고 적극적인 참여를 기반으로 한다.

06
CHAPTER

사회복지 해결중심 실천모델과 개입기술

1. 해결중심모델의 기본 가정
2. 해결중심모델의 주요 개념과 원칙
3. 해결중심모델의 주요 기술 및 한계

06 CHAPTER 사회복지 해결중심 실천모델과 개입기술

학습목표

1. 해결중심모델의 기본 가정을 이해하고 설명할 수 있다.
2. 해결중심모델의 주요 개념 및 원칙을 이해하고 설명할 수 있다.
3. 해결중심모델의 주요 기술 및 한계를 이해하고 적용할 수 있다.

1. 해결중심모델의 기본 가정

1) 이론적 배경

해결중심이론(solution focused theory)은 단기치료의 대표적인 개입방법을 제시해 주고 있으며, 클라이언트 지향적 접근방법을 통해 클라이언트를 자신의 문제를 가장 잘 아는 전문가로 인정함과 동시에 문제해결의 주체로서 전문적 관계의 동반자로 인정하는 이론이다.

해결중심이론은 문제보다는 해결에 초점을 두어 면접을 이끌어 나가고 개입방법을 계획하는 치료기법을 강조하는 이론으로 1960년대와 1970년대 전반적인 가족치료이론이 발전함과 동시에 발전하게 되었다. 해결중심 단기치료 이론은 미국 밀워키(Milwaukee)의 드세이저(Steve de Shazer) 팀에 의해 개발되었고, 드세이저는 인간에 대한 긍정적인 가정과 가치를 전제로 해결방안을 클라이언트 스스로 구축할 수 있도록 돕는 것을 목표로 한다는 점에서 '해결방안구축모델'로 부르기도 한다.

2) 기본 가정

해결중심이론의 기본 가정은 클라이언트가 자신의 문제를 해결하기 위한 직접적인 도움을 원한다고 생각했던 이전의 병리적 모델을 탈피하고, 클라이언트가 가지고 있는 강점에 초점을 두고 있다. 클라이언트 가지고 있는 잠재력 향상과 독특성을 인정한다. 또한 클라이언트의 자기결정권을 존중하고 과거보다는 현재와 미래를 강소하는 사회복지사들에 의해 적극적으로 활용되는 이론이다.

멧칼프(Metcalf, 1998), 오코넬과 팔머(O'Connell & Palmer, 2003), 펠러와 월터(Peller & Walter, 1998)는 해결중심이론의 문제해결과정에 있어서 다음과 같은 몇 가지 기본 가정을 제시하고 있다.

① 클라이언트는 자신이 무엇을 원하고 삶에서 어떤 변화가 일어나기 바라는지를 가장 잘 알고 있는 전문가(expert)임
해결중심이론 치료의 목적은 클라이언트가 원하는 것에 초점을 둔다.

② 해결중심이론을 활용하는 사회복지사는 클라이언트를 변화시키는 전문가가 아니고 클라이언트의 변화에 도움을 주는 자문가(consultant)의 역할을 함

③ 해결중심이론을 기반으로 한 개입과정에서는 문제내용 자체보다는 문제해결 방안과 새로운 행동유형을 시작하는 데 초점을 둠
이는 클라이언트에게 적절한 해결방안을 모색하는 것이 문제해결에 더 효과적이라는 믿음에 기초한다.

④ 해결중심이론은 클라이언트의 잠재적인 변화 욕구를 인정하고 중요시함
대부분의 클라이언트가 진정으로 변화하기를 원한다고 믿기 때문에 클라이언트가 변화과정에서 저항을 보일 것이라고 간주하지 않는다.

⑤ 사회복지사의 역할은 클라이언트가 문제해결을 위한 열쇠를 사용하도록 돕는 데 있음
사회복지사가 클라이언트에게 무엇을 달리해야 하는지 직접 가르치거나 행동변화를 하도록 새로운 전략을 가르치지 않고, 자신이 이미 알고 있는 문제해결 방안을 생각해 내도록 지원한다.

⑥ 사회복지사와 클라이언트 관계는 협력적인 동료관계임
클라이언트가 자신의 문제에 관하여 가장 많이 안다고 여기기 때문에 클라이언트에게 좀 더 나은 해결방안 탐색과 선택을 위해 함께 작업한다.

2. 해결중심모델의 주요 개념과 원칙

1) 주요 개념

해결중심이론이란 1980년대에 접어들면서 등장한 사회복지실천 접근방법의 대표적인 혁신적 모델이다. 이 모델은 MRI의 전략적 치료모델을 토대로 성장하였다.

해결중심 단기상담은 문제의 원인을 규명하기보다는 클라이언트가 가진 자원(강점, 성공경험, 예외상황)을 활용하면서 문제해결 방법에 중점을 두고 있다. 이 상담은 짧은 기간 안에 상담목적을 이루고자 하는 모델로 클라이언트가 사회복지사와 목표를 잘 형성하고 그 삶 속에서 목표를 수행하게 되면 개입이 완수된다는 의미에서의 '단기'를 말한다. 또한 기본적으로 '문제의 해결'이 아니라 '해결한 경험'과 '예외적 경험'을 찾는 것을 중요시한다. 이

모델은 문제보다는 클라이언트가 원하는 바에 초점을 둔다. 해결중심모델은 문제의 원인을 규명하기보다는 클라이언트가 이미 가지고 있는 자원을 활용하여 단기간 내에 해결방안을 구축하도록 돕는 것을 목표로 하는 '해결책 구축 모델'이라고 볼 수 있다. 이런 전제들은 문제의 진단과 제거에 무게를 둔 전통적 치료모델과는 차별되는 것이다.

2) 주요 원칙

해결중심이론은 다른 이론들과 달리 이론 중심적이며 이론에 얽매이는 것을 거부하는 이론이다. 하지만 드세이저(Steve de Shazer, 1986)는 해결중심모델에서 적용되는 다음의 8가지 기본적인 원칙들을 중요시한다.

(1) 병리적인 것 대신에 건강한 것에 초점을 둔다

클라이언트가 자신의 문제를 다루는 데 있어서 잘못된 것 대신에 성공했던 경험에 초점을 맞추고 그것을 어떻게 활용할 것인가에 관심을 두는 것이다. 클라이언트의 실패보다는 성공경험 및 그 방법에 초점을 두고 이를 치료에 활용한다. 혹여 문제가 있다 하여도 해결 가능성이 있다는 전제하에 클라이언트의 강점, 자원, 능력에 초점을 두며 결함, 장애는 가능한 한 다루지 않는다. 이와 같은 방법은 클라이언트가 자신을 보는 관점을 새롭게 해주는 방법이 되므로 클라이언트가 재진술할 수 있도록 독려한다.

(2) 클라이언트의 강점, 자원, 건강한 특성을 최대한 찾아내어 실천에 활용한다

사람은 문제를 해결할 자원과 능력을 지니고 있다는 전제하에 클라이언트가 활용 가능한 자원, 기술, 지식, 믿음, 동기, 행동, 증상, 사회관계망, 환경, 개인적인 특성 들을 활용할 수 있도록 돕는 것을 의미한다. 치료는 클라이언트를 전문가로 여겨 해결점이나 목표 지향으로 나아가는 노력을 지속하고,

클라이언트의 능력에 대해 유연성 있게 맞추어 나갈 책임은 치료자에게 있다고 생각한다.

(3) 탈이론적이고 비규범적 입장이며, 클라이언트의 견해를 존중한다

해결중심모델은 클라이언트가 호소하는 독특한 불평에 기초하여 개별화된 해결책을 발견하고자 한다. 클라이언트는 자신의 문제를 해결하기 위해 필요한 모든 것을 이미 가지고 있다고 주장한다. 따라서 내담자가 결정한 관점과 견해를 수용하고 그 안에서 내담자가 지닌 긍정적인 자원들을 활용해야 한다. 즉, 클라이언트의 개별성을 최대한 존중하며 클라이언트가 표현하는 모든 불평불만에 대한 표현방법을 수용한다.

(4) 변화는 항상 일어나며 불가피한 것이다

해결중심모델은 변화가 클라이언트 삶의 일부라고 생각하여 변화를 막을 수는 없다고 생각한다(Steve de Shazer, 1985). 따라서 자연스럽게 일어나는 변화를 단지 확인하고, 그 변화를 해결책으로 활용하는 것이다. 다만, 클라이언트는 자신의 문제에만 관심을 두기 때문에 많은 예외적인 것, 즉 문제가 발생하지 않는 상황은 인식하지 못하고 무시하기 때문에 문제가 발생한다고 본다.

(5) 작은 변화가 큰 변화로 이끈다

해결중심모델에서는 단지 작은 변화의 시작을 필요로 한다. 사회복지사는 클라이언트의 작은 변화는 큰 변화로 이끌며, 체계의 모든 부분은 서로 연결되어 있으므로 체계의 한 부분의 변화는 전체 체계에 변화를 가져오는 개입방안을 모색해야 한다. 예를 들어, 가족 중 한 사람의 변화를 통하여 가족 전체의 변화를 가져올 수 있다고 생각한다. 이는 해결중심이론에서 매우 중요한 부분을 차지한다.

(6) 현재와 미래를 지향한다

해결중심모델은 클라이언트를 과거와 문제로부터 멀리하고, 현재와 미래의 문제해결방안을 구축하는 데 관심을 집중하도록 한다. 그러나 간혹, 과거에 대한 이해가 현재의 문제를 이해하는 데 도움이 될 경우에는 매우 제한적으로 시도하기도 한다.

(7) 클라이언트의 자율적인 협력을 중요시한다

해결중심모델은 클라이언트와 사회복지사가 함께 목표성취에 협력하는 것을 중요시한다. 그러나 클라이언트의 자율적인 협력을 중요시하는 이유로 비자발적인 클라이언트에게 협력을 요청하는 것이 어려운 과제로 떠오르게 된다.

(8) 해결중심모델은 다음의 철학을 중요시한다

해결중심모델은 첫째, 클라이언트가 중요하게 생각하지 않거나, 기능을 하고 있는 것은 고치지 않는다. 둘째, 어떤 것이 효과가 있는지를 알게 되면 그것을 더 많이 실천하게 한다. 셋째, 진행하고 있는 그 어느 것도 효과가 없다면 다른 방법을 시도하게 한다.

3) 클라이언트의 유형과 관계

해결중심모델은 클라이언트가 이미 가지고 있는 자원들을 활용하여 해결방안을 구축하도록 돕는 것이다. 따라서 클라이언트와 사회복지사의 관계를 파악하는 것은 효과적인 상담을 위해서 중요하다. 해결중심모델은 클라이언트를 방문형 · 불평형 · 고객형 등의 세 가지 유형으로 분류하고 각 유형별 과제를 제시하였다(김혜숙 외, 2013). 그러나 이 구분은 관계유형을 서술하기 위한 것이지 클라이언트의 개별적인 특성을 의미하거나 낙인감(stigma)을 주기 위한 분류는 아님에 유의하여야 한다.

(1) 방문형

방문형은 흔히 말하는 비자발적 클라이언트 유형으로 자신의 의사와는 무관하게 누군가 그에게 치료자를 만나도록 강권적으로 요구하였거나 누군가에 이끌리어 온 사람들로서, 이들은 자기가 치료자에게 와야 할 이유가 없다고 생각하는 클라이언트일 가능성이 높다.

일반적으로 법원, 직업훈련, 보호관찰관, 학교, 가족, 고용주, 학교 교사 등의 명령, 즉 타의에 의해 치료자에게 온 상황으로, 문제가 자신에게 있는 것이 아니라 다른 사람에게 있다고 생각하기 때문에 문제해결에 대한 동기가 약한 편이다.

방문형 클라이언트 상담 시 주요 핵심 기술은 클라이언트의 의사결정을 존중하고, 자신에게 중요한 것에 관하여 판단할 수 있는 능력을 믿어주며, 계속적으로 칭찬을 많이 해주는 것이 도움이 된다.

(2) 불평형

불평형은 클라이언트가 문제를 확인하였으나 해결책을 구축해 나가는 데 본인의 역할이 없다는 생각에 문제해결 의지가 약하며, 다른 사람이 변화해야 문제가 해결된다고 본다. 즉, 타인을 통해서 문제해결이 이루어질 수 있다고 보고 자신은 희생자라고 생각하는 경우가 많다.

불평형 클라이언트 상담 시 주요 핵심 기술은 방문형과 같이 많은 칭찬을 해주어야 하며 방문형과는 달리 클라이언트가 쉽게 할 수 있는 간단한 관찰의 과제를 내어주는 것이 도움이 된다.

(3) 고객형

고객형 클라이언트는 자신을 문제해결의 일부로 생각하고 문제해결을 위해 무엇인가 할 의지를 보이는 특징을 가진다. 그로 인해 고객형 클라이언트는 매우 긍정적이고 협력적인 치료관계를 형성한다.

고객형 클라이언트 상담 시 주요 기술의 핵심은 클라이언트가 자기 자신과 관련되어 있는 치료목표를 표현하고, 클라이언트 스스로가 행동을 변화하기 위한 많은 방법을 제시하기도 한다.

(4) 메시지 작성과 전달 및 과제부여

① 메시지 작성과 전달(송성자, 1995)

- 클라이언트가 이미 실시하고 있는 것이 클라이언트에게 도움이 되고 좋은 것임을 알게 한다.
- 가능한 한 클라이언트가 사용한 단어를 사용하여 클라이언트의 협조를 증가시킨다.
- 사회복지사는 클라이언트의 목표에 동의하고, 긍정적인 방법을 사용한다.
- 클라이언트에게 적절한 시기에 도움을 받으러 왔으며 목표성취가 어려울 것이라는 점을 인식할 수 있도록 돕는다.
- 클라이언트에게 적절한 문장으로 시작을 하고, 과제를 주기 전 목표를 명확하게 한다.
- 사회복지사는 상담을 잠시 중단하고 뒤편으로 물러나 짧은 시간을 이용하여 메시지를 준비한다. 해결중심이론은 사회복지사가 클라이언트에게 즉각적으로 반응하는 것으로부터 벗어나, 객관적인 사고를 통해 상담내용을 정리하고, 클라이언트가 사회복지사의 메시지를 수용할 수 있는 방법이다.
- 매 세션 종결 시에 클라이언트의 강점, 긍정적인 변화의 노력과 구체적인 행동 등에 대해서 긍정적인 피드백을 제공한다. 또한 사회복지사는 자신이 발견한 클라이언트의 긍정적인 면의 의미를 전달하거나, 제안을 할 수 있고, 과제를 줄 수도 있다.

② 과제 부여

- 클라이언트에게 생각, 관찰, 확인, 작은 것 행동하기 등과 같은 과제를 내줄 수 있다.
- 과제는 클라이언트와의 관계 유형에 따라 달라질 수 있다.
- 방문형은 과제는 없으며 칭찬과 재방문 격려 메시지를 전달한다.
- 불평형은 생각 · 관찰과제를 부여하며, 행동, 사건 등이 일어나면 잘 관찰하였다가 다음 상담 시간에 알려달라고 요청한다.
- 고객형은 실행과제를 부여하며, 예외 행동을 계속적으로 혹은 더 많이 할 것을 요청한다.

3. 해결중심모델의 주요 기술 및 한계

1) 주요 기술

펠러와 월터(Peller & Walter, 1998)는 해결중심이론의 주요 기술을 크게 네 가지로 구분하여 논의하였다.

〈표 6-1〉 해결중심모델의 주요 기술

치료기술	설 명
경청과 인정	클라이언트의 강점과 능력에 대해 경청하고 이러한 강점을 인정해 줌으로써 클라이언트가 사회복지사로부터 존중받는다는 느낌을 가지도록 함
호기심 갖기	클라이언트를 진단하거나 특정한 어떤 것을 하도록 강요하는 것이 아니라 클라이언트가 원하는 것, 그것을 성취하기 위해 어떻게 해야 하는가를 명확히 하도록 질문하고 그에 대한 반응에 호기심을 갖는 것
초대하기	클라이언트가 상담으로부터 기대하는 바가 무엇인지, 클라이언트의 목적이 성취되고 문제가 해결되는 것 또는 발전을 나타내는 징조가 무엇인지에 대해 대화하도록 초대함
격려하기	클라이언트가 문제의 해결책을 얻기 위해 클라이언트에게 가장 도움이 되는 방법은 무엇인지, 무엇을 다르게 할 것인지에 관한 이야기를 하며 변화에 대한 기대감과 용기를 북돋워 줌

2) 실천목표 및 기법

해결중심모델은 일반적으로 6~10회의 세션(회기)이 가장 많이 활용되며, 평균 1~6주 간격으로 진행(Dinkmeyer & Sperry, 2000, 강이화, 2002 재인용)되는 단기 실천모형으로 클라이언트가 해결방안을 구축해 나가는 그 자체가 실천과정이다. 해결중심모델의 잘 정의된 목표는 긍정적이고 과정의 형태로 이루어지며, 지금-여기(now and here)에 초점을 둔다.

(1) 해결중심모델의 8가지 기본 원리(De Shazer, et al., 1986)

① 병리적인 것 대신에 내담자에게 건강한 것에 대한 초점을 둠

해결중심모델의 개입 목표는 클라이언트가 자신의 문제를 다루는 데 있어서 작은 성공경험일지라도 그 성공경험에 초점을 두는 것으로서, 무엇이 잘 되었고, 그것을 어떻게 활용할 것인가를 찾아 클라이언트가 자신의 문제에 대한 답을 이미 가지고 있다는 사회복지사의 믿음을 반영하는 것이다.

② 작은 변화가 큰 변화를 이끎

해결중심모델은 클라이언트의 단지 작은 변화만을 필요로 한다. 작은 문제를 해결한 클라이언트는 그 성공경험을 통해 성취감과 자신감을 얻어 다른 문제의 해결을 시도할 수 있는 희망과 변화하고자 하는 동기를 증가시킬 수 있게 된다.

③ 클라이언트가 지니고 있는 장점, 강점, 건강한 특성들을 최대한 찾아내어 실천에 활용함

클라이언트가 바라는 결과를 얻기 위해서, 클라이언트가 지닌 긍정적인 자원, 기술, 믿음, 동기, 행동, 증상, 사회적 관계망, 환경, 개인적 특성 등을 활용하는 것이다.

④ 변화는 불가피함

해결중심모델은 변화가 클라이언트 삶의 일부여서 클라이언트는 변화를 막을 수가 없다고 본다(De Shazer, 1985). 따라서 문제가 되지 않는 시기를 찾아내어 문제일 때와 아닐 때의 차이점을 발견하여, 문제가 아닌 경우를 증진시키는 방법을 활용한다.

⑤ 클라이언트의 자율적인 협력을 중요시함

해결중심모델은 사회복지사와 클라이언트가 함께 해결방안을 발견하고 방법을 구축한다. 따라서 그 과정에서 사회복지사와 클라이언트 상호 간의 협력이 매우 중요하다.

⑥ 현재와 미래를 지향함

해결중심모델은 클라이언트의 과거에 대한 정보나 문제를 깊이 살펴보기보다는 클라이언트가 현재와 미래에 적응하는 것을 돕는 데 일차적인 목표의 초점을 맞춘다.

⑦ 탈이론적 · 비규범적인 입장을 취하며, 클라이언트가 결정한 관점을 존중함

해결중심모델은 어떠한 틀에 맞추지 않고 클라이언트의 관점에 맞추어서 클라이언트가 표현하는 모든 것을 수용하고, 클라이언트의 개별성과 자기결정권을 최대한 존중한다.

⑧ 해결중심모델은 다음의 철학을 중요시함

첫째, 클라이언트가 문제 삼지 않거나, 기능을 하고 있다면 고치지 않는다.

둘째, 클라이언트에게 일단 무엇이 효과가 있는지 알게 되었다면, 그것을 더 많이 실천하게 한다.

셋째, 클라이언트가 시도한 것이 효과가 없으면 다른 방법을 시도하게 한다.

(2) 실천기법

① 해결 지향적 질문

해결 지향적 단기치료의 질문의 핵심은 현재 클라이언트의 문제가 무엇이며 현재의 문제가 계속되는 원인이 무엇인가를 분명하게 밝힘으로써 현재의 문제나 증상을 제거할 수 있다고 주장한다.

과거 전통적인 문제해결 방법은 문제의 원인이 무엇인가를 밝히기 위해 너무 많은 시간을 소요하거나 문제의 원인이 밝혀졌어도 문제는 해결되지 않고 그대로 남는 경우가 많다는 것을 발견하였다. 따라서 해결중심모델의 주요 기술의 핵심 질문은 클라이언트가 가지고 온 불평이 무엇인가를 간단히 듣고서 곧 화제를 돌려 클라이언트가 치료를 통해 얻기를 원하는 것이 무엇인가를 알아내기 위해서 클라이언트에게 구체적으로 질문해야 한다는 것이다. 그러므로 면담과정은 다분히 의도적이어서 상담자는 해결을 이끄는 조직화된 질문을 사용한다. 해결 지향적 질문의 구체적인 질문방법은 다음과 같다(송성자, 1995; O'connel, & Palmer, 2003).

- 첫 면담 이전의 변화에 관한 질문(pre-session change question)

  클라이언트가 처음 전화를 걸거나 약속시간을 정한 후부터 처음 면담에 왔을 때까지 변화된 것이 있는지를 묻는 것으로, 긍정적 변화가 있었다면 이를 강화해 줌

  예 처음 상담을 약속을 했을 때와 상담을 받으러 오기까지의 시간 동안에 어려운 상황이 좀 나아진 사람들이 많았습니다. 혹시 그런 변화를 경험하셨습니까?

- 예외질문(exception question)

  클라이언트의 성공경험과 현재 잘 하고 있는 것을 발견할 목적으로 활용되는 질문으로, 클라이언트가 성공적으로 잘 하고 있으면서도 의식하지 못하거나 가치를 두고 있지 못한 것을 발견하고, 사회복지사가 의식적이고 의도적으로 클라이언트의 행동을 강화시키는 기술

예 문제가 발생하지 않았던 때는 언제인가요?
문제가 발생하지 않았다는 것을 어떻게 알 수 있나요?
문제가 발생하지 않았을 때는 무엇을 하나요?
어떻게 하면 문제가 발생하지 않을 것 같나요?
문제가 해결된다면 이를 어떻게 알 수 있을까요?

- 기적질문(miracle question)

클라이언트로 하여금 문제가 해결된 미래를 상상하고, 해결하기 원하는 것을 구체화하고 명료화하여 변화의 목표를 현실적이고 구체적으로 설정하기 위한 질문기법이다. 클라이언트의 마음 상태를 문제 중심에서 해결중심으로 전환하도록 하는 역할을 한다.

예 밤에 잠자는 동안에 기적이 일어나 염려하였던 문제가 해결되었다고 상상해 보세요. 그러나 잠자는 동안에 기적이 발생하였기 때문에 아무도 모르고 있어요. 가족들이 당신의 어떤 행동을 보면 지난밤에 기적이 일어나 문제가 해결된 것을 알 수 있을까요?

- 척도질문(scaling question)

문제의 심각한 정도를 사정하고, 치료목표 성취 정도를 측정하고, 결과를 구체적으로 평가하는 데 있어 구체적인 수치를 사용하여 그 정도를 표현할 수 있도록 하기 때문에 매우 유용한 질문이다.

예 【문제해결에 관한 전망에 관련된 척도질문】
- 1부터 10까지의 척도에서 10은 문제가 다 해결되었다고 확신하는 것을 말하고, 1은 문제가 가장 심각할 때를 말한다. 오늘은 몇 점에 해당하는가?
- 같은 척도에서, 이 문제가 어느 정도 해결될 수 있다고 생각하는가?
- 내담자가 현재의 상태를 6점이라고 했다면, 6점에서 7점으로 변화할 때 무엇이 달라질 것 같은가?
- 남편이 여기 있다면, 그는 이 문제가 해결될 가능성을 얼마라고 말할까?

【동기에 관련된 척도질문】
- 같은 10점 척도에서, 이 문제를 해결하기 위해 어느 정도 노력할 수 있겠는가?

• 남편은 당신이 어느 정도 노력할 것이라고 말할까?
• 남편은 당신이 1점 높이기 위해 무엇이 필요하다고 말할까?

【진전상태를 평가하는 척도질문】

• 10을 치료목표가 성취된 상태라고 하고, 1을 치료받으러 왔을 당시의 상태라고 한다면, 오늘의 상태는 몇 점인가?
• 1점을 높이기 위해 무엇을 다르게 해야 하는가?
• 1점이 올라간다면 누가 변화를 가장 먼저 알 수 있을까?

• 대처질문(coping question)

자신의 미래를 절망적으로 보아 희망이 없다고 하는 클라이언트에게 사용하는 기술이다. 클라이언트가 절망적인 상황에서도 살 견디어 내어 더 나빠지지 않은 것을 강조하고, 위기에서 살아남기 위해 대처해 온 방법을 파악하고, 그것을 인식, 강화, 확대하기 위해 기술을 활용한다.

예 어려운 상황 속에서 견디어 낼 수 있었던 것은 무엇이라고 생각합니까? 어떻게 모든 것을 포기하지 않고 오늘까지 지탱해 왔습니까?

3) 해결중심모델의 한계점

① 해결중심모델은 클라이언트와 직접적으로 관련된 과제들만을 선택해야 함

② 해결중심모델은 일정한 교육수준, 지적 능력수준과 수행의지를 가진 클라이언트에게 적용 가능

너무 어렵거나 단순한 과제가 채택되어서는 안 된다. 무엇보다도 중요한 동기인 성취감을 얻을 수 없기 때문이다.

③ 해결중심모델은 클라이언트에게 단계적으로 어려움을 증가시키는 과제를 계속 부여해야 함

④ 해결중심모델을 적용하는 사회복지사는 클라이언트와 공동으로 협의된 과제만을 계획할 수 있음

과제의 선택은 지시보다는 협의되어야 하기 때문이다. 과제는 가능한 한 클라이언트와 의논하여 합의되고 구체화된 과제만 가능하다.

⑤ 해결중심모델은 클라이언트에게 성취된 과제를 인식시켜야 함

어떤 내담자는 자신이 이룬 결과를 '행운' 또는 다른 사람의 노력이라고 생각한다. 그러므로 상담자는 그 과제에 내담자가 함께 참여했음을 인식하도록 도와야 한다.

⑥ 해결중심모델은 과제물을 매우 구체화시켜야 과제수행이 이루어짐

상담은 몇 회기를 할 것인지, 부부 중에서 누가 먼저 대화를 할 것인지, 상담에 오기 힘든 상황일 때 어떻게 할 것인지 등 과제는 구체적이고 현실적이어야 한다.

⑦ 해결중심모델은 클라이언트가 주어진 과제에 헌신하는 정도에 따라 성공 달성도가 결정됨

⑧ 해결중심모델은 클라이언트에게 배운 것을 계속적으로 강화해 주어야만 과제수행이 이루어짐

문제를 가진 사람들은 자신의 부정적인 신념을 유지하려는 경향이 있다. 따라서 사회복지사는 클라이언트가 과제수행을 통해 얻은 교훈을 잊었는지 살펴보고 그들이 성취한 것을 잘 숙고하여 자신감을 얻도록 도와야 할 책임이 있다.

⑨ 해결중심모델을 적용하는 사회복지사는 계획과 달리 클라이언트의 과제 수행이 잘 이루어지지 않을 경우를 대비해야 함

숙제를 해오는 클라이언트도 있고 과제를 자신에게 맞게 바꾸는 클라이언트도 있고 제안했던 것과는 반대로 하는 클라이언트도 있고 숙제하는 것을 피하는 클라이언트도 있을 것이다.

학습평가

01 다음 중 해결중심모델의 주요 기술 내용에 포함되지 않는 것은?

① 격리하기 ② 경청과 인정

③ 호기심 갖기 ④ 초대하기

정답 ① 해결중심모델의 주요 기술은 첫째, 격려하기, 둘째, 경청과 인정, 셋째, 호기심 갖기, 넷째, 초대하기 네 가지이다.

02 다음 중 목표설정원칙의 내용으로 적절하지 않은 것은?

① 클라이언트의 가족들에게 중요한 것

② 작고 구체적이고 명확하며, 행동적인 것

③ 목표를 문제해결의 마지막이라고 보기보다는 시작으로 간주

④ 클라이언트의 생활에서 현실적이고 성취 가능한 것

정답 ① 사회복지사는 클라이언트에게 중요한 것을 목표로 설정하는 것을 원칙으로 해야 한다.

03 다음의 설명은 무엇에 해당되는가?

> 문제의 심각한 정도를 사정하고, 치료목표 성취 정도를 측정하고, 결과를 구체적으로 평가하는 데 있어 구체적인 수치를 사용하여 그 정도를 표현할 수 있도록 하기 때문에 매우 유용한 질문

① 기적질문 ② 예외질문

③ 대처질문 ④ 척도질문

정답 ④ 문제의 심각한 정도를 사정하고, 치료목표 성취 정도를 측정하고, 결과를 구체적으로 평가하는 데 있어 구체적인 수치를 사용하여 그 정도를

표현할 수 있도록 하기 때문에 매우 유용한 질문은 척도질문(scaling question)이다.

04 다음 중 해결중심모델의 한계점이 아닌 것은?

① 사회복지사들이 문제의 원인을 해결하기 위한 기법으로 사용한다.

② 여러 기법의 배합 또는 절충주의적 접근으로 보려는 경향이 있다.

③ 비용효과성에 대한 비현실적인 기대감을 갖는다.

④ 해결중심모델은 과거에 대한 이해를 중요시하지는 않는다.

정답 ① 해결중심모델은 일부 사회복지사들이 문제의 원인을 해결하기 위한 기법보다는 임시대응적인 응급기법으로 여기는 한계점을 가진다.

05 다음 중 클라이언트 유형에 대한 설명으로 적절하지 않은 것은?

① 방문형은 자발적 클라이언트 유형이다.

② 불평형은 타인이 변화해야만 문제해결이 이루어질 수 있다고 본다.

③ 불평형은 자신은 희생자라고 생각하는 경우가 많다.

④ 고객형은 매우 긍정적이고 협력적인 치료관계를 형성한다.

정답 ① 방문형은 흔히 말하는 비자발적 클라이언트 유형이다.

07
CHAPTER

사회복지 위기개입 실천모델과 개입기술

1. 위기개입모델의 기본 가정
2. 위기개입모델의 주요 개념과 원칙
3. 위기개입모델의 주요 기술 및 한계

07 CHAPTER 사회복지 위기개입 실천모델과 개입기술

학습목표

1. 위기개입모델의 기본 가정을 살펴본다.
2. 위기개입모델의 주요 개념과 원칙을 이해한다.
3. 위기개입모델의 주요 기술 및 한계를 이해한다.

1. 위기개입모델의 기본 가정

1) 기본 가정

위기개입모델은 위기 상황에 즉각적으로 개입하여 단기 전문 원조를 제공하기 위한 모델로 높은 스트레스 상황에 있는 클라이언트를 대상으로 한 개입에 매우 효과적이고 유용한 개입방법이다(이영호, 2008 : 175).

인간은 성장 발달 과정 중에 직면하게 되는 새로운 상황과 그가 처한 주위 환경에 적응해 나가야만 한다는 사실을 하나의 위협적 사건으로 받아들이게 됨으로써 위기에 처하게 된다. 위기가 발생하면 사람들은 부적응 상태에 처하게 되고, 스스로 문제해결이 어려워 전문가의 도움이 필요한 위기 상태를 경험하게 된다. 이러한 위기 상태에 처해 있는 개인, 가족, 집단을 돕기 위하여 그들의 생활 상황 속에서 문제를 해결하도록 돕는 것이 위기중재 또는 위기개입이다. 즉, 위기개입이란 위기로 인한 불균형 상태를 회복하기 위하여 일정한 원조 수단을 개인, 가족, 집단 그리고 지역사회 등에 적용하는 과정을 말한다(김기태, 1998 : 19).

위기개입모델은 위기 상황에 즉각적으로 단기 전문 원조를 제공하기 위한 모델로, 높은 스트레스 상황에 있는 클라이언트를 대상으로 한 개입에 매우 효과적이고 유용한 모델이다. 위기개입모델은 기존 지식과 임상적 측면이 결합되어 있다는 점에서 다분히 절충적이며, 전통적 개별사회복지실천보다는 실제적 기법으로 평가되고 있다(신성자 외, 2000 : 352-353).

길리랜드와 제임스(Gilliland & James, 1997)는 위기개입 시 고려해야 할 기본 가정을 다음과 같이 제시하였다.

첫째, 인간이 처한 다양한 상황에서 초래되는 직접적 스트레스와 위험한 사건에 직면했을 때 겪는 격심한 정서적 불균형과 사회적 해체 현상은 정상적인 것이다.

둘째, 위기상황으로 인해 겪는 격심한 고통은 정상적인 삶의 경험으로 일시적 혼란이라 할 수 있으며, 누구나 일생을 통해 겪을 수 있는 현상이다.

셋째, 정서적 불균형을 경험하는 사람은 본능적으로 정서적 균형을 찾으려는 경향이 있다.

넷째, 사람들은 정서적 균형을 회복하려고 노력하는 과정에서 일시적이고 격심한 심리적 유약성을 경험할 수 있다.

다섯째, 심리적으로 현저히 약해져 있을 때, 일반적으로 사람들은 심리적 치료서비스를 수용하는 태도를 갖게 된다.

여섯째, 위기는 부정적 결과를 가져올 수도 있지만 한편으로는 성장과 발전의 기회가 되기도 한다.

2) 등장배경

위기개입실천모델은 현장 실무자, 조사자, 이론가들이 공동으로 만들어

낸 결과이다. 위기에 관한 지식들은 스트레스, 대처이론, 병리적 위기, 역기능적 결과들에 관한 임상 조사 등의 영향을 받아 형성되었으며, 보건, 인간서비스 영역에 종사하던 실무자들이 위기를 예방하고 심리적 병리나 가족해체 등을 미연에 방지하고자 하는 노력을 통해 이 모델이 형성되었다(금기윤, 2013 : 130 재인용).

위기개입실천모델은 제2차 세계대전 이후에 전쟁으로 인한 후유증과 이별이나 사별에 따른 심리적 문제 등에 대한 신속하고 숙련된 전문서비스가 요구됨에 따라 연구에 탄력을 받기 시작하였다. 위기개입실천모델은 사회복지이론은 물론 심리학, 사회학, 정신분석학 등에 그 뿌리를 두고 있다. 그중에서도 긴장이론과 린더만(Lindermann, 1994)의 사별에 따른 슬픔 반응에 관한 연구, 캐플란(Caplan, 1964) 등의 지역사회 수준에서의 예방정신의학 연구 등이 위기개입이론의 토대를 형성하면서 1950~1960년대에 급격하게 성장했다(이문국 외 공역, 1998 : 686).

1950년대 이래, 사회사업이 정신보건 부문에 적극적으로 개입하게 되면서 위기개입모델을 적극 활용하게 되었으며, 1960년대에 캐플란이 위기를 해결하고 난 후 적응과정에서 환경 자원, 특히 지역사회서비스체계의 중요성을 주장하게 됨에 따라 개인의 심리적 문제뿐만 아니라 환경에 대한 접근을 중시하게 되었다. 인간의 위기가 사회구조적 측면과 사회체계적 측면에 의해 제기된다는 인식이 확산되면서 심리 중심의 위기개입과 함께 생태학적 측면의 환경 중심 접근이 강조되었다(이문국 외 공역, 1998 : 687).

사회복지실천의 역사는 위기개입의 역사라고도 할 수 있을 것이다. 왜냐하면 잠재적으로 위험 가능성이 있는 인생 사건에 노출되어 있거나 현재 위기를 겪고 있는 클라이언트들을 대상으로 사회복지실천이 이루어지기 때문이다. 그러므로 사회복지실천에서 사회복지 방법의 이론들이 가지고 있는 개입 목표와 위기이론의 개입 목표는 매우 유사하다(김만두, 1985).

2. 위기개입모델의 주요 개념과 원칙

1) 위기의 개념

위기개입은 매우 초점화된 단기개입으로, 위기 상황과 관련된 구체적 문제 해결에 초점을 두기 때문에 목표가 제한적이다. 라포포트(Rapoport, 1970)는 위기개입의 목표를 여섯 가지로 제시하고, 처음의 네 가지는 반드시 달성해야 할 목표이지만 마지막 두 가지는 상황이나 클라이언트의 특성 등이 허락하는 경우에 달성할 수 있는 목표라 했다(생각의마을, 2018 재구성).

① 위기로 인한 증상을 제거한다.
② 위기 이전의 기능 수준으로 회복한다.
③ 불균형 상태를 가져온 촉발 사건에 대해 어느 정도 이해한다.
④ 클라이언트나 가족이 이용할 수 있는 지역사회의 자원이나 치료기제를 규명한다.
⑤ 현재의 스트레스와 과거의 경험 및 갈등과의 연관성을 인식한다.
⑥ 새로운 인식, 사고, 정서를 개발하고, 위기 상황 이후에도 사용할 수 있는 새로운 적응적 대처기제를 개발한다.

요약하면 위기개입실천모델의 목표는 위기로 인한 정서적 문제를 해소하고, 위기 이전의 기능 수준까지 회복시키며, 더 나아가 위기 이전의 수준을 능가하는 기능을 수행하도록 하는 데 있다.

2) 위기의 개입 원칙

위기개입에는 많은 이론적 준거 틀이 있으나 이들을 종합해 보면 다음과 같은 유사한 실천원칙들을 발견할 수 있다(신성자 외, 2009 : 184).

(1) 신속한 개입

위기개입은 즉시 이루어져야 하는데, 일반적으로 위기 상태에 들어간 때부터 6주 내에 어떤 형태로든 해결이 되어야 한다.

(2) 행동

위기개입은 위기와 그 위기에 대한 클라이언트의 행동에 초점을 둔다. 그러므로 위기개입은 클라이언트의 과거를 탐색하는 데 비중을 두지 않는다.

(3) 제한된 목표

위기개입의 목표는 직접적으로 위기 상황과 관련된 구체적 문제에 초점을 두고 설정되어야 하며, 증상의 완화가 일차적 목표이다.

(4) 희망과 기대

위기에 처해 절망하고 있는 클라이언트에게 무엇보다 희망을 고취하는 것이 중요하다. 이는 주로 사회복지사의 태도에 의해 성취된다.

(5) 지지

클라이언트에게 실제 정보를 제공하거나 정서적으로 지지하며, 사회적 지지체계를 개발하고 형성하도록 해야 한다.

(6) 초점적 문제해결

문제 파악과 해결에 초점을 두면서 클라이언트가 조종할 수 있을 만큼 현실에 직면하도록 돕는다.

(7) 자기상

대부분의 클라이언트는 자기 자신을 실패자로 인식한다. 사회복지사는 클라이언트의 자기상을 사정하고 이해해야 한다. 사회복지사는 클라이언트와 신뢰관계를 조성하여 클라이언트의 자기상(self-image)을 보호해 주고, 더 나아가 건전한 자기상을 확립하도록 원조한다.

(8) 자립

사회복지사는 상황을 사정하고 개입을 계획함에 있어 클라이언트가 함께 참여할 기회를 제공한다. 그리고 감정, 증상, 걱정거리 등에 대한 표현을 격려하고 자신감 회복을 위해 효과적으로 대처할 수 있도록 가능한 한 빨리 지원한다.

3) 위기의 유형

위기는 위험과 기회라는 두 가지 요소가 혼합되어 있는 특성이 있는데, 위기상태를 촉발시키는 특성에 따라 개념을 정의하면 다음과 같다(양옥경 외, 2005 : 365; B. Gilliland & R. James, 1997).

(1) 상황적 위기

위기상태를 촉발하는 사건을 중심으로 갑작스럽게 발생하는 외부사건에 의한 위기(situational crisis)로 예견할 수 없다. 누구에게나 일어날 수 있으며, 갑작스럽고 충격적이며 강렬하다.

예 자동차 사고, 유괴, 폭력범죄, 갑작스러운 질병, 가족의 죽음 등

(2) 발달적 위기

발달단계에서의 성숙과정에서 발생하는 생활사건이나 발달단계마다 요

구되는 발달과업에 의한 새로운 대처자원이 필요한 성숙위기(maturational crisis) 등을 들 수 있다.

예 자녀의 출생, 청소년의 정체성 위기, 중년의 위기, 노년의 위기, 결혼, 자녀의 출생, 노년기의 위기 등

(3) 실존적 위기

실존적 위기는 내적 갈등이나 불안을 포함하는 것으로 이는 삶의 목표나 책임감, 독립성, 자유, 의무와 같은 중요한 인간적 이슈와 함께 일어난다. 따라서 실존적 위기는 발달단계 및 발달과제와 큰 관련이 없다. 자신의 분야에서 최고가 되는 것을 행복이라고 믿고 열심히 직장생활을 하던 어떤 사람이 행복에 대한 새로운 의미를 발견하면서 지금까지 자신이 살아온 방식에 대해 후회하고 앞으로 어떻게 살아가야 할지 내적 갈등과 정신적 방황을 하게 된다면 이것은 실존적 위기이다.

예 개인의 특정 전문성이나 조직에서 중요한 영향을 주지 못한다는 불안이나, 60대에 인생이 덧없다고 느끼는 허무감과 위기 등

4) 개입과정

캐플란은 제2차 세계대전 후 이스라엘의 수용소에 있는 아동들의 위기상황에 관한 연구를 하였다. 그는 위기란 통상적인 행동을 통해 극복할 수 없는 일상의 장애라고 정의하였으며, 위기상황을 두 가지 형태인 발달적 위기와 상황적 위기로 유형화하였다(김기태, 1998; 양옥경 외 2005 : 358).

발달적 위기는 청소년의 정체성 위기, 중년의 위기, 노년의 위기 등 개인의 생애주기에 따른 위기와 가족의 생애주기에 따른 위기를 포함하며, 상황적 위기는 누구에게나 언제라도 일어날 수 있는 신체적 질병, 강간, 자살 등을 포함한다(김혜란 외, 2006 : 121).

위기는 다섯 가지 요소들로 구성되어 있는데, ① 위험사건(hazardous event), ② 취약상태(vulnerable state), ③ 촉발 요인(precipitating factor), ④ 실제 위기상황(active crisis), ⑤ 재통합(reintegration) 등이다. 이 요소들을 포함하여 골란(Golan, 1978)은 위기에 대한 이론적 가정을 다음과 같이 제시하였다(김혜란 외, 2006 : 112-115; N. Golan, 1978).

(1) 위험사건

위기는 대개 위험사건에 의해 시작되는데, 위험사건은 외부적인 스트레스 사건일 수도 있고 혹은 내부적인 압력일 수도 있으며, 하나의 재앙 사건일 수도 있고 혹은 연속적으로 축적된 사건일 수도 있다.

예 하나의 위험사건으로는 갑작스러운 배우자의 죽음, 교통사고로 인한 장애, 해고, 이혼, 강간, 이민 등이 있다. 연속적인 사건으로는 최근 직장에서 상사와 갈등이 있는 여성의 질환, 시집과의 갈등 등이 있다.

(2) 취약상태

위험사건으로 항상적 균형을 잃으면 취약상태가 된다.

(3) 촉발 요인

촉발 요인이란 긴장과 불안을 최고봉으로 올려놓음으로써 취약상태를 불균형 상태로 만드는 요인이다.

예 최근 이혼한 여성이 운전 중 접촉사고를 당하고 가까스로 유지하여 오던 평형상태가 깨지면서 실제 위기를 맞는 경우이다.

(4) 실제 위기상황

실제 위기상황은 개인의 주관적인 상황에 대한 표현이다. 일단 개인의 항상성이 무너지면 긴장이 최고조에 달하고 불균형 상태가 시작된다. 이러한 불균형의 위기 상태는 길어야 4~6주간 지속되는데, 이 기간에 위기개입이 이루어져야 효과적으로 문제를 해결할 수 있다.

(5) 재통합

위기개입이 이루어져 긴장과 불안이 감소하여 개인의 기능이 다시 회복하는 단계이다. 위기를 성공적으로 극복하면 자아존중감이 높아지지만, 이 기간 동안 부적응인 행동 유형을 학습하면, 위기상황 이전보다 전반적인 기능이 나빠진다.

예 기능이 나빠지면 술로 대체하거나 '아무것도 소용없다', '난 못한다' 등의 학습된 무기력감을 경험하게 된다.

3. 위기개입모델의 주요 기술 및 한계

1) 주요 기술

위기개입의 과정은 시작단계와 중기단계, 종결단계로 나눌 수 있으며 골란(Golan, 1978)은 단계에 따라 사회복지사가 활용할 수 있는 활동과 지침을 다음과 같이 제시하였다(김혜란 외, 2006 : 115-117; N. Golan, 1978).

(1) 시작단계

시작단계는 대개 클라이언트를 처음 대면하는 첫 회기로 이루어진다. 시작단계에서 사회복지사는 위기상황에 즉각적으로 초점을 맞추고, 현재 클라이언트의 곤경에 대해 평가하며, 앞으로의 활동에 대해 계약한다. 특히 이 단계에서는 클라이언트의 주관적 반응을 이끌어 내는 것이 중요하며, 반응에 대한 해석이나 직면보다는 클라이언트가 감정을 표현함으로써 보다 합리적 · 이성적으로 위기상황에 대처할 수 있도록 원조하는 것이 중요하다.

(2) 중기단계

실행단계인 중기단계는 2회기부터 6회기까지 진행된다. 중기단계에서도 클라이언트의 주요 주제에 대해 깊이 탐색하고, 필요한 경우에는 과거에 대해서도 탐색한다. 중기단계의 주요 영역으로서 사회복지사는 위험사건 이후의 자료를 조직화하고, 중기단계에 성취할 수 있는 목표와 목표를 달성하기 위한 과제들에 대해 작업함으로써 행동 변화를 초래할 수 있도록 노력한다. 클라이언트가 점차 자율성을 회복함에 따라 사회복지사는 단계적으로 자신의 역할을 줄이고, 일상생활에서 활용할 수 있는 자원과 지지체계를 찾아내어 연결해 준다.

(3) 종결단계

종결단계에서는 개입상황을 점검해 보고 클라이언트가 성취한 과정, 성취하지 못한 과제를 대상으로 미래에 대한 계획을 수립한다. 클라이언트가 사회복지사에게 의존하지 않도록 격려하고, 유사시에는 클라이언트가 사회복지사를 활용할 수 있음을 인식시켜 준다. 또한 종결시기도 의논하여 결정한다.

위기개입실천모델의 개입과정을 표로 제시하면 다음 <표 7-1>과 같다.

〈표 7-1〉 골란의 위기개입실천모델

초기단계 : 공식화(1회기의 면접)	중간단계 : 수행(2~6회기 면접)	종결단계 : 종결(7회기 면접, 필요한 경우 8회기 면접까지 포함)
A : 위기상태에 초점 두기 • '지금 여기'에 집중 • 정서가 감소됨에 따라 클라이언트의 정서적 반응을 표현케 하고, 위험한 사건 탐색하기 • 취약상태의 유형과 그 영향 발견하기 • 위기상태로 인해 일어나는 장애 사정하기	A : 자료수집 • 빠진 자료 얻기 • 불일치되는 자료 확인하기 • 주요 주제(상실, 불안, 도전) 선택하기	A : 종결 결정 • 의뢰된 이후의 기간 확인하고 클라이언트에게 기억시키기 • 접촉의 여지를 남겨놓고 끝내기 • 종결에 대한 저항 다루기
B : 사정 • 위기상황에 대한 설명을 하고, 우선적인 문제들을 정하여 진술하기 • 클라이언트의 우선순위 확인하기 • 주요 문제 정하기	B : 행동변화 • 문제 영역에서 클라이언트의 대처기제 확인하기 • 현실적인 단기간의 목표 정하기 • 전반적인 과업 정하기 • 실제적인 과업들을 공동으로 성취하기 • '사고하는' 과업들을 공동으로 성취하기	B : 진행상황 검토 • 진행과정 요약하기 • 주요 주제 검토하기 • 실행했던 과업들, 성취된 목표, 변화, 미완성된 작업들 다시 생각해 보기
C : 계약 • 클라이언트와 사회복지사를 위해 목표, 과업 정의하기	C : 개입 • 개입 초점은 신속개입, 행동지향성(적극성), 제한된 목표(균형상태 회복), 희망과 기대, 지지, 위기에 초점을 둔 문제해결, 자아상 확립 및 자립	C : 미래 계획 • 현재 문제 논의하기 • 클라이언트의 계획 논의하기 클라이언트가 과정이 끝났음을 느끼도록 도와주기 • 클라이언트가 다른 문제들을 가지고 돌아가는 것에 대해 괜찮다고 느끼도록 도와주기

출처 : 서진환 외 공역(2001), p. 177; 이애재(2006), p. 259; Golan(1978), Malcom Payne, Modern Social Work Theory.

(4) 위기개입 의뢰 시 주의할 점

위기개입을 하게 되면 종종 의뢰를 하는 경우가 많다. 의뢰 시 다음 몇 가지 원칙을 명심한다(이윤로, 2008 : 257-258).

① 한 번에 3~4곳에 의뢰함으로써 클라이언트를 혼돈스럽게 하지 말라. 우선순위를 정하고 그 문제에 대해 한 곳에 의뢰한다.

② 클라이언트가 정보를 알고 있는지를 분명히 한다. 반복해 주거나 적도록 한다.

③ 클라이언트는 스스로 연락을 취할 수 없는 경우를 제외하고는 클라이언트가 스스로 의뢰된 기관과 연락하도록 고무한다.

④ 의뢰를 반드시 즉각적으로 할 필요는 없다. 시간을 갖고 생각할 필요도 있다.

⑤ 의뢰를 하기 전에 클라이언트가 치료에 적극적으로 참여할 것인지를 확인하라. 클라이언트가 필요한 변화나 결정에 대해 두려움을 가지고 있으면 클라이언트는 도움에 대해 가치가 없다고 생각할 수 있다.

⑥ 가능하다면 의뢰 후 확인전화를 하라. 이는 연속성을 갖게 하며, 워커의 관심을 표현하는 방안이다. 그리고 의뢰가 얼마나 효과적이었는지 알 수 있다.

2) 한 계

위기개입실천모델은 스트레스 상황에 있는 개인 및 가족들과 일할 때 사회복지사들이 전통적으로 사용해 오던 접근 방법들과 많이 부합하기 때문에 다양한 사회복지 분야에서 적용되고 있다. 위기개입실천모델은 스트레스로 인한 개인의 심리적 문제, 특정한 행동적 문제, 사회체계의 문제 등에 개입할 수 있는 틀을 제공한다. 위기개입 실천가들은 지속적으로 확장되는 위기의 범주에 대응하기 위해 많은 노력을 기울여 왔으며, 동시에 적극적이고 예방적인 개입을 발달시키기 위해 노력해 왔다.

사회복지실천에서의 위기개입이론은 주로 지역사회 정신보건 프로그램, 자살방지센터, 가족서비스센터, 의료체계 등에 있던 사회복지사에 의해 초기 발달이 이루어졌고, 최근에는 아동복지체계, 학교, 성폭력상담센터, 가정폭력상담센터, 재난구조체계 등의 장으로 위기개입의 활용 영역이 확대되어 사회복지실천현장에서 광범위하게 활용되고 있다.

최근에는 위기개입실천모델을 활용한 다양한 프로그램들이 개발되고 있는데, 단기간에 최대의 안정과 통제를 제공하는 위기안정화 프로그램, 지역사회의 사건 현장에 사회복지가 투입되는 아웃리치 프로그램과 위기대응 팀 구성, 아웃리치 현장에서 다학문적 접근의 필요성이 대두됨에 따라 다학문적 접근에 대한 모색이 이루어지고 있다.

이러한 많은 유용성에도 불구하고 위기개입실천모델은 효과성 검증에 대한 실증적 자료가 부족하고, 이론적 체계가 미흡하다는 비판이 대두되고 있으며, 위기개입실천을 위한 구체적 기술이 개발되지 못한 한계성이 있다.

한편 개인이 자각하지 못하는 정신 내적인 힘이 행동에 강하게 영향을 미치게 되므로 개인상황적 반성만으로 클라이언트의 문제를 효과적으로 해결하기가 곤란하다는 것이다. 따라서 클라이언트 자신의 성격 저변에 역동성이나 현재의 적응에 나쁜 영향을 미치는 초기 생활 경험에 있어 자신의 관심을 기울이도록 하는 것이 도움이 될 수 있다(김용한 외, 2013; 이미선 외, 2012).

학습평가

01 위기개입의 원칙을 모두 고른 것은?

ㄱ. 신속한 개입	ㄴ. 제한된 목표
ㄷ. 초점적 문제해결	ㄹ. 희망과 기대

① ㄱ, ㄴ, ㄷ　② ㄱ, ㄷ
③ ㄴ, ㄹ　④ ㄹ
⑤ ㄱ, ㄴ, ㄷ, ㄹ

정답 ⑤ 위기개입원칙 : 신속한 개입, 제한된 목표, 초점적 문제해결, 희망기대, 행동 지향성, 지지, 자기상(자아상), 자립

02 위기개입모델에서 개입단계에 해당하는 것은?

① 위기와 선행 사건에 관한 이해
② 부정적 감정 표현 지지
③ 과거의 문제 경험과 대처기술 평가
④ 지지적 자원에 대한 분석
⑤ 클라이언트의 자해 위험성 파악

정답 ② 위기개입모델은 위기 상황에 처한 클라이언트에게 즉각적으로 개입하여 단기간 전문적 원조를 제공하는 모델이다. 개입 단계에서는 클라이언트에게 부정적 감정을 표현하도록 도와 혼란스러운 심리상태에서 벗어날 수 있도록 돕는다.

03 라포포트(L. Rapoport)가 제시한 위기개입목표로 옳은 것을 모두 고른 것은?

ㄱ. 위기증상 제거	ㄴ. 주관적 경험 증진
ㄷ. 촉발사건 이해	ㄹ. 대인관계 향상

① ㄱ, ㄴ, ㄷ ② ㄱ, ㄷ

③ ㄴ, ㄹ ④ ㄹ

⑤ ㄱ, ㄴ, ㄷ, ㄹ

정답 ② 위기개입목표

- 위기로 인한 증상 제거
- 위기 이전의 기능 수준 회복
- 촉발사건 이해
- 지역사회 자원에서 이용할 수 있는 치료방법 규명
- 현재의 스트레스를 과거의 생애경험, 갈등과 연결
- 새로운 적응적 대처기제 개발

04 골란(N. Golan)의 위기반응 단계를 순서대로 옳게 나열한 것은?

ㄱ. 취약단계	ㄴ. 위기단계
ㄷ. 재통합단계	ㄹ. 위기촉진요인
ㅁ. 위험한 사건	

① ㄱ → ㄴ → ㄹ → ㅁ → ㄷ ② ㄱ → ㅁ → ㄹ → ㄴ → ㄷ

③ ㅁ → ㄱ → ㄹ → ㄴ → ㄷ ④ ㅁ → ㄴ → ㄹ → ㄱ → ㄷ

⑤ ㅁ → ㄹ → ㄱ → ㄴ → ㄷ

정답 ③ 위험사건, 취약단계, 위기촉진요인, 위기단계, 재통합단계

05 자살을 생각하는 클라이언트의 문제에 개입할 때 적절한 내용을 모두 고른 것은?

ㄱ. 자살 관련 계획을 직접적으로 묻는 것은 자살을 구체화할 수 있어 피한다. ㄴ. 자살을 생각하는 클라이언트가 보여주는 단서에 민감할 필요가 있다. ㄷ. 자살 시도 경험을 확인해 본다. ㄹ. 우울증 가능성이 있을 경우 정신건강 관련 기관에 의뢰한다.

① ㄱ, ㄴ
② ㄱ, ㄹ
③ ㄴ, ㄷ
④ ㄴ, ㄷ, ㄹ
⑤ ㄱ, ㄴ, ㄷ, ㄹ

정답 ④ 자살에 대한 잘못된 믿음 중 하나가 '자살 관련 계획을 직접적으로 묻는 것은 자살을 구체화할 수 있어 피해야 한다'이다. 즉, 자살위험이 있는 사람과는 자살에 대해 직접 이야기를 해서는 안 된다고 생각한다. 그러나 이와 반대이다. 자살의 가능성을 규명하기 위한 좋은 방법 중 하나가 자살에 대해 직접 묻는 것이다. 자살생각이나 계획에 대해 개방적으로 이야기하고 관심을 보이면 자살의 위험을 예방할 수 있다.

08 CHAPTER

가족대상 사회복지실천기술

1. 가족의 개념 및 변화
2. 가족생활주기 이해
3. 가족의 기능과 구조 이해
4. 가족문제 사정 및 도구
5. 가족문제 개입기술

08

CHAPTER

가족대상 사회복지실천기술

학습목표

1. 가족의 개념, 특성, 변화 등 기본적인 요소를 이해한다.
2. 가족생활주기(family life cycle)에 대해 이해한다.
3. 가족의 기능과 구조 등을 이해한다.
4. 가족문제의 사정과 사정도구 등을 알아보고 이를 이해한다.
5. 가족대상 사회복지실천의 개입과정과 실천기술을 알아보고 이를 이해한다.

가족은 인간이 만든 여러 가지 제도 중에서 가장 오래된 것으로, 사회의 변천에 따라 영향을 받으며 현재까지 지속되어 온 기본적인 사회제도라 할 수 있다. 또한 가족은 시대와 장소, 사회를 초월한 본질적 기능을 가지고 있으며, 개인과 사회의 존속을 위해 매우 의미 있는 집단이라 할 수 있다.

1950년대 체계이론이 사회복지실천의 분야에 도입된 이후 가족을 하나의 개입단위로 하는 가족사회복지실천이 등장하였다. 가족사회복지실천에서는 가족 단위의 문제가 주요 실천 대상이며, 경우에 따라서는 개인의 문제를 해결하기 위해 가족 단위의 개입이 이루어질 수도 있다. 가족사회복지실천은 사회복지실천에 있어서 가장 기초적이며 일반적인 것이다(설진화, 2014).

가족대상 사회복지실천기술은 가족에게 서비스를 제공하는 사회복지실천의 고유 영역으로 가족의 기능을 강화하는 데 목적이 있으며, 주로 가족 개인의 기능 향상과 사회적 기능의 효과적인 수행을 위해 가족치료적인 기술을 적용한다. 따라서 가족을 대상으로 한 사회복지실천에서는 가족과 클라이언트체계의 다양성을 이해하고 이들의 생태학적 환경과의 상호작용을 원활하게 할 필요가 있다.

가족에 대한 거시적인 접근으로는 가족을 둘러싼 사회구조와 경제구조, 문화와 환경적인 요인을 포함하고 있으며, 가족의 정책이나 법안으로 좀 더 가족의 안전과 보호 장치, 보장 강화를 도모하는 데 목적이 있다. 또한 정치, 경제, 사회적인 조건이 가족의 문제를 야기하므로 가족이 처한 열악한 환경과 구조를 개선하려는 정책적이고 제도적인 접근에 더 초점을 두고 있다. 가족문제에 대해 미시적 접근은 가족의 기능, 구조, 역할, 생활주기, 가족 상호작용의 역동성에 초점을 두고 사정 평가하게 된다. 따라서 가족을 구성원 개인의 내적인 문제로만 보기보다는 가족 구성원들과의 상호작용과 또한 환경과의 상호작용에 의한 체계적 이론의 관점에서 보게 된다. 올슨 등(Olson et al., 1983)은 개인을 대상으로 하는 치료라도 개인이 속한 가족체계를 변화시키는 접근이라면 가족치료라고 보았다(김혜숙 외, 2015).

1. 가족의 개념 및 변화

1) 가족의 개념

가족대상 사회복지실천을 위해서는 사회단위로서의 가족에 대한 이해가 우선시되어야 한다. 가족(family)의 어원은 집에 속하는 모든 것을 포함하는 개념인 라틴어의 'familia'이며, 생활하는 장소로서의 집과 소속된 인간, 즉 가족 성원 모두를 포함한다. 인간은 출생과 함께 가족에 속하게 되며, 일상생활에서 가장 친밀하게 상호작용을 하며 규범과 가치를 전달받고 나름의 독특한 문화를 형성해 왔다. 가족은 개인의 인성형성에 중요한 영향력을 미치며, 사회 공통의 행동 특징, 문화, 규범 등을 학습시키는 사회화 과정을 담당하고 있으며, 사회를 존속시키는 가장 기본 단위이다(설진화, 2014).

이러한 가족의 개념을 시대와 장소, 그리고 이념에 따라 다양한 관점에서 많은 학자가 고전적 정의와 현대적 정의로, 협의의 개념에서 광의의 개념까지 폭넓게 정의하고 있다.

(1) 고전적 개념

전통적으로 가족은 흔히 혈연, 혼인, 자녀양육이라는 측면에서 정의되어 왔다(성정현, 2004). 머독(Murdok, 1949)의 핵가족 정의와 레비-스트라우스(Levy-Strauss, 1969)의 확대가족적 정의를 보면 다음과 같다.

머독(Murdok)은 가족의 정의를 "가족은 공동의 거주, 경제적 협동, 생식(재생산)의 특징을 갖는 집단으로, 사회적으로 인정받는 성관계를 유지하는 최소한의 성인 남녀와 한 명 이상의 자녀로 이루어진다"라고 하였다. 이 관점은 보편 기능론적 관점에서 가족을 보았다. 머독(Murdok)은 가족을 너무 좁은 의미로 한정했기 때문에 다양한 가족을 보편적으로 정의하는 데는 부적합하다는 한계를 지니고 있다.

또한 레비-스트라우스(Levy-Strauss)는 "가족은 결혼에 의해 출발하고 부부와 그들의 자녀로 구성되지만, 이 핵 집단에 다른 근친자도 포함될 수 있고, 가족 구성원은 법적 유대, 경제 · 종교적 권리와 의무, 성적 권리와 금지, 애정, 존경, 경외 등 다양한 심리적 정감으로 결합되어 있다"라고 하였다. 이 관점은 확대가족적 관점에서 가족을 봤으며, 머독(Murdok)보다 가족을 더 넓은 친족집단 구조로 파악하고 확대된 범위로 보았다.

이처럼 가족의 전통적 개념은 남녀의 혼인과 부모 됨에 기초한 혈연집단, 입양으로 관계를 맺은 두 사람 또는 그 이상의 구성원으로 맺어진 집단을 말하며, 정신적 유대와 의식주를 함께 해결하는 공동의 거주, 공동체적 생활방식을 갖는 집단이라고 할 수 있다(배은숙 외, 2014).

(2) 현대적 개념

가족개념은 현대사회에 접어들면서 좀 더 개방적이고 다양한 집단까지도 포함되어 포괄적으로 나타나고 있다. 즉, 획일적이고 협의적인 개념을 초월해 가족의 다양성을 인정하는 기능적인 차원의 포괄적이고 광의적인 가족으로 확대되었다.

광의의 개념으로 가족을 정의하면 '가족은 공동으로 생활을 영위하는 부부와 자녀, 친척, 그리고 입양이나 기타 관계로 연대의식을 지닌 공동체 집단'으로 정의한다. 즉, '정서적이고 물질적 지지에 기반을 둔 둘 또는 그 이상의 사람들이 상호 간에 기대를 가지고 그들 삶의 유형에 관계없이 상호 책임감, 친밀감과 지속적인 보호를 주고받는 구성체'라고 규명(Giddens, 1992, 김혜숙 외, 2015 재인용)하기도 하였고, '가족이란 둘 또는 그 이상의 가족 구성원이 서로 돕고 몰입되어 있으며, 애정과 친밀감, 가치관과 의사결정, 그리고 자원을 서로 나누는 집단'이라고도 하였다(Olson, 1993). 또한 미국사회복지사협회(NASW)에서도 가족을 '그들 스스로를 가족으로 생각하고 건강한 가족생활에 필요한 의무, 기능, 책임을 수행하는 두 명 이상의 사람들'로 정의하고 있다(성정현 외, 2004).

따라서 현대적 개념의 가족은 부부와 그들의 자녀나 근친자로 구성되는 기본적인 사회집단으로서 애정적인 공동체를 이루고 서로 간의 의사소통 안에서 공통의 문화를 창조하고 유지하는 집단이며(김혜선 외, 2005), 개별성과 공동체성을 존중하고 상호 간에 심리적 자원이 되어주는 상호작용적 관계의 집단으로 정의할 수 있다.

(3) 가족의 특성과 기본적 속성

먼저, 가족의 특성을 살펴보면 다음과 같다(설진화, 2014 재인용).

① 1차적 집단(primary group)

가족은 인간 간의 접촉방식에 따라 감정적인 유대로 묶인 사람들의 작은 연합을 지칭하는 말로서 성원 상호 간의 관계가 직접적이고 친밀하며, 항구적으로 지속된다. 또한 구성원들은 하나의 공통된 전체 속에 융합되어 '우리'라는 강한 일체감을 유지하는 1차적 집단의 특징을 가지고 있다.

② 공동사회집단(gemeinschaft)

가족 구성원 상호 간의 애정과 이해로 결합되어 외부의 장애에 의해 결코 분열되지 않는 본질적 결합관계로서 가족 구성원 간의 상호 신뢰를 바탕으로 한 정서적 · 감정적 기초로 성립되는 관계이다.

③ 폐쇄집단(closed group)

가족 구성원이 되기 위한 자격의 획득이나 포기가 용이하지 않은 집단을 의미한다. 즉, 내가 우리 가족으로 태어난 것은 스스로의 의지나 선택과는 상관없이 운명적으로 결정지어진 결과이다.

④ 공식적 집단(formal group)

객관적 조직과 특정한 관습적 절차체계를 지니며, 이것에 의하여 행동이 통제되는 집단을 뜻하고, 가족은 가족집단 내에서 남편 · 아버지로서 또는 아내 · 어머니로서의 지위가 자연히 규정되고 그 지위에 따른 역할이 기대된다.

⑤ 이질적인 성원들로 이루어진 집단(heterogeneous group)

객관적으로 볼 때, 가족은 남자와 여자, 성인과 아동 및 노인, 성장배경이 같은 사람과 다른 사람(며느리, 사위) 등 이질적인 구성원들로 이루어진 집단이어서 성별이나 세대별로 가치관과 입장의 차이를 나타낸다.

그리고 가족이 어떤 속성을 가지고 있고, 어떤 기능을 수행하든지 상관없이 모든 가족은 공통적으로 두 가지 차원의 속성에 영향을 받아 형성 · 유지된다. 하나는 시간적 차원이고 다른 하나는 공간적 차원이다.

시간적 차원에서 가족은 역사성을 띠고 있다. 가족의 역사성이란 현재 우리가 속해 있는 가족은 여러 세대를 거쳐 가족의 특성이 전해 내려오면서 통합과 조정의 과정을 거쳐 형성된 결과물이라는 것이다. 하지만 가족의 속성은 역사성에 의해서만 영향을 받아 형성되는 것이 아니라 동시대에 함께 존재하는 가족을 둘러싼 각종 환경과의 교류를 통해 가족의 속성이 변화될 수 있다. 이것을 가족의 공간성이라 말할 수 있는데 이는 가족이 진공상태에서 존재하는 것이 아니라 주변 환경과 끊임없이 교류를 하면서 생존·적응해 가고 있음을 의미한다.

골든버그와 골든버그(Goldenberg & Goldenberg)의 가족에 대한 기본적인 속성은 다음과 같다(손광훈, 2013).

① 가족은 특정한 목적날성을 위해 인위적으로 형성된 집단이 아니라 자연스럽게 형성된 사회집단이다. 따라서 가족의 목적과 기능은 가족이 생활해 나가는 가운데 가족원 간의 상호교류, 타협, 조정의 결과로 자연스럽게 형성된 것이라 볼 수 있다.

② 가족은 생활해 가는 가운데 일련의 생활유형 또는 규칙을 발전시키게 된다. 이러한 생활규칙은 대부분 분명하지 않아 가족원도 모르고 지내는 경우가 많다. 이것을 우리는 가족의 생활방식, 가족관계 양상, 가족관습으로 부를 수 있다.

③ 가족의 각 구성원에게는 나름대로 할당되고 부여된 역할이 있다. 이러한 역할의 종류와 특성은 가족이 성장해 가면서 가족 내부 상황 또는 가족 외부 환경의 영향에 따라 생성, 소멸, 분화 또는 변화될 수 있다. 경제적 부양의 책임, 가사 운영의 책임, 자녀교육의 책임, 가족 내 감정조절의 책임 등이 각 가족원에게 분담될 수 있다.

④ 가족은 나름대로의 권력구조를 가지고 있다. 어느 가정에서는 아버지가, 다른 가정에서는 어머니가, 또 다른 가정에서는 할아버지 또는 할머니가 상대적으로 강한 의사결정과 가정의 통솔권을 가지고 있을 수 있다. 자녀가 장성한 뒤에는 자녀 중 누군가가 상대적으로 강한 권력을 가지게 될 수도 있다.

⑤ 가족은 공공연하거나 은밀하면서 복잡한 의사소통형태를 가지고 있다.

이러한 특성은 두 번째 항목에서 설명한 가족의 생활유형 또는 규칙과 겹치는 부분이다. 가족의 생활유형 중 의사소통 유형만을 놓고 볼 때 가족에게는 그 나름대로의 의사소통 유형이나 특성이 나타난다. 언어적 표현이 매우 발달한 가족이 있는가 하면, 비언어적 의사소통이 지배적인 가족도 있다. 감정표현이 풍부하고 세심한 가족이 있는가 하면, 감정표현이 극도로 억제되는 가족도 있다.

⑥ 가족은 나름대로 문제를 해결하고 타협 · 협상하는 방법을 가지고 있다. 가족은 문제에 직면했을 때 그 문제를 해결하는 나름대로의 방식을 가지고 있다. 차분한 대화로 가족원의 의견을 수렴하여 이성적으로 해결하는 가족이 있는가 하면, 감정적인 면을 강하게 드러내면서 감정에 의지해 충동적으로 문제를 해결하는 가정도 있다. 가장을 중심으로 권위적 의사결정에 의해 문제가 해결되는 가정이 있는 반면, 민주적 의사결정 방식에 의해 문제가 해결되는 가정도 있다.

⑦ 가족은 역사, 세상에 대한 관점, 목적의식 등을 공유하고 있다. 이것은 가족의 세상에 대한 인식이라고 불릴 수 있다. 세상을 살 만한 곳, 믿을 만한 곳, 희망과 포부를 가지고 한번 도전해 볼 만한 흥미진진한 곳으로 바라보는 가정이 있는가 하면, 세상을 못 믿을 곳, 불안한 곳, 미움 · 다툼 · 시기 · 질투가 가득한 곳으로 생각하는 가정도 있을 수 있다. 이러한 인식은 가족 구성원 사이에 공유된다.

⑧ 한번 구성원은 영원한 구성원으로 남아 있다. 가족은 이혼, 사망, 별거, 유기 등에 관계없이 한번 가족원이면 영원히 가족원으로 남아 있다. 가족관계가 법적으로 정리될 수는 있어도 그 외의 측면에서는 각 개인의 생각, 정서, 감정, 행동 등에 끊임없이 영향을 미치는 존재가 바로 가족이다. 가족 구성원 중 한 명이 의도적으로 다른 가족원과 멀리 떨어져 생활한다고 하더라도 그 영향력은 여전하다.

2) 가족의 변화

현대사회의 가족의 변화요인은 산업화, 도시화의 영향에 큰 비중을 두고 있는데, 가족기능, 가치관, 가족생활주기 등에 많은 영향을 미쳤다. 산업화는 과거 가족이 수행했던 다양한 기능을 사회가 담당하게 하였고 가족의 기능을 축소, 변화시켰다(김익균 외, 2009). 또한 산업화가 진행되면서 평등한 가족관계, 가족유대와 결속력 약화, 가족 구성원의 개인주의화에도 영향을 주었다. 뿐만 아니라 양성평등의 사회적 노력, 각종 법 개정과 더불어 부계단일제도의 친족관계가 양계제도로 바뀌면서 여성의 입지가 더욱 강해졌으며, 여성의 경제활동 증가와 여성의 경쟁력 확보도 가정 내 지위와 가족생활을 변화시키는 데 한몫을 하였다고 할 수 있다.

가족 구성원의 개인주의 경향은 부부관계나 부모-자녀 관계에 있어서도 차츰 과거와는 다르게 상호 간의 개성과 독립을 인정해 주기를 원하면서 앞으로는 더욱 평등한 관계를 지향하는 가족이 출현할 것이라 본다(김혜경 외, 2006).

가족의 변화가 자녀양육과 가사노동분담, 자녀 과보호, 자녀의 정서불안정 등 많은 가족문제를 발생시킴으로써 가족문제 및 욕구의 다양화가 나타나게 되었으며, 이에 따른 새로운 사회복지실천 차원의 대응이 필요하게 되었다.

(1) 가족의 형태 변화

가족분화와 핵가족화 현상, 인위적인 출산조절정책 등으로 인한 출생인구의 감소, 가족에서의 독립 증가, 가족결손이나 가족해체로 인한 단독가구, 부부가족 등 가족의 크기와 세대구성이 작아지고 있다.

(2) 가족의 기능 변화

산업화와 도시화를 겪으면서 가족구조와 가치관이 바뀌었고, 이러한 변화는 자연스럽게 가족의 기능을 변화시켰다. 즉, 가족의 보호기능, 부양기능이 감퇴하는 등 전통적인 가족의 기능이 전문적인 사회기관 등으로 이전되는 가족기능의 사회화 현상이 뚜렷해졌다.

(3) 가족 가치관 변화

우리나라는 민주화, 산업화, 국제화 사회로 발전해 오면서 전통적인 가족 가치관이 변하게 되었다. 결혼, 자녀, 부부관계, 노인부양 등의 가치관의 변화가 대표적이다. 그리고 이러한 변화는 가족의 형태를 다양하게 하였다.

(4) 가족 생활주기 변화

인간은 결혼과 함께 가족체계를 구성하고 발달시키며, 축소해 가는 과정을 거치게 되는데, 시간이 흐르면서 가족이 변화하고 발달해 가는 각 주기별 단계에 따라 가족생활주기를 설정한다.

최근 우리나라는 만혼 경향, 저출산 · 고령화 현상, 여성의 역할변화 등으로 가족주기 단계가 변화되었다. 특히 초혼 연령의 상승과 출산율 저하로 인하여 가족생활주기가 매우 단축되고, 고령화 현상으로 자녀결혼의 완료에서 한쪽 배우자의 사망과 나머지 배우자의 사망까지의 주기가 길어지고 있다.

2. 가족생활주기 이해

남녀가 결혼하여 새로운 가족을 형성하고 자녀를 갖게 되면서 가족이 확대되고, 그 자녀들이 성장 · 결혼하여 가족을 떠나면서 가족은 축소되기 시작하며, 부부가 사망함으로써 소멸하게 된다(설진화, 2014). 이와 같이 결혼, 임신, 출산, 육아, 자녀 교육, 자녀 독립, 은퇴 후 노후 생활 등 가정생활의 변화과정, 즉 가족 구조와 관계상의 발달 및 변화를 가족생활주기(familiy life cycle)라고 한다. 가족생활주기는 전형적인 가족이 일생 동안 거치게 되는 중요한 단계들의 시간적인 연속을 나타낸 것이다.

최근 우리 사회의 다양한 변화는 가족생활주기에 많은 영향을 미치게 되었는데, 그 내용으로는 과거에 비해 결혼연령이 높아지고 자녀의 경제적 독립시기가 늦어지고 있다는 점, 고령화 현상, 만혼 현상과 저출산 및 기혼여성 취업 증가로 인한 가족형성 및 확대기 단축, 자녀양육 및 교육기 연장으로 인한 다양한 문제의 부각, 자녀 수 감소와 평균수명 연장으로 자녀의 결혼 이후 부부의 사망에 이르기까지의 축소기 기간 연장 등을 들 수 있다.

가족의 욕구와 문제는 생애주기에 따른 발달과업과 연관되는 경우가 많다. 또한 한 가족은 생애주기에 따라 발달할 뿐 아니라 가족의 문화적·종교적 유산과 신념체계, 관계유형 등을 이전 세대에서 다음 세대로 전승함에 따라 여러 세대에 걸쳐 발달한다. 예를 들어, 가정폭력의 가해자 자신이 아동기에 학대받은 경험을 가지고 있는 경우가 많은 것으로 알려져 있는 것을 보면 이를 알 수 있다(손광훈, 2013).

듀발(Duvall, 1977)은 가족생활주기를 8단계로 나누어 2세대의 핵가족을 중심으로 개념화하였다.

〈표 8-1〉 듀발의 가족생활주기 단계

가족생활주기 단계	발달적 과업
1. 가족 형성기 (신혼가족, 자녀가 없는 부부)	• 상호 만족스러운 결혼생활을 확립 • 임신과 부모역할에 대한 적응 • 친족망과 조화 • 미래 부모역할 결정하기
2. 자녀 출산 양육기 (첫 자녀의 출생부터 30개월까지)	• 의사소통 효율화하기 • 유아의 발달에 적응, 격려 • 부모와 유아가 만족하는 가정의 확립
3. 취학 전 자녀 가족 (첫 자녀가 2세 반부터 6세까지)	• 취학 전 자녀의 주요 욕구와 관심을 격려하고 성장을 증진하도록 적응 • 에너지 고갈과 프라이버시 부족에 대처 • 가족욕구 충족하기 • 가족 구성원과의 의사소통 적응

4. 학령기 아동 가족 (첫 자녀가 6세부터 13세까지)	• 학령기 가족을 지역사회에 조화시키기 • 자녀의 교육성취에 대한 격려 • 재정적 지급능력 유지하기 • 아동발달을 위한 학교와 보조 맞추기
5. 십대 자녀 가족(청소년 가족) (첫 자녀가 13세부터 20세까지)	• 자유와 책임의 조화 • 부모역할을 마친 후의 관심과 진로확립 • 가족 구성원들의 다양한 요구에 대비하기 • 청소년과 성인 사이의 의사소통 중재하기 • 청소년과 성인의 변화하는 욕구에 맞춰 변화하기
6. 성인 자녀를 가진 가족 (첫 자녀의 독립부터 막내자녀의 독립까지)	• 적절한 의례와 지원으로 초기 성인 독립 • 지지적 가정기반의 유지 • 자녀가 가정을 떠날 때 책임을 재조정하기 • 부부관계 재조정 • 자녀의 결혼을 통하여 새로운 가족 구성원들을 받아들여 가족 범위 확대시키기 등
7. 중년기 가족 (빈 둥지부터 은퇴까지)	• 결혼생활의 재확립 • 노인세대, 젊은 세대와의 친족관계 유지 • 텅 빈 보금자리에 적응하기 • 조부모 생활에 적응하기 • 쇠퇴하는 신체적·정신적 기술에 적응하기 등
8. 노년기 가족 (은퇴부터 양쪽 배우자의 사망까지)	• 사별과 혼자 사는 것에 대한 대처 • 노년에 대한 적응 • 은퇴에 대한 적응 • 배우자의 죽음에 적응하기 • 노화과정에 적응하기 • 임박한 죽음에 대처하기

출처 : Nichols & Schwartz(2001), 김혜란 외(2006) 재인용.

3. 가족의 기능과 구조 이해

우리나라의 가족은 최근 사회적 · 문화적 변화를 경험하면서 기능과 구조 면에서 급격한 변화를 보이고 있다. 가장 주목할 만한 변화는 한부모 가정과 독신가정, 결혼하지 않은 자녀와 부부의 가정이 증가한 것이며, 또 다른 변화는 남성과 여성의 역할이 급속하게 변화하고 있다는 것이다.

특히 여성의 역할이 여성의 경제활동, 출생률 저조로 인한 사회 연령구조의 변화, 가치관의 변화 등의 요인에 의해 일차적으로 변화되었으며, 가정에서의 역할과 가치관이 평등하고 민주적인 방향으로 재조정되어 가고 있다.

1) 가족의 기능

가족이 수행하는 고유한 기능을 가지는 사회적 제도가 바로 가족이다. 가족의 기능이란 가족이 수행하는 역할, 행동으로서 가족행동과 그 행동의 결과가 사회의 유지, 존속이나 가족 성원의 욕구충족에 미치는 영향과 관련이 있으며, 사회변화에 따라 영향을 받으므로 일률적으로 정의하기는 어렵다. 가족의 1차적 주 기능은 구성원의 양육 및 보호, 정서적 교류, 사회화, 가족의 문화와 전통 계승 등이라 할 수 있다.

과거의 가족은 개인의 문화적 · 사회적 · 경제적 욕구를 충족시키는 기능, 즉 집단의 생존을 강화하고 사회의 새로운 구성원을 생산하는 것이었다. 그러나 현대 가족은 구성원이 급격한 사회변화에 융통성 있게 적응하면서 개인의 욕구를 충족시키는 데 필요한 기능을 수행하도록 기대된다.

가족이 가지는 기능은 학자에 따라 다양하게 정의되지만 정리하면 다음과 같다(설진화, 2014 재인용).

(1) 생식의 기능

사회의 구성원 충원을 위한 재생산의 기능이 있다. 사회가 유지되기 위해서는 사망한 사람을 대체할 새로운 구성원이 생산되어야 하며 이것은 가족이 담당하는 대표적인 기능이다. 결혼연령과 출산력 등의 요인에 의해 결정이 되는데, 이는 사회의 구성원을 재배치하는 기능이 된다.

(2) 지위부여 기능

개인의 사회생활에 영향을 주는 지위를 결정하는 것이다. 이는 사회통합 또는 사회유지 기능이다. 인간은 출생하면서부터 가족 내 여러 지위(출생순위, 성별)가 부여되며, 자신이 태어난 가족에 의해 사회적 · 경제적 지위가 부여된다.

(3) 사회화 기능

자녀양육의 기능이라고도 한다. 아이들은 가족생활을 통해서 개인이 사회생활에 잘 적응하기 위해서는 무엇을 어떻게 해야 하며, 어느 것을 해서는 안 되는지를 배우게 된다. 이는 결국 사회통제 수단이 되기도 하며, 가족이 사회의 문화를 구체적으로 표현하고 전달하는 기능이 된다.

(4) 경제의 기능

과거 전통가족은 생산과 소비의 기능을 함께 수행했지만 현대는 산업화, 상품의 대량생산으로 생산단위의 가족기능은 축소되었고, 가족 구성원은 사회에 노동력을 제공하고 그 대가로 임금을 받으며, 이것으로 필요한 물자를 구입하게 된 것이다.

(5) 휴식과 오락의 기능

가정은 사회생활에서 비롯되는 다양한 스트레스와 긴장, 갈등 등을 해소하고 몸과 마음이 쉴 수 있는 안식처로서의 기능을 가지며, 에너지를 재충전시켜 줌으로써 건강한 생활을 유지하게 하는 기능을 가진다.

이처럼 가족은 다양한 기능을 가졌는데 기능적인 가족과 역기능적인 가족의 특징은 <표 8-2>와 같다.

〈표 8-2〉 기능적인 가족과 역기능적인 가족

기능적인 가족	역기능적인 가족
• 가족의 규칙과 역할에 융통성이 있음	• 가족의 규칙, 역할이 너무 완고함
• 세대 간의 경계가 명확함	• 세대 간의 경계가 불분명함
• 열린 의사소통, 협동적	• 폐쇄적인 의사소통
• 가족 발달주기의 변화 발견	• 가족의 발달주기 단계에서 고착
• 자율적인 책임 강조	• 강한 통제나 강한 의존성
• 적절히 배분된 문제	• 한 사람이 희생양
• 가족체계가 개방적	• 가족체계가 폐쇄적
• 상호 간의 협조와 조정이 가능	• 상호 간의 협상과 조종이 어려움
• 가족의 현실적인 기대나 욕구가 있음	• 가족의 비현실적 · 이상적 욕구와 기대
• 가족의 자원이 풍부함	• 가족의 자원이 결핍됨
• 가족의 사회관계망이 발달되어 있음	• 가족체계 고립

출처 : 김혜숙(2003) 재인용.

2) 가족의 구조

가족형태와 유사한 개념으로 사용되며, 가족을 형성하는 구성원의 구성에 따라 1세대 혹은 2세대로 구성되어 있는지, 한부모가족 또는 별거가족 등 가족 성원의 수와 세대 혹은 규모와 범위 등에 관한 개념이다. 보이지 않는 일련의 기능적 요구를 말하며, 가족 구성원들끼리의 상호작용 방법과 연속성, 반복, 예측되는 가족행동 등을 조직하는 것이다. 가족의 구조는 끊임없이 변화하고 있는 개방된 사회문화체계로서, 가족의 구조를 살펴보는 것은 가족 구성원을 깊이 이해하는 데 유익한 정보가 된다.

미누친(Minuchin, 1970)은 구조적 가족치료 모델에서 가족을 하나의 기본적인 구조로 보고, 가족 내에는 가족 구성원의 상호작용 패턴과 지속적이고 반복적인 가족행동의 패턴이 있으며, 세대관심 등으로 구분되는 다양한 하위체계가 있다고 보았다. 따라서 그는 가족구조의 중요성을 강조하고 하위체계 간의 명확한 경계를 확립함으로써 가족을 재구조화시켜 가족 구성원이 적절한 기능을 수행할 수 있도록 하였다(전남련 외, 2007).

가족체계는 구조, 즉 가족 구성원이 상호작용하는 조직화한 유형을 가진다. 가족을 형성하는 구성원의 구성에 따라 다양한 구조가 있으며, 부모-자녀 간의 위계가 형성됨에 따라 가족 내 구조가 이루어진다. 가족의 경계선은 가족 내에서 상호작용이 일어나고 정보가 교류되는 범위를 말하며, 포함과 배제를 결정하는 규칙이다. 가족 내 하위체계 간의 경계를 분명히 하는 것은 중요하다. 몇 가지 경계선의 특징을 살펴보면 다음과 같다(최선화, 2006).

(1) 밀착된 경계선

가족체계 간의 경계가 모호하고 밀착되어 있고 유동적이다. 가족 간의 하위체계와 위계질서나 힘과 권위의 소재가 모호하다. 밀착된 경계선은 각 체계 간의 자율성이 부족하고 미분화되어 구성원 간에 많은 영향을 미치게 된다.

(2) 분리된 경계선

각 체계 간의 소통이 어렵고 분리되어 있어 가족 간의 결속력이 약하고 소외되는 경우가 많다. 가족 구성원이 독립적으로 행동하지만 도움이 필요할 때 요청하기가 힘들며, 가족의 보호기능을 수행하기 어렵다.

(3) 명확한 경계선

각 체계의 경계가 안정되어 있으며, 융통성을 지닌다. 구성원들 간에 상호지지적이며, 자율성을 존중한다. 필요에 따라서 분리되고 융합할 수 있는 융통성과 투과성을 지니며, 결속력이 높고 효율적이면서 독립성이 보장된다.

4. 가족문제 사정 및 도구

가족문제는 가족생활에 관련되는 여러 가지 문제로 결혼문제, 보육문제,

교육문제, 의료문제, 주택문제, 빈곤문제, 노후문제 등과 같이 사회문제와 연계되는 광범위한 개념의 가족문제와 가족 내부의 가족 관계적인 개별적인 문제를 포함한다. 그리고 가족사정 또는 가족문제의 사정은 가족을 하나의 단위로 보고 가족 내부 및 외부 요인 그리고 이들 간의 상호작용 등을 파악하기 위해 자료를 수집, 분석하고 종합하여 그 가족에 대한 실천계획을 수립하는 일련의 과정을 말한다(설진화, 2014).

가족을 사정할 때에는 인터뷰와 가계도(genogram), 생태도(eco-map), 가족조각(family sculpture), 가족범주도식(family categories schema), 사회적 관계망 그리드(social network grid) 등의 도구를 활용한다.

1) 가족문제

가족문제란 사회환경의 변화에 가족이 어떻게 적응해 왔으며, 가족 구성원인 개인이 가지는 부적응은 무엇인지, 즉 가족의 평형(equilibrium)이 유지되지 못하거나 가족 구성원이 긴장과 혼란을 유발시키는 경우 등 모두를 포함하는 것이다(설진화, 2014). 따라서 가족문제는 어떤 한 가족 구성원의 문제가 가족 구성원 전체에게 영향을 미쳐 가족 전체가 고통을 받는 경우이다.

가족문제는 가족 기능상의 장애를 의미하기도 하며, 극심한 변화 때문에 가족체계가 무너지고 가족의 평형이 깨져버린 상태를 의미한다. 또한 가족과 관련된 다양한 현상으로서 사회에서 중요한 일단의 사람들이 자신들이 가지고 있는 가치와 양립할 수 없는 상황이라고 단정하고 그 상황을 변경시키기 위해 어떤 조치가 취해져야 한다고 동의하는 사회적 상황이라고 규정할 수 있다(길귀숙 외, 2015).

가족문제의 발생적 원인을 규명하기 위해서는 구조적인 가족문제(가족 구성원 간의 관계에서 나온 문제), 기능적인 가족문제(하위체계의 기능문제와 가족 구성원의 역할기능에서의 문제), 사회경제적인 가족문제(사회경제적인 요인이 가족의 관계와 기능 면에 파생시킨 문제), 역동적인 가족문제(가족의 구조적 · 기능적 · 관계적 또는 사회경제적 조건 등의 상호 역동성에 의한 문제) 등의 접근 방법이 있다.

구체적인 가족문제의 원인과 유형을 종스마와 다틸리오(Jongsma & Dattilio, 2000)의 가족문제 목록으로 살펴보면 <표 8-3>과 같다(신선인 외, 2006 재인용).

〈표 8-3〉 가족문제 목록

1	가정생활과 외부활동 사이의 불균형으로 인한 문제
2	부모-청소년 자녀 간의 갈등으로 인한 문제
3	입양가족의 문제
4	알코올로 인한 문제
5	분노조절로 인한 문제
6	불안으로 인한 문제
7	다른 가족 성원을 원망하는 문제
8	혼합가족(blended family)의 문제
9	부모-아동의 갈등으로 인한 문제
10	가족의 의사소통으로 인한 문제
11	강박행동으로 인한 문제
12	아동의 사망으로 인한 문제
13	부모의 사망으로 인한 문제
14	의존으로 인한 문제
15	우울증을 가진 가족 성원으로 인한 문제
16	가족응집력의 상실과 분리로 인한 문제
17	섭식장애(eating disorder)를 가진 가족 성원으로 인한 문제
18	가족 외부의 가해자에 의한 성학대로 인한 문제
19	가족활동에 대한 분쟁으로 인한 문제
20	가족사업의 갈등으로 인한 문제
21	가족 성원의 별거로 인한 문제
22	원가족의 간섭으로 인한 문제
23	경제적인 변화로 인한 문제
24	거주지 이전으로 인한 문제
25	근친상간으로 인한 문제
26	혼외 성관계로 인한 문제
27	상속분쟁으로 인한 문제
28	혼혈가정의 문제

29	편협함과 방어적인 문제로 인한 문제
30	질투와 불안감으로 인한 문제
31	생명에 대한 만성적이고 위협적인 질병으로 인한 문제
32	다태아(쌍둥이, 세쌍둥이 등)의 출산으로 인한 문제
33	신체적·언어적·심리적 학대로 인한 문제
34	종교적·영적 갈등으로 인한 문제
35	별거·이혼 등으로 인한 문제
36	성적 정체성 또는 지향성으로 인한 문제
37	외상(trauma)적 사건으로 인한 문제
38	원치 않은 혹은 계획하지 않은 임신으로 인한 문제

2) 가족문제 사정

가족과의 사회복지실천에서 '사정'이란 사회복지사가 가족의 상황을 있는 그대로 이해하고 이를 바탕으로 개입전략을 수립·점검하는 것을 뜻한다. 즉, 가족사정은 가족이 현재 겪고 있는 어려움은 어떤 것이며, 그 어려움을 지속시키고 있는 가족의 상호작용 양상은 무엇인가, 그리고 가족은 자신들의 상호작용 유형 중에서 어떤 점을 변화시키고자 하는가를 알아내고, 가족 스스로 이해하게 한 후 가족이 원하는 변화를 위해 필요한 새로운 행동양식을 가족과 함께 찾아내는 것이라 할 수 있다.

가족 사정에서 고려해야 할 네 가지 차원은 가족의 욕구와 문제, 생태학적 사정, 세대 간 사정, 가족 내부에 대한 사정, 가족 기능, 관심과 욕구, 욕구 충족을 위한 강점과 도전 등을 들 수 있다.

여기에서는 가족의 기능과 구조의 사정 측면을 살펴보았다(허남순 외, 2004).

(1) 가족체계의 외부 경계선

가족 외부와의 경계를 살펴보는 것이다. 가족은 외부환경과 다양한 상호작용을 하는데, 다른 체계에 대한 개방성의 정도와 유연성에 따라 명확한 경계, 경직된 경계, 밀착된 경계로 구분한다. 유연성의 기준은 가족체계에

제3자의 개입이 허용되고 환영받는 정도, 가족 구성원이 타인과 정서적인 관계를 맺는 것을 허용하는 정도, 외부 환경과 서로 정보와 자원을 교환하는 정도, 가족 외부 체계와의 상호작용의 정도 등이다.

(2) 내부 경계선과 가족의 하위체계

가족 내 하위체계 간의 경계를 살펴보는 것으로써 가족 내의 각각의 하위체계들이 독립성과 자율성이 결여된 혼돈된 경계를 가지고 가족응집력이 지나치게 높아 획일적인 감정과 생각을 요구하는 밀착된 가족인지, 상호 경계가 너무 경직되어 상호작용이 이루어지기 어렵고, 의사소통에 융통성이 없는 경직된 가족인지를 살펴보아야 한다.

(3) 가족의 권력구조

가족권력은 한 가족 구성원이 다른 가족 구성원의 행동변화를 지시할 수 있는 힘을 말하며, 가진 자원이 많은 가족 구성원은 가족 내에서 더 많은 권력을 행사한다. 따라서 각 구성원이 서로에게 행사하는 상대적 영향력의 크기와 의사결정 과정에 누가, 어떤 방식으로 참여할 수 있는지를 살펴보아야 한다.

(4) 가족목표

가족이 위기에 처했을 때 가족목표와 욕구가 더욱 명시적이 된다. 따라서 가족 목표에 따라 구성원이 어느 정도 조직화되어 있는지, 가족목표가 개별 구성원의 욕구와 집단의 안녕에 얼마나 기여하며 기능적인지, 가족목표의 우선순위에 대한 가족 구성원들의 의견일치 정도는 어떤지 등을 살펴보아야 한다.

(5) 가족신화

가족들의 대다수가 공유하고 있는 가족 및 가족 구성원에 대한 잘못된 신념과 기대를 말하며, 주로 현실을 왜곡하거나 단순화, 무비판적으로 받아들인다. 그 예로서 구성원 중 한 명을 골라 특이하고 일탈적이라고 믿게 하여 희생양(scapegoat)이 되게 하는 것을 들 수 있다. 이러한 가족 신화는 자신들의 잘못된 상호작용을 유지하고 정당화시키며, 가족 전체의 문제에 대한 이해를 왜곡시키는 결과를 초래하고, 결과적으로 희생양이 된 가족 구성원의 성장은 억눌리게 된다. 따라서 가족을 사정하기 위해서는 부정적이거나 역기능적인 가족신화의 형태와 영향을 살펴보아야 한다.

(6) 가족의 강점

가족의 강점은 가족의 긍정적인 정책을 창출하고, 가족 구성원 사이의 만족스럽고 풍부한 상호작용을 촉진하고, 가족과 가족 구성원의 잠재성 개발을 장려하고, 스트레스와 위기를 효과적으로 다루는 가족능력에 기여하는 관계유형, 대인관계의 기술과 능력, 심리사회적 특성을 언급하는 말이다. 모든 가족은 개인과 집단의 선천적인 강점을 가지고 있으므로 사정 과정에서 이를 살펴보아야 한다.

(7) 가족생활주기

가족은 가족생활주기에 따라 각 단계에서 요구되는 과업을 성공적으로 완수하여야 한다. 대부분의 가족문제는 가족생활주기 가운데 어떤 단계의 중단 또는 위치변화가 있을 때, 또는 해당 가족생활주기에서 요구되는 과업을 달성하지 못했을 때 발생한다. 따라서 가족을 사정하기 위해서는 가족생활주기와 그에 따른 과업의 달성 여부를 검토하고 살펴보아야 한다.

(8) 가족 구성원의 의사소통 양식

건강한 가족, 기능적인 가족은 다양한 방법으로 서로에게 활발하고 효율적인 의사소통을 한다. 가족에게 형성된 의사소통 패턴은 개개인의 구성원, 의사소통 장소의 분위기, 본래 가족생활에서 다툼 상황에서의 협상과 화해하기 위한 가족 구성원의 매우 중요한 능력과 같은 기술이 포함된 많은 요소에 따라 달라진다. 따라서 가족을 사정하기 위해서는 의사소통의 양식을 살펴보아야 한다.

(9) 가족의 의사결정 과정

가족의 의사결정 과정과 방식은 가족의 권력구조와 밀접한 관련이 있다. 효율적인 의사결정 과정은 가족 구성원들 간의 개방적 피드백과 자기표현이 가능하며, 가족 구성원 모두가 신뢰할 수 있는 이성적이고 개인적인 의견을 표현할 수 있고, 가족 구성원들이 서로 대안을 비교·검토하는 능력이 있으며, 기존의 결정에 대해 재협상하고 수정하는 것을 허용하는 특성이 있다.

(10) 가족의 정서와 감정표현의 범위

가족의 정서와 감정표현의 범위 및 정도는 가족체계의 구조와 밀접한 관계가 있다. 즉, 완고하고 융통성 없는 경계선과 모호한 구조를 지닌 체계와 다양성이 부족한 체계를 가진 가족은 실망, 절망, 우울증, 근심, 적개심, 죄책감, 냉소, 무관심 등이 많이 나타나는 반면에, 기능적인 가족에서는 낙관주의, 공감, 포근함, 애정, 긍정적 감정의 어조 등이 많이 표현된다. 따라서 가족을 사정하기 위해서는 가족의 정서와 감정표현의 범위 및 정도를 살펴보아야 한다.

(11) 가족역할

가족 구성원의 많은 역할은 가족구조로 통합되며, 허용되거나 금지된 특정한 행동으로 나타난다. 따라서 가족역할은 얼마나 명확하게 규정되어 있는지, 변화하는 환경과 매일 겪는 압력에 대응하기 위한 역할 재조정에 있어 가족체계는 얼마나 유연한지, 부부가 배우자와 부모로서 주어진 역할을 얼마나 적절히 수행하고 있는지 등을 살펴보아야 한다.

(12) 가족규범

가족 구성원의 행동에 대한 규정과 제한에 대한 가족적 합의의 결과로서, 가족의 경험이나 전통 문화에 따라 매우 다양하며, 대부분 가족권력을 쥐고 있는 가족 구성원이 만들어 낸다. 중요한 것은 기존의 가족규범을 유지하거나 수정하여 새로운 가족규범을 만들어 내는 규칙인 가족의 메타규칙(meta rule)이 어떠한가, 그리고 가족규범을 어겼을 때 가족들의 반응 등을 살펴보아야 한다.

3) 가족 사정 도구

(1) 가계도

가계도(genogram)는 가족체계도(family tree)로서 보웬(Bowen)에 의해 개발되었으며, 2~3세대 이상에 걸쳐 가족 구조를 도식화하여 구성원에 대한 정보를 기록하고, 그들 간의 관계를 기술한 것으로서 현재 제시된 문제의 근원을 찾는 일종의 그림기법으로 가족을 평가하는 과정에서 가장 먼저 이루어지는 작업이다. 사회복지사와 가족 구성원들이 세대 간 맥락에서 반복되는 정서적, 행동상의 문제 행동 패턴을 확인하고 이해하는 데 유용하다.

가계도를 통해 알 수 있는 정보로는 가족 구성원에 대한 상세 정보, 인종집단, 사회계층, 종교와 같은 사회적 정보, 가족관계 및 각 구성원과의 관계, 가족의 역할 및 유형 등이다.

가계도 작성법은 먼저, 가족구조를 도식화하고, 다음으로 가족 구성원에 대한 정보를 기록하며, 마지막으로 가족관계를 기록하는 순으로 작성한다.

가계도에 활용되는 기호(그림 8-1)와 가계도 예(그림 8-2)는 다음과 같다.

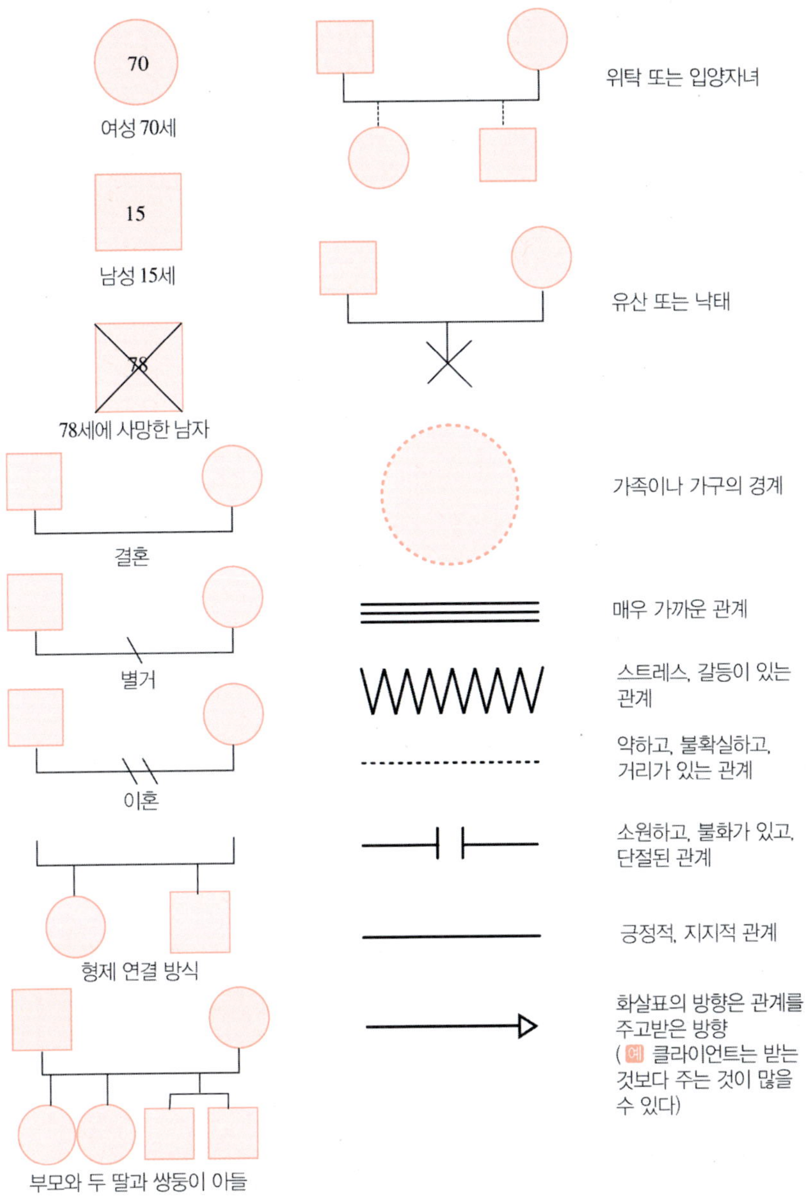

|그림 8-1| 가계도의 기호

출처 : Sheafor & Horejsi(2006), 배은숙 외(2014). 가족복지론, p. 208 재인용.

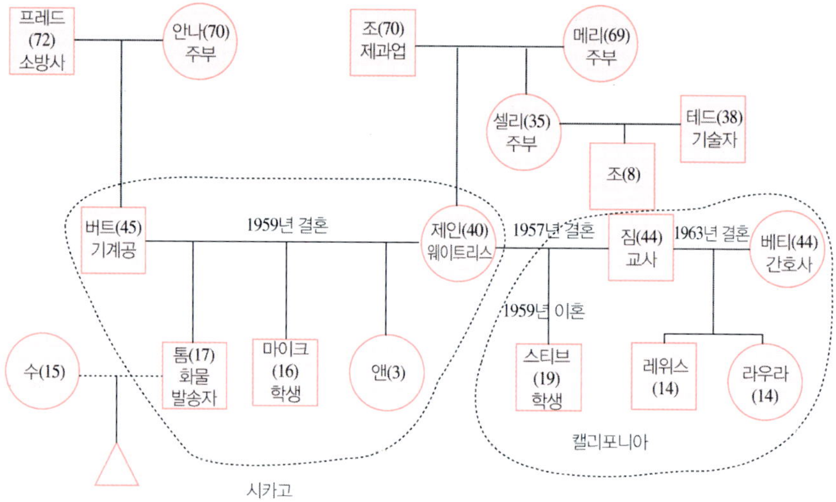

|그림 8-2| 가계도의 예시

출처 : Holman(1993); 조흥식 외(2006), 배은숙 외(2014). 가족복지론, p. 209 재인용.

(2) 생태도

생태도(eco-map)는 하트만(Hartman, 1975)에 의해 개발된 것으로서, 가족과 그 가족의 생활공간 내에 있는 사람 및 기관 간의 연계를 그림으로 그려 나타낸 것이다. 생태도는 클라이언트와 그 가족의 삶에 영향을 미치는 요인 등을 원을 사용하여 사회적 맥락에서 개인과 가족의 위치를 나타내 줌으로써 가족생활과 가족과 집단, 협회, 조직 그리고 다른 가족과 개인과의 관계 성격을 전체적이고 생태적인 관점에서 살펴볼 수 있도록 도와준다. 즉, 생태도는 가족의 주요 환경이라고 간주되는 체계를 그려서 가족체계의 요구와 자원 간의 균형을 보여주는 것이라고 할 수 있다. 생태도는 클라이언트와 함께 작성하며 함께 논의할 때 좋은 개입효과를 얻을 수 있다(이영실 외, 2015).

생태도는 다음과 같은 순서에 따라 작성한다. 첫째, 가족을 표현하는 원을 중앙에 그리고 클라이언트와 그 가족을 표시한다. 둘째, 가족이 일상적으로 상호작용하는 관련된 주변 환경체계는 중심원 주변에 각각의 원으로 표시한다. 셋째, 클라이언트와 가족체계를 포함한 모든 체계 간의 상호 교류, 즉

관계의 성격과 자원의 흐름을 특정 기호로 표시한다. 넷째, 클라이언트의 가족생활에 영향을 미치는 환경체계를 중앙원의 주변에 배치시킨다. 다섯째, 가족과 환경체계의 관계를 다양한 선으로 표현한다(이영실 외, 2015).

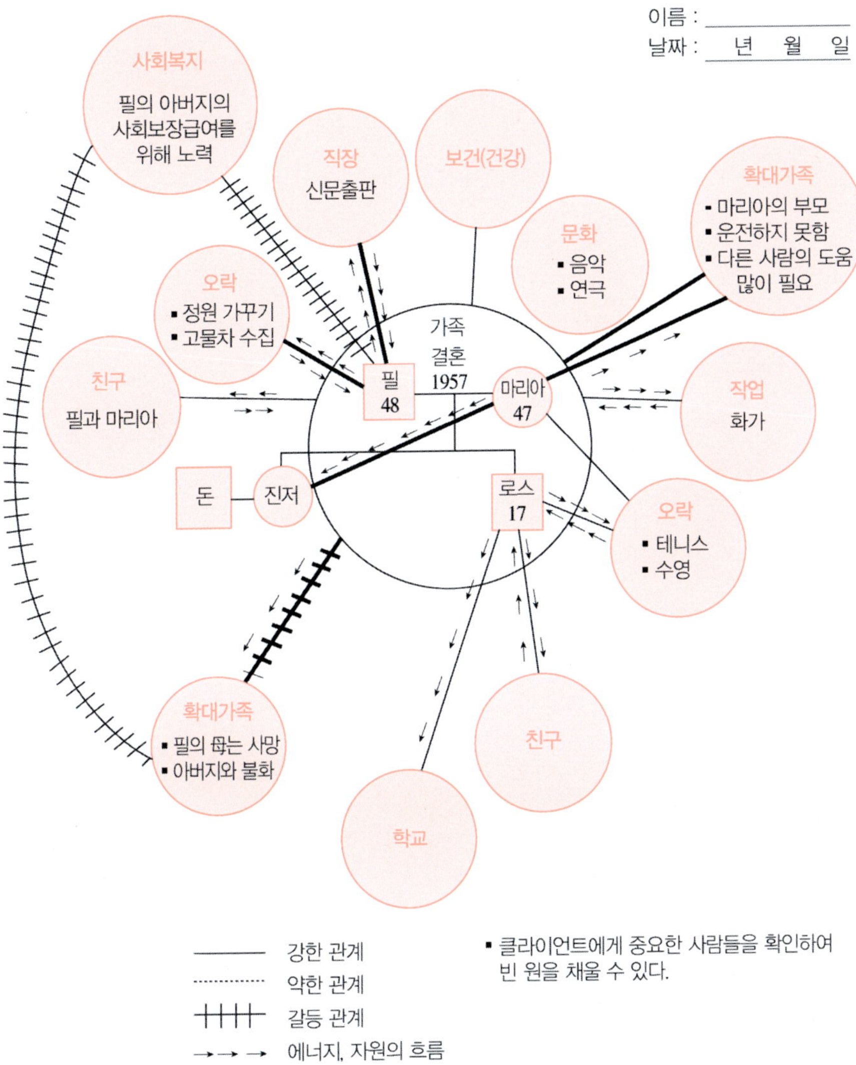

|그림 8-3| 생태도 예시

출처 : Hartman & Laird(1993), 배은숙 외(2014). 가족복지론, p. 211 재인용.

(3) 사회적 관계망 그리드

사회적 관계망 그리드(social network grid) 혹은 사회적 관계망 격자라고도 한다. 사회적 관계망 그리드는 개인, 가족의 사회적 지지체계를 사정하는 도구로 트레이시와 휘태커(Tracy & Whittaker, 1990)에 의해 개발되었다. 사회적 관계망을 그림이나 표로 보여줌으로써 가족의 관계망을 전체적으로 볼 수 있게 해준다. 즉, 사회적 지지의 유형을 구분하고 가족의 환경과 자원을 파악하는 데 유용하다.

사회적 관계망 그리드에서 알 수 있는 정보는 가족의 사회적 관계망에서 중요한 인물, 기족이 지지를 받는 생활영역, 사회적 관계망에서 지지를 제공하는 각각의 지지의 특정 유형, 제공되는 지지 정도의 중요성, 개인적 친밀감 정도, 접촉빈도, 알고 지낸 시간 등이다(이영실 외, 2015).

〈표 8-4〉 사회적 관계망 그리드 예시

구 분		생활영역	구체적 지원	정서적 지원	정보/ 충고	비판	원조방향	친밀성	접촉빈도	관계 지속기간
이름	번호	① 동거가족 ② 확대가족 및 친척 ③ 다른 친구 ④ 직장, 학교 ⑤ 클럽, 조직체, 교회 ⑥ 이웃 ⑦ 공적 서비스, 전문가 ⑧ 기타	① 거의 없음 ② 간혹 있음 ③ 거의 항상 있음	① 거의 없음 ② 간혹 있음 ③ 거의 항상 있음	① 거의 없음 ② 간혹 있음 ③ 거의 항상 있음	① 거의 없음 ② 간혹 있음 ③ 거의 항상 있음	① 양방향 ② 당신이 그들에게 향함 ③ 그들이 당신에게 향함	① 친밀성이 없음 ② 친밀한 정도 ③ 매우 친밀	⓪ 보지 않음 ① 몇 회/년 ② 매달 ③ 주별 ④ 매일	① 1년 미만 ② 1~5년 ③ 5년 이상
	01									
	02									
	03									

				~	중	략	~			
	13									
	14									
	15									

출처 : Sheafor et al.(1997); 서울대학교 사회복지실천연구회 역(1998), 배은숙 외(2014). 가족복지론, p. 213 재인용.

5. 가족문제 개입기술

가족문제 개입이란 가족을 단위로 한 사회복지실천 활동을 의미한다. 가족복지실천은 '환경 속의 인간'이라는 관점을 기반으로 가족단위의 문제가 주요 실천대상이 되며, 어떤 경우에는 개인의 문제를 해결하기 위해 가족단위의 개입이 이루어지기도 한다. 가족복지실천의 과정은 초기, 중간, 종결단계의 3단계로 나눌 수 있는데, 실천의 초기단계에서는 초기면담과 사정, 계약, 계획 등이 이루어지고, 중간단계에서는 계획된 사항의 실행(개입)과 점검 등이, 마지막 종결단계에서는 실천의 종결과 평가가 이루어진다.

가족복지실천에서 고려해야 할 필수 내용들로는 문제목록의 작성 및 문제해결의 우선순위 결정, 초점문제의 간단한 내력과 과거 및 현재의 노력 검토, 개입 목적과 목표 설명, 개입방법의 선택, 개입 기간과 횟수의 결정, 외부자원의 활용 및 의뢰 등이다.

1) 초기단계

초기단계는 첫 상담을 위한 약속을 맺는 접수부터 이후 회기부터의 상담을 통하여 자료수집과 다양한 사정, 그리고 개입의 목표설정 및 계획수립이 이루어지기까지의 과정을 말한다(설진화, 2014).

첫 면접에서 사회복지사와 가족 간의 정기적인 상담에 대한 계약을 맺어야 한다. 그리고 가족의 상호작용을 관찰하고 사회복지사의 이론적 틀에 따라 필요한 가족을 모두 참여시키려는 노력이 있어야 하며, 다음 세션에 참여할 수 있도록 해야 한다. 또한 가족 구성원들이 어떠한 변화를 원하는지 구체적으로 진술하게 하여 목표를 명확히 함으로써 과정평가와 치료효과를 증대시키도록 한다.

초기단계에서는 다음의 4단계를 성공적으로 거쳐야 한다(Collin, Jordan, & Coleman, 1999, 설진화, 2014 재인용).

1단계 : 가족 구성원과의 신뢰를 바탕으로 관계형성을 해야 한다

사회복지사가 자신의 지식과 교육 배경, 경험뿐만 아니라 클라이언트의 욕구나 가족의 문제에 대해 진정한 관심을 가지고 이해하려고 애쓰는가를 보여줌으로써 가족 구성원들에게 신뢰를 얻고 긍정적인 관계를 형성해야 한다.

2단계 : 문제를 정의할 때 가족 구성원들 모두가 그 문제를 어떻게 인식하고 있는지를 고려해야 한다

가족 구성원 모두와 면접을 하여 가족 구성원 개개인이 다른 가족의 간섭이나 방해 없이 가족의 문제에 대해 자유롭게 표현할 수 있도록 해야 한다.

3단계 : 목표를 설정하고 개입과정을 명확히 해야 한다

사회복지사와 가족은 공통의 목표를 설정하기 위해서 서로 협력하는 것이 필수적이고, 문제를 해결하기 위해서 가족 구성원 모두가 참여하여 행동할 수 있는 공통의 목표를 설정한다. 일단 목표가 설정되면 목표달성을 위한 과정, 역할, 책임을 져야 할 가족 구성원 등이 분명해져야 한다.

4단계 : 구체적인 계약을 한다

계약에는 개입의 모든 절차와 비밀보장 등을 기본적으로 포함하는 동의서의 내용을 포함하여 계약서와 같이 작성할 수도 있고, 더 구체적인 내용을

포함, 서술하여 동의서와 계약서를 따로 작성할 수도 있다. 계약 내용에는 시간, 장소, 비용 등의 실질적인 내용과 구체적인 일정, 변화가 필요한 각 가족 구성원의 행동 등을 서술하는 것도 포함된다.

(1) 접수

초기단계에서 접수(intake)는 가족복지실천 과정을 시작하는 단계이며, 이 과정에서 가족의 경험은 가족 구성원의 이후 과정 참여 여부에 영향을 미칠 수 있으므로 주의를 기울여야 한다. 클라이언트가 서비스를 받기 위해 기관을 찾아와 접수를 했을 때 사례의 적격 여부를 판별하여 접수를 결정한다. 접수된 사례의 경우 클라이언트와 긍정적인 원조관계를 수립함으로써 클라이언트의 참여를 유도한다.

사회복지실천의 대상이 되는 가족의 문제 혹은 가족의 역기능은 가족 구성원 개인의 문제라기보다는 가족체계의 장애나 어려움에서 발생하는 체계의 문제이다. 가족은 관계의 그물망으로 구성된 하나의 조직이며, 체계이므로 가족 중 한 사람에게 어려움이 발생하게 되면 전체 가족에게 영향을 미치게 된다(배은숙 외, 2014).

클라이언트가 부담감을 가지고 소극적인 태도를 보이면 사회복지사는 적극적으로 참여할 수 있도록 동기 부여와 클라이언트를 이해하고 격려하며 문제해결의 희망을 품게 해야 한다.

(2) 가족사정

가족사정은 가족평가 혹은 가족진단이라고도 불리는데, 가족진단은 가족의 병리적 관점이라는 이유로 사용되지 않고 가족의 강점, 자원에 초점을 둔 가족사정이라는 용어로 사용된다(배은숙 외, 2014). 가족사정이란 가족을 하나의 단위로 보고 가족 내부의 요인과 외부의 요인, 그리고 이들 양자 간의 상호작용을 파악하기 위해 자료를 수집하고 종합하여 그 가족에 대한 개입을 계획하는 일련의 과정을 말한다(조흥식 외, 2006). 가족사정의 목적은 가족의 욕구와 문제를 파악하고 가족의 강점과 자원을 활용함으로써 가족의 목표를 달성하도록 지원하기 위해서이다.

가족사정은 다음 네 가지 차원에서 이루어진다(설진화, 2014 재인용).

① 가족이 제시하는 문제에 관한 사정

가족은 문제 혹은 욕구를 무엇으로 보는지, 가족문제 혹은 욕구에 대해 가족 구성원들 사이에 차이가 있는지 등에 대해 사정한다.

② 생태학적 사정

가족의 기본적 욕구는 충족되고 있는지, 가족과 환경체계들 간의 경계는 어떠한지, 개별 성원들과 환경체계들의 관계는 어떠한지 등에 대해 사정한다.

③ 세대 간 사정

확대가족과 어떠한 관계를 가지는지, 여러 세대에서 반복되는 가족의 유형, 관계, 문제 등은 무엇인지 등에 대해 사정한다.

④ 가족 내부에 관한 사정

가족의 구조와 기능, 의사소통, 가치, 신념체계 등에 대해 사정한다.

(3) 계획

사회복지실천에서의 계획이란 클라이언트와 사회복지사가 서로의 의무와 과업, 구체적인 실천활동을 상호 약속하는 것이다. 즉, 변화에 초점을 둔 실행과 사정을 연결하는 가교 역할을 한다(배은숙 외, 2014).

계획단계에서 사회복지사와 가족 구성원은 문제를 해결하는 것과 관련해서 공통의 목표달성을 위한 전략을 세워야 한다. 적지 않은 수의 사람이 관여되어 진행되는 가족개입 실천은 구체적이면서도 명료한 목표설정이 매우 중요한다. 이를 위해 가족과 사회복지사가 협력하는 것이 필수적이고, 목표는 문제해결을 위해 가족 모두가 참여하여 행동할 수 있는 것이어야 한다. 일단

목표가 구체화되면 그 목표를 달성하기 위한 과정, 역할, 책임을 져야 할 가족 구성원 등이 분명해져야 한다(배은숙 외, 2014).

2) 중간단계

가족대상 사회복지실천의 중간단계는 개입과정의 핵심이다. 중간단계의 일반적인 과업은 목표달성과 문제해결을 위한 계획의 실천이다. 이 과정에는 클라이언트와 클라이언트 주변 환경에 개입하여 변화를 초래하는 것이 포함된다. 또한 오래된 역기능적 규칙, 연합, 신화, 역할모델 등에 대해 분석하게 되고 그것들에 대한 대안도 제시하게 된다. 일반적으로 이들 대안이 가족의 생각, 감정, 상호작용의 새로운 형태로 자리 잡기 위해서는 오랜 시간이 걸리며, 반복적인 실천이 요구된다. 한편 어느 체계와 마찬가지로 가족대상 실천의 중간단계에서도 저항과 양가감정이 나타날 수 있다. 저항의 발생은 지극히 자연스러운 현상이라는 것을 알려주고, 자신들이 문제해결의 중간단계까지 도달했음을 격려해 주면 저항은 자연스럽게 해결되기도 한다(배은숙 외, 2014). 또한 가족 구성원이 사회복지사에게 직접 자신의 감정을 말할 수 있다면 그것은 가족이 그만큼 건강해졌다는 것으로 볼 수 있어 가족들이 자신감을 가지게 해주어야 한다.

(1) 중간단계의 목표

사회복지사의 개입은 직접적 개입과 간접적 개입의 두 가지 형태로 구분할 수 있다. 직접적 개입은 사회복지사가 한 사람의 임상전문가로서 가족의 기능과 강점을 향상시키거나 가족문제를 경감시키기 위한 직접적인 활동을 의미하며, 간접적 개입은 가족을 둘러싼 주변 체계의 행동이나 가족과 주변 체계 간의 관계를 변화시키는 활동을 의미한다.

중간단계의 목표는 가족 기능의 향상이다. 이를 위하여 사회복지사는 가족에게 지지, 교육 및 구체적인 도움을 제공한다. 사회복지사는 가족이 위기에 적극적으로 대처하도록 돕거나 문제를 해결하도록 원조함으로써 가족의 기능이 향상되도록 돕는다(최덕경 외, 2010).

또한 목표 달성을 위한 효과적인 실천을 위해서 사회복지사는 다음의 사항을 염두에 두어야 한다(Collin, Jordan, & Coleman, 1999, 설진화, 2014 재인용).

① 사회복지사의 욕구보다는 클라이언트와 가족의 욕구에 우선적으로 초점을 둔다.
② 클라이언트의 의존심을 조장하는 것을 피하고, 독립심을 고취시켜야 한다.
③ 클라이언트가 나티내 보이는 저항의 의미를 재사정한다.
④ 사회복지사는 독립적이고 효과적인 가족이 되도록 돕기 위해서 클라이언트 가족과의 명확한 경계가 필요하며, 전문적인 거리를 유지한다.
⑤ 클라이언트와 가족이 스스로에 대해 능력이 있다고 느끼도록 적당한 기대감을 갖도록 한다.

(2) 중간단계의 실천기법

가족대상 사회복지실천의 중간단계에서는 가족 구성원들의 문제해결이 가족이라는 환경 안에서 이루어지게 될 경우에 사회복지사는 다양한 기법들을 사용하게 된다. 특히 보웬(Bowen)의 세대 간 가족치료 기법, 미누친(Minuchin)의 구조적 가족치료 기법, 사티어(Satir)의 경험적 가족치료 기법, 인지행동 가족치료 기법, 합리적 정서행동치료 기법, 해결중심 단기 가족치료 기법 등이 가족대상 실천과정에서 주로 사용된다.

이러한 기법은 가족복지실천의 전 과정에서 사용할 수 있는 기법이라고 할 수 있으며, 주된 기법 내용은 다음과 같다(이영실 외, 2015 재인용).

① 보웬(Bowen)의 세대 간 가족치료 기법

- 탈삼각화(detriangulation)

가족 구성원 내의 두 사람 사이에서 스트레스나 긴장관계가 발생했을 때, 제3자를 두 사람의 상호체계 내로 끌어들이는 것을 삼각화 또는 삼각관계 형성이라고 하는데, 삼각화는 문제를 해결하기보다는 문제를 은폐하거나 분산시키게 된다. 탈삼각화는 제3자를 두 사람의 관계에서 분리시켜 삼각관계를 벗어나게 함으로써 가족 구성원이 자기분화하도록 하는 것이다. 부부간 갈등이 심한 경우 자녀를 삼각관계로 끌어들이게 되는데 가족치료자는 부모가 그들의 갈등을 스스로 다루게 한다. 또한 가족치료자를 삼각관계로 끌어들이는 경우 이에 끼어들지 않고 객관적 자세를 취해야 한다.

- 코칭(coaching)

코칭은 가족치료자가 클라이언트의 삼각관계에 끌려 들어가지 않으면서도 가족 스스로 정서과정을 이해하고 개인의 역할을 이해할 수 있도록 돕는 방법이다. 코칭은 중립적이고 객관적인 조언을 통해 가족 구성원 개개인의 분화를 돕는다. 가족 구성원 개개인이 분명하게 정의된 자기입장을 가지고 분화된 방향으로 가족체계에 영향을 미치면 코칭해 주는 치료 횟수를 점차 줄여 나간다.

② 미누친(Minuchin)의 구조적 가족치료 기법

- 경계 만들기(boundary making)

가족치료자는 지나치게 경직된, 혹은 밀착된 하위체계 간의 경계를 근접하게 하거나 경계 간에 어느 정도의 거리를 만든다. 예를 들면, 어머니가 청소년 자녀를 지나치게 간섭하고 보호하는 경우에는 어머니와 자녀 간에 방해를 받지 않고 자신의 느낌과 주장을 이야기하도록 하는 경계를 만들어 줌으로써 부모가 자녀의 이야기를 경청하도록 하여 자녀가 자율성을 확보하도록 한다.

극도로 속박된 가족의 경우 치료자는 개입을 통해 하위 체계 간의 경계선을 강화시키고 각 개개인의 독립성을 키워준다. 가족 구성원이 자신에 대해 자유롭게 말하도록 권유하며, 다른 사람에 의해 방해받지 않도록 도와준다. 가족 내 하위체계 간 경계선이 모호하거나 너무 경직된 경우 이를 수정하는 개입이 필요하다. 가족 구성원 각자가 체계 내에서 적절한 위치에 있도록 가족 내 세대 간 경계를 분명히 유지하도록 원조한다.

각 체계의 경계가 명확할 때 새로운 상호작용 유형이 생기고 체계의 기능은 증가한다. 밀착된 가족에 대한 개입은 하위체계 간 경계선을 강화시키고 각 개인의 독립성을 키워준다. 분리된 가족에 대한 개입은 가족 구성원 간 지지, 통제 기능을 강화하여 하위체계 간 교류를 촉진시키고 경직된 경계선을 완화시킨다. 부부연합을 강화하는 개입은 부모연합이 약한 가족인 경우 부부관계를 강화할 수 있도록 돕고 자녀와 상호작용으로 연합전선을 형성할 수 있도록 돕는다.

- 합류하기(joining)

합류하기란 치료자가 가족체계에 진입하는 것을 포함하여 상호작용과 의사소통을 추적하고 그 가족의 양식과 규칙, 행동유형에 적용하는 것이다. 합류는 모방과 관련이 있어 그 체계가 가진 은유와 주제를 이용하고 조화시키며 인정하는 것을 포함한다.

치료자는 가족의 언어적·비언어적 의사소통과 감정표현을 모방함으로써 가족에게 합류한다. 가족의 분위기를 파악하여 그에 맞추어 행동하거나 감정을 표현하는 것이다.

- 실연(enactment－시연)

실연이란 치료면접 중에 가족 구성원 간의 상호작용 유형을 실제로 재현시키는 것이고, 치료자가 구상하고 있는 상호작용 방법을 가족들로 하여금 실제로 행동을 통해서 연기하도록 만드는 방법이다. 또한 가족이 가지고 있는 역기능의 상호작용이 분명하게 보이도록 하기 위해서 치료자가 가족에게 실제 상호작용을 연기하도록 요구한다.

실연은 가족갈등을 '지금-여기'로 가져오는 것이다. 가족 구성원은 치료자 앞에서 가족의 문제나 갈등 상황을 직접 연기하고 행동함으로써 자신의 상호교류를 경험하고 관찰해 볼 수 있다.

- 가족과제(family tasks)

가족과제는 치료자가 가족의 재구조화가 진행되는 과정에서 자연스럽게 이루어질 수 없었던 영역을 지적하고 활성화시키기 위해 사용할 수 있다. 가족이 과제를 수행하도록 함으로써 치료자는 가족의 재구조화를 도울 수 있을 뿐 아니라 가족의 구조를 관찰할 수 있는 또 다른 기회를 가질 수 있다. 과제를 부여할 때에는 명확하게 구체적인 지시를 해야 하며, 가족이 한 단위라는 것을 강조하기 위해 모든 가족 구성원을 참여시켜야 한다. 가족의 동의와 과제를 이해했는지 확인해 보아야 한다.

- 균형 깨트리기(unbalancing)

가족 내의 하위체계들 간의 역기능적인 균형을 깨트리는 것으로, 경계를 만들어 가면서 하위체계 간의 관계를 재조정해 나가려는 목표를 가지고 있다. 균형을 깨고 가족 내 낮은 계층질서에 소속한 개인과 제휴하는 과정에서 소속에 따른 권력을 부여받을 수 있기 때문에 체계의 규칙과 유형을 변화시키고 해결책이나 재구조화의 가능성을 창조할 수 있다. 또한 하위체계 간의 관계를 재배치함으로써 역기능적 가족 내의 균형을 깨트리는데, 이를 위해 가족치료자는 일부 구성원의 편을 들기도 한다. 예를 들면, 지나치게 권위적이고 지배적인 남편과 온순하지만 자신의 주장을 갖기 시작한 부인 사이에서 치료자는 의도적으로 부인의 편을 듦으로써 역기능적 균형을 깨트릴 수 있다.

③ 사티어(Satir)의 경험적 가족치료 기법

- 가족조각(family sculpture)

가족조각이란 어느 시점을 선택하여 그 시점에서의 인간관계, 타인에 대한 느낌과 감정을 동작과 공간을 사용하여 표현하는 비언어적 기법을 말하며, 한 가족 구성원이 다른 가족 구성원에 대해 느끼는 정서 상태를 자세와 동작 및 소도구를 사용하여 공간적으로 나타내는 것이다.

가족조각을 사용하는 목적은 가족 구성원 각자가 자신의 내면적 감정에 접함으로써 실제의 자신을 알고 느끼며, 새로운 대처방법을 생각해 보기 위해서이다. 가족 구성원들은 다른 구성원들의 조각을 보는 과정에서 통찰력, 이해, 공감, 동정, 후회, 사과 등의 감정을 경험하게 된다. 가족조각은 특히 말을 잘 하지 않거나 말이 서투른 가족에게 유용하다.

- 가족그림(family drawing)

가족이 어떻게 조직화되어 있는지 가족 각자의 생각을 그리게 하는 기법으로, 가족 구성원에게 가족을 인식하는 대로 그림을 그리도록 요구한다. 가족 구성원 자신이 가족에 대해 어떻게 느끼는지, 가족관계에 어떤 문제가 있는지 등을 이해할 수 있다. 그리고 예전에 미처 생각하거나 대화하지 못했던 상황을 경험하도록 돕는 기법이다.

- 역할극(roleplaying)

역할극은 가족 구성원이 자기 자신이나 다른 사람의 생활을 단막극으로 표현하는 것으로서, 한 가족 구성원에게 다른 구성원의 역할을 수행해 보도록 요청한다. 역할극은 실제의 경험을 바탕으로 현재의 느낌을 노출시키는 것을 전제하여야 한다. 또한 다른 가족 구성원의 역할을 통해 그 구성원의 내면에 대한 이해를 높일 수 있으며, 자신의 고유한 역할을 수행하더라도 이전과는 다르게 행동해 보도록 요청할 수도 있다.

④ 인지행동 가족치료 기법

- 재구조화(restructuring)

재규정, 재명명, 재구성이라고도 한다. 이는 가족 구성원의 재능에 손상을 주는 역기능적이고 자기 파괴적인 사고나 잘못된 생각 등을 인식하도록 돕고 현실에 입각하여 기능을 강화하는 신념과 행동으로 대체하도록 돕는 데 특별히 유용하다. 특히 낮은 자존감에서 연유한 문제에 유용하다. 대인관계에서 왜곡된 지각, 자신과 타인, 그리고 보편적인 삶에 대한 비현실적 기대감, 비합리적 공포, 불안, 우울증, 확신의 부족 등에 유용하다.

⑤ 합리적 정서행동치료 기법

- **역설적 개입**(paradoxical intervention)

역설적 개입은 건강하지 못한 행동을 더 많이 늘리도록 시도함으로써 그 행동의 빈도수를 줄이는 개입방법이다. 이것은 예측되는 불안과 그로 인한 문제를 없앤다. 역설적 개입의 한 예로, 불면증으로 고민하는 사람에게 잠을 자지 않고 깨어 있도록 노력하라고 제안하는 것이다. 이 사례에서의 개입은 그렇게 하지 않으려고 애쓰는 것에서부터 관심의 초점을 돌리고, 그로 인해 불안을 줄이고 해소하도록 돕는다.

3) 종결단계

종결단계에서는 개입을 통한 가족 구성원들의 변화를 확인하고, 가족이 변화를 유지할 수 있도록 지원하며, 필요한 경우 사후면접을 계획한다.

종결단계의 주요 과업은 실천의 종결과 평가이다. 또한 종결과정의 주요 목적은 가족이 긍정적인 변화를 지속적으로 유지할 수 있도록 하는 것이며, 이는 종결된 이후에도 가족 구성원들이 독립적으로 문제를 해결할 수 있는 기술을 발전시킨 경우에만 가능하게 된다(설진화, 2014).

종결 시기가 다가오면 가족의 불평이나 증상은 사라지고 그들이 서로 보다 만족할 수 있는 행동을 하고, 외부에서의 독립적 활동으로 새로운 만족감을 느끼게 되며, 스스로의 노력을 통해 자기들의 문제를 해결할 효과적 방법을 발달시킨다.

(1) 종결과정

① 사회복지사와 가족 구성원이 모여 각각 무엇이 변화되었는지에 대하여 이야기하고 토로할 기회를 가짐으로써 달성하지 못한 목표나 추가적 문제를 발견하는 등 가족대상 실천과정 동안 의미 있었던 경험들을 검토해야 한다.

② 가족대상 실천과정 동안 자신들의 반응을 이야기하고 피드백을 받으면서 가족은 변화를 깨닫게 되며, 이를 통해 자존감이 향상되고 종결 후에도 도전과 위기를 잘 해결할 수 있다는 자신감을 갖도록 한다.

③ 성취한 내용을 명확하게 하고 달성한 목표를 어떻게 유시하고 정착시켜 나갈 것인지를 강조하면서 전략을 발전시키도록 한다.

④ 가족으로 하여금 사회복지사에게 피드백을 제공한다. 이 단계에서는 가족과 사회복지사가 직접 만나서 이야기하는 방식을 통해 공식적 종결을 하는 것이 중요하며, 여기에서 성과평가가 이루어지기도 한다.

⑤ 사회복지사가 가족에게 질문을 던짐으로써 종결 후의 문제들을 다룰 수 있도록 가족을 준비시키는 것이다(최덕경 외, 2010).

(2) 종결단계의 실천기법

가족대상 실천의 종결단계에서는 원조과정의 결과를 평가하고, 개입의 효과성과 효율성을 측정한다.

종결단계의 주된 기법은 다음과 같다(이영실 외, 2015).

첫째, 종결 시기 결정에 포함되는 요소, 즉 종결할 때가 되었는지 판단할 때 고려해야 할 사항, 개입목표의 달성 정도, 서비스 기간 내 제공 완료 여부, 가족 구성원 문제 상황의 해결 정도, 사회복지사와 기관의 투자 노력, 더 이상 만남이 큰 도움이 되지 않으리라는 것 등 이득 체감에 대한 합의, 클라이언트의 의존성, 가족 구성원에 대한 새로운 서비스 필요성의 여부 등이 잘 이루어질 수 있도록 해야 한다.

둘째, 가족 구성원에게 종결은 중요한 감정적 욕구를 만족시켜 온 관계가 사라진다는 고통스러운 과정을 의미하므로 가족 구성원과 사회복지사가 분리과정 동안 경험하는 구성원의 정서적 반응에 잘 대처해야 하며, 심리적 스트레스를 최소화하면서 종결을 효과적으로 마무리할 수 있도록 해야 한다.

셋째, 개입을 통해 획득한 효과의 유지와 강화를 위해서 사회복지사는 획득한 성과를 유지하고 일반화하기, 계속 발전할 수 있도록 계획하고, 종결 후 일정 기간이 지나서 가족 성원이 잘 적응하고 있는지에 대한 변화유지 정도를 확인하는 등 사후관리를 잘 수행하여야 한다.

넷째, 사회복지사는 목표가 달성되지 않았거나 혹은 달성되었더라도 가족 구성원에 대한 새로운 서비스의 필요성 여부를 확인하여 새로운 서비스가 필요한 경우 서비스가 충족될 수 있는 사회복지 관련 기관이나 시설에 클라이언트를 의뢰할 수 있다.

마지막으로, 사회복지사는 원조과정의 결과를 평가하고, 개인의 효과성과 효율성을 측정하며, 무엇이 가족 구성원에게 도움이 되었고, 어떤 것들이 달리 진행되었어야 했는지 등을 정확히 알기 위해 종결과정에서 여러 가지 평가방법을 통해 체계적이고 합리적인 평가를 해야 한다.

학습평가

01 가족의 기능으로 옳은 것을 모두 고른 것은?

ㄱ. 구성원 양육 및 보호	ㄴ. 정서적 교류
ㄷ. 사회화	ㄹ. 가족의 문화와 전통 계승

① ㄱ, ㄴ, ㄷ
② ㄱ, ㄷ
③ ㄴ, ㄹ
④ ㄹ
⑤ ㄱ, ㄴ, ㄷ, ㄹ

정답 ⑤ 1차적으로 가족은 자녀를 출산하고 사회화하며, 가족원을 양육하고 안전하게 보호한다. 자녀에게 가족의 문화와 전통을 가르쳐 가족과 사회가 유지되도록 하며, 친밀한 관계의 근원을 제공함으로써 정서를 교류하는 기능을 한다.

02 가족에 관한 설명으로 옳지 않은 것은?

① 저출산으로 가족의 규모가 축소되었다.
② 가족 개념은 시대와 문화의 영향을 받지 않는다.
③ 노부부만 남는 빈둥지 시기가 길어지고 있다.
④ 과거에 가족이 수행했던 기능이 상당 부분 사회로 이양되었다.
⑤ 가족관계가 점차 평등하게 변하면서 이로 인해 갈등이 발생하기도 한다.

정답 ② 가족의 개념은 시대와 문화의 영향을 받는다. 과거에는 결혼과 혈연을 강조하여 가족이 정의되었으나 현대에는 1인 가족, 동성애 가족, 비동거 가족 등 다양한 형태의 가족이 생겨나는 경향이 반영되면서 가족에 대한 정의도 달라지고 있다. 국가에 따라서 달라지지만 과거에는 남성과 여성 등 이성 간의 결합만이 가족으로 인정됐지만 현재에는 동성의 결혼도 인정되는 등 가족에 대한 개념과 정의도 시대와 문화의 영향을 받아서 달라지고 있다.

03 가계도를 통해 확인하기 어려운 것은?

① 가족원의 구성과 구조 ② 가족의 생애주기
③ 세대 간 유형의 반복 ④ 가족의 역할 및 기능
⑤ 가족의 환경 간 경계의 속성

정답 ⑤ 가계도를 통해 파악할 수 있는 내용으로는 인구사회학적 특징, 가족구조와 동거가족 현황, 가족 및 가족원의 관계, 세대 간 반복되는 정서적·행동적 유형, 결혼관계 등이다. 가족과 환경 간 경계의 속성을 파악할 수 있는 것은 생태도이다.

04 다음 설명에 해당하는 사정도구는?

사회적 지지의 유형을 구분하고 가족의 환경과 필요한 자원을 파악하는 데 유용하다.

① 소시오그램(sociogram)
② 생활력표(life history)
③ 가족그림(family drawing)
④ 사회적 관계망표(social network grid)
⑤ 가계도(genogram)

정답 ④ 사회적 지지유형을 구분하고 가족의 환경과 필요한 자원을 파악하는 데 유용한 사정도구는 사회적 관계망표이다. 이를 통해 클라이언트의 사회적 관계망에 있는 체계로부터 받는 지지의 종류와 정도, 원조의 방향, 접촉 빈도 등을 알 수 있다.

05 다음의 사례에서 활용한 개입기법은?

어머니는 권위적인 아버지와 마찰이 있을 때마다 신경증을 호소하면서 분가한 4명의 자녀를 집으로 불러들인다. 이때 가장 민감한 반응을 보이며 달려가는 것이 막내 경수다. 사회복지사는 경수에게 어머니의 신경증에 자동반사적으로 반응하지 않도록 하면서 자신의 생각과 감정을 명확히 하도록 했다.

① 합류　② 재구성

③ 탈삼각화　④ 균형 깨기

⑤ 경계 만들기

정답 ③ 아내가 남편과 갈등이 있을 때 경수는 가장 민감한 반응을 보이며 달려가고 있다. 부부와 경수 간에는 삼각관계가 형성되어 있는 것이며, 이를 해결하기 위해 어머니의 신경증에 반응하지 않도록 하면서 자신의 생각과 감정을 명확히 하도록 탈삼각화 기법을 적용하고 있다.

09
CHAPTER

집단대상 사회복지실천기술

1. 집단의 개념과 특성
2. 집단의 규범, 구성원의 지위와 역할
3. 집단의 발달단계
4. 집단발달 단계별 실천기술

CHAPTER 09

집단대상 사회복지실천기술

학습목표

1. 집단사회복지실천의 개념 및 유형, 특성 등을 알아보고 이를 이해한다.
2. 집단의 규범과 구성원의 지위 및 역할 등을 알아보고 이를 이해한다.
3. 집단발달의 개념, 특성, 단계 등을 알아보고 이를 이해한다.
4. 집단대상 사회복지실천의 과정과 실천기술 등을 이해한다.

인간은 태어나면서부터 가족이라는 집단 안에서 생존하며, 성장 · 발전하게 된다. 인간은 혼자서는 살 수 없는 사회적 동물로 친구집단, 학교집단, 직장집단, 종교집단 등 다양한 사회적 상호작용을 통해 발전한다. 결국 인간은 대인관계를 잘 형성하기 위해 가정에서부터 규범과 질서, 사회성을 키우며 성장한다. 또한 인간의 생활과정이 집단과 밀접한 관계를 가지기 때문에 인간의 문제, 인간의 복지를 집단적 차원에서 다루려는 집단사회복지실천이 발전하게 되었다(이영실 외, 2015).

집단사회복지실천은 20세기 초 30여 년간 발달해 온 노동 운동, 인보관 운동, 사회복지관, 청소년 단체 등을 포함한 사회복지기관에서 그 이념적 뿌리를 찾을 수 있다. 지금은 사회복지실천현장에서 사회복지사가 집단사회복지실천을 활용하는 것은 당연시되고 있다.

집단을 대상으로 하는 사회복지실천은 집단의 영향력을 활용한 서비스

활동이며, 개인의 욕구 충족과 기능 강화, 개인이나 집단의 문제 해결 등의 목적으로 집단을 원조의 도구 또는 매개체로 활용하여 의도적인 집단경험을 제공함으로써 원조하는 사회복지실천의 한 분야이다.

많은 학자들이 제시한 집단대상(중심) 사회복지실천의 정의를 정리해 보면 다음과 같다(권중돈 외, 1993).

- 집단중심 사회복지실천은 사회복지방법론 중의 하나이다.
- 집단중심 사회복지실천은 목표 지향적 활동이다. 추구하는 목표에는 성원의 재활, 성원의 교육, 사회화, 성장, 성원의 지도력 개발, 사회환경의 변화, 조직 및 환경에 대한 개인의 통제력 증진 등이다.
- 집단중심 사회복지실천은 개별성원, 전체집단, 집단이 속한 환경이라는 세 가지 초점 영역을 지닌다.
- 집단중심 사회복지실천은 주로 소집단을 활용하며, 고통받는 개인뿐만 아니라 건강한 개인들로 구성된 집단을 대상으로 한 실무이다.
- 집단중심 사회복지실천은 치료집단과 과업집단과의 실무를 포함한다.
- 집단중심 사회복지실천은 전문가의 지도와 원조를 통해 이루어진다.

집단은 구성원 간의 의존성을 조장할 수 있으며, 집단 희생양을 만들어 낼 수 있다는 단점에도 불구하고 집단을 원조의 도구나 매개체로 활용하는 집단사회복지실천이나 집단치료, 집단상담, 집단지도 등은 모두 집단의 장점 또는 치료적 효과를 활용하는 것이다. 집단은 개인을 대상으로 하는 사회복지실천에서는 가질 수 없는 여러 가지 장점들이 있는데, 이를 집단의 치료요인이라 한다.

집단의 대표적인 치료요인에 대해 얄롬(Yalom, 1995)은 다음과 같이 제시하였다(이영호, 2008, 설진화, 2014 재인용).

- **희망의 고취**(부여) : 집단은 클라이언트에게 그들의 문제가 개선될 수 있다는 희망을 심어주고 이러한 희망은 그 자체가 치료적 효과를 갖는다.
- **보편성** : 클라이언트는 종종 자기만이 유독 끔찍하거나 용납될 수 없는

문제, 생각, 충동 등을 가지고 있다고 생각한다. 집단을 통해 다른 사람들도 자기와 비슷한 갈등과 생활경험 또는 문제를 가지고 있다는 것을 알고 위로를 얻는다.

- **정보공유 및 전달** : 클라이언트는 집단사회복지사의 강의를 통해서 자신의 문제에 대해 보다 명확하게 이해할 수 있으며, 또한 집단 구성원으로부터 직·간접적인 제안, 지도, 충고 등을 얻게 된다.
- **이타심** : 집단 구성원들은 위로, 지지, 제안 등을 통하여 서로 도움을 주고받는다. 자신도 누군가에게 도움을 줄 수 있고 타인에게 중요할 수 있다는 발견은 자존감을 높여준다.
- **1차 가족집단의 교정적 재경험** : 집단은 가족과 유사한 점이 있다. 집단사회복지사는 부모가, 그리고 집단 구성원은 형제자매가 되는 것이다. 클라이언트는 부모형제들과 상호작용하는 방식으로 사회복지사 및 집단 구성원들과 상호작용을 재현하는데, 그 과정을 통해서 그동안 해결되지 않은 가족갈등에 대해 탐색하고 도전한다.
- **사회기술의 발달** : 집단 구성원으로부터의 피드백이나 특정 사회기술에 대한 학습을 통해 대인관계에 필요한 사회기술을 개발한다.
- **모방행동** : 집단사회복지사와 집단 구성원은 새로운 행동을 배우는 데 좋은 모델이 될 수 있다.
- **대인관계 학습** : 클라이언트는 집단 구성원 간의 다양한 상호작용 속에서 자신의 대인관계에 대한 통찰을 얻게 되고 자신이 원하는 관계형성에 대한 아이디어를 가질 수 있다. 또한 집단은 대인관계 형성의 새로운 방식을 시험해 볼 수 있는 장이 된다.
- **집단 응집력** : 집단 내에서 자신이 인정받고, 수용된다는 소속감은 그 자체로서 집단 구성원의 긍정적인 변화에 영향을 미친다.
- **정화** : 집단 내의 비교적 안전한 분위기 속에서 집단 구성원은 그동안 억압되어 온 감정을 자유롭게 발산할 수 있다.
- **실존적 요인** : 클라이언트는 집단 구성원과의 경험 공유를 통하여 자기

자신이 다른 사람에게 아무리 많은 지도와 후원을 받는다 할지라도 자신들의 인생에 대한 궁극적인 책임은 스스로에게 있다는 것을 배운다.

집단대상(중심) 사회복지실천의 현장에서는 집단경험의 효과를 최대화하여 클라이언트의 문제해결을 위한 긍정적인 피드백을 제공하는 것을 최선의 목표로 하고 있다.

따라서 집단사회복지사는 다음의 개인적 특성을 가진다(손광훈, 2013).

- 인간에 대한 이해와 지식을 갖추어야 한다.
- 인간의 존엄성을 인정하여 개별 구성원과 집단은 자신의 문제와 관련된 가장 현명한 판단을 할 수 있다는 신념을 가져야 한다.
- 개인과 집단은 독특한 존재이며, 서로 차이가 있을 수 있다는 점을 수용하여야 한다.
- 개별 구성원이나 집단이 스스로 문제해결 방법을 찾을 수 있도록 집단과 함께한다는 자세를 가져야 한다.
- 집단 구성원의 행동이 의미하는 바를 이해하고, 자신의 행동을 집단원조 과정에서 활용하여야 한다.
- 집단에서 허용하는 행동의 범위를 한정해 주고, 어떤 체계를 가함과 동시에 이에 따르는 책임을 수행해야 한다.
- 집단사회복지사가 자신이 속해 있는 기관의 기능, 목적, 한계점을 인정하고 자신이 속한 기관을 대표할 수 있어야 한다.

그리고 집단대상 사회복지실천에서 집단 구성원 개인의 변화를 원조할 수 있는 주요 기법은 다음과 같이 분류할 수 있다(손광훈, 2013 재인용).

① 가루인(Garuin, 1981)이 제시한 기법

- 개인의 현실인식을 변화시키는 기술
- 개인의 인지를 변화시키는 기술
- 개인의 영향을 변화시키는 기술

- 개인의 행동을 변화시키는 기술
- 개인을 원조하여 문제를 해결하는 기술
- 구성원의 역할을 조성시키는 기술

② 토스랜드와 리바스(Toseland & Rivas, 1984)가 제시한 기법

- 집단과정 촉진기술
- 자료수집 및 사정기술
- 행동기술

1. 집단의 개념과 특성

1) 집단의 개념

집단은 인간의 집합체로서 지역사회나 사회가 형성될 수 있는 공식적 · 비공식적 구조를 제공하는 사회의 기본적 구성단위이다. 그리고 주요 타인과의 관계를 형성 · 유지할 수 있는 수단을 제공해 준다. 즉, 개인은 가족, 또래집단 등과 관계를 형성함으로써 바람직한 사회행동의 규범을 학습하고, 사회적 관계를 만족스럽게 유지할 수 있으며, 개인이 성취하고자 하는 목적을 확인할 수 있을 뿐 아니라 고통스러운 시기에 지지를 받을 수 있는 기회를 갖게 되는 등 다양한 혜택을 얻을 수 있다. 그러므로 인간은 일생 동안 집단을 떠나서는 생존해 갈 수 없으며, 집단생활을 통하여 성장 · 발달해 간다(김종옥 외, 2001).

우리 사회는 다양한 유형의 집단이 존재하고 어떤 유형의 집단에 초점을 맞추는가에 따라서 집단의 정의는 달라질 수 있으므로 공통된 정의를 내리기는 어렵다. 몇몇 학자들이 강조한 집단의 개념적 정의를 요약해 보면 다음과 같다.

호먼스(Homans, 1950)는 "집단이란 상당한 기간 동안 서로 대화하는 다수를 말하는데 간접적으로 다른 사람을 통해서가 아닌, 직접 대면을 통해 서로 대화가 가능한 정도의 적은 수의 사람들로 이루어져 있는 집합체"라고 하였고, 카트라이트와 젠더(Cartwright & Zander, 1968)는 "둘 이상의 사람들이 자신들을 집단으로 규정하고 그것의 존재가 적어도 다른 한 사람에 의해 인식될 때 집단이 존재하게 된다"고 하였다. 또한 터너(Turner, 1987)는 "집단이란 구성원들에게 심리적으로 중요한 집합체로서 사회 비교를 위해 또한 규범과 가치의 획득을 위해 구성원들이 스스로에게 주관적으로 연결시키는 것이고, 그들이 사적으로도 그 소속감을 수용하고 그들의 태도와 행동에 영향을 주는 집단"으로 정의하였다(이영실 외, 2015 재인용).

하트포트(Hartfort)는 집단에 대해 "적어도 2~3명 이상의 개인이 모여서 다음의 요소를 내포한다. 인지적·정서적·사회적 상호 교환과 같은 공동의 관심사나 목표가 있어야 하며, 서로 인상(impression)을 느낄 수 있을 만한 만남이 있어야 한다. 또한 공동으로 기능을 하기 위한 규범이 있어야 하고 공동활동을 위한 목적을 수립하여야 한다. 또 집단 구성원 간에, 그리고 전체로서의 집단 결속력이 있어야 한다"라고 정의하였으며(Zastrow, 1995, 배은숙 외, 2014 재인용), 최옥채 등(2004)은 "서로 관련되어 있는 사람들의 집합으로 개인들의 단순한 집합이 아니라 그 안에 있는 사람들의 관계가 구조화되고 유형화되어 있는 조직된 체계"라고 정의하였다.

한편 집단의 조건과 특징을 다음과 같이 제시하였다(설진화, 2014 재인용).

- 집단 구성원들이 소속감을 가져야 하며, 공통의 목적이나 관심사를 가져야 한다.
- 집단 구성원들끼리 정서적 결속과 함께 상호의존적이며, 상호작용이 이루어져야 한다.
- 집단 구성원의 기능과 역할을 규제하는 규범을 가져야 한다.
- 집단은 다른 사회체계와 마찬가지로 구조를 가져야 한다.
- 집단은 집단 구성원들의 개별목표와 집단공동의 목표 성취를 위해 상호

작용하는 집단 구성원들을 지지하고 격려하는 힘을 가졌으며, 집단 구성원의 성장과 발달을 촉진하는 환경이 되어야 한다.

2) 집단의 유형

집단의 유형에는 치료집단, 과업집단, 자조집단 등 목적에 따른 분류 및 지지집단, 교육집단, 성장집단, 치료집단, 사회화 집단 등 치료집단에 따른 분류가 있는데, 그 주된 내용은 다음과 같다(이애재, 2013, 이영실 외, 2015 재인용).

(1) 목적에 따른 분류

① 치료집단

치료집단(therapy group)의 목적은 집단 구성원의 교육, 성장, 치료, 사회화 등 행동변화, 사회화의 욕구 충족 등에 있고 사회복지사의 역할은 상호작용을 통해 집단을 발전시키는 데 있다. 치료집단의 특성은 개방적이고 자기노출이 낮으며, 집단 각 구성원에 의해 주제에 따라 의사소통 양식이 다르며, 집단절차는 집단에 따라 융통성이 있다. 그리고 집단 구성원의 구성은 공동 관심사, 문제, 특성에 근거한다. 여기에 해당하는 집단에는 지지집단, 교육집단, 성장집단, 치료집단, 사회화 집단 등이 있다.

② 과업집단

과업집단(task group)의 목적은 조직이나 기관의 문제에 대한 과업성취, 해결책 모색에 있고 의무사항 이행 및 새로운 아이디어 개발, 원조전략 수립 등 과업을 수행하는 데 있다. 사회복지사의 역할은 상호작용이나 임명을 통해 집단을 발전시키는 것이며, 집단 특성은 특정 과업에 대한 토론에 초점을 두며, 집단 구성원의 자기노출이 낮다.

과업집단은 공식적 과업에 대한 토론에 초점을 두며, 집단토론 등 내용이 공개되기도 한다. 집단 구성원이 성취한 과업, 의무, 결과물 등에 의해 평가

되며, 여기에 해당하는 집단은 치료회의팀, 처리위원회, 직원발전집단, 각종 위원회 및 이사회, 사회행동집단 등이 있다.

③ 자조집단

자조집단(self-help group)의 목적은 대인 간 상호 지지, 집단 구성원 간 공통문제 해결, 집단 구성원 상호 간 문제 상황에 대처할 수 있는 능력의 향상에 있다. 사회복지사의 역할은 자발적 운영자, 공통문제해결 적극적 참여자 등이며, 집단 특성은 집단 구성원 중 지도자가 중심적이며, 쌍방적이고 자기노출이 높고 과업해결을 위한 정보교류가 있고 정서적 지지교류가 높다는 것이다. 사회복지사는 평기에 있어서 주노적 역할을 하지 않고 지지와 자문만 제공하며, 집단 구성원 욕구에 의해 평가한다. 여기에 해당하는 집단 종류는 단주친목모임, 비만조절집단, 정신질환예방집단, 도박중지집단 등이 있다.

(2) 치료집단에 따른 분류

① 지지집단

지지집단(support group)은 집단 구성원이 현재 생활 속에서 일어나는 상황에 잘 대처하고 효과적으로 적응할 수 있도록 돕는 데 목적을 두고 앞으로 살아가면서 일어날 사건에 대하여 좀 더 효과적으로 대처하기 위한 기술을 발전시킴으로써 구성원이 삶의 위기에 잘 대처할 수 있도록 돕는 집단을 말한다.

지지집단은 유사한 문제나 경험을 가지고 있는 사람들로 구성되기 때문에 지역사회의 편견과 낙인으로부터 벗어나 집단 안에서 안정과 위로를 찾을 수 있으며, 유대감 형성이 쉽고 자기개방 수준이 매우 높다. 예를 들면, 암환자와 가족 모임, 이혼가정의 취학아동 모임, 한부모 모임 등을 들 수 있다.

② 교육집단

교육집단(educational group)은 집단 구성원이 지식과 기술을 배우고 향상하는 데 목적을 두고 있다. 사회복지사는 상당한 전문적 지식을 가지고 있으며, 훈련능력을 가진 전문가로서, 집단 구성원이 자기 자신과 자신이 속한 사회를 잘 이해할 수 있게 원조하며, 기술을 가르치고 정보를 제공한다. 사회복지사는 집단의 지도자로서 주로 교사 역할을 한다. 교육집단 구성원의 자기개방은 비교적 낮은 편이어서 사회복지사는 구성원의 지식, 기술, 경험 등을 고려하여 모든 구성원이 최상의 학습효과를 얻도록 해야 한다. 교육집단의 예를 들면, 성교육 집단, 자원봉사자 교육 집단, 임산부 태교교육 집단, 예비부부 교육 집단 등이 있다.

③ 성장집단

성장집단(growth group)은 구성원의 자기 인식을 증진시키고 자기의 사고를 변화시키는 데 목적을 두고 있다. 즉, 개인의 능력과 자의식을 넓히고 개인적 변화를 이끌어 낼 수 있는 기회를 제공하며, 자아향상에 초점을 둔다. 성장집단은 집단 구성원의 자기개발, 잠재력 개발, 인간관계 개선 등의 목적이 있기 때문에 다른 집단에 비해 자기개방을 많이 하는 편이다.

성장집단은 다양한 속성을 지닌 구성원들로 구성하는 것이 바람직하다. 구성원들이 서로 다른 특성을 가지고 있다는 것 자체가 성장의 밑거름이 될 수 있기 때문에 자기개방 정도가 높다. 그러나 어떤 집단에서는 구성원 상호 간의 감정이입과 상호 원조기능을 증진시키기 위해 유사한 특성을 지닌 구성원들로 구성한다. 성장집단의 예를 들면, 결혼생활 향상 집단, 청소년 대상의 가치명료화 집단, 여성을 위한 의식고양 집단, 퇴직 준비 집단, 잠재력 개발 집단 등이 있다.

④ 치료(치유)집단

치료집단(therapy group)은 집단 구성원의 정서적 · 개인적 · 사회적 욕구와 문제를 해결하는 데 목적을 가지고 구성되며, 집단 구성원 스스로 자신의 행동을 바꾸고 개인적인 문제를 완화하거나 대치할 수 있도록 원조하며, 나아가서는 외상이나 건강상의 외상 이후에 스스로 원상 복귀시킬 수 있도록 돕는다.

치료집단은 일반적으로 다소 심한 정서적 개인문제를 가진 구성원들로 구성되며, 상호 지지를 강조함과 동시에 치유와 회복에 중점을 둔다. 그리고 구성원 개개인의 증상이나 문제가 다르기 때문에 개인마다 상이한 목적을 가지게 된다.

사회복지사는 인간행동에 대한 지식을 가지고 있어야 하며, 집단역동, 집단상담 능력과 행동변화를 가져올 수 있도록 집단을 활용할 수 있는 능력, 높은 인지능력과 통찰력, 집단 내에 건설적 분위기를 유지하고 발달시키는 능력 등이 요구된다. 이 집단을 구성할 때 집단치료자는 집단 구성원의 일반적 속성을 고려하여 구성원을 선별하고 전체 집단과정을 지도하기 때문에 전문가, 변화매개인, 조력자, 중개인 역할을 수행하며, 다양한 이론을 근거로 다양한 기법을 사용한다. 치료집단에는 정신역동 치료 집단, 섭식장애 · 외상 후 스트레스 장애 · 인지치료 집단, 금연집단, 성폭력을 다루는 집단이 포함된다.

⑤ 사회화 집단

사회화 집단(socialization group)은 구성원이 사회적 기술을 습득하고 사회적으로 수용되는 행동유형을 학습함으로써 사회적 관계에 어려움을 겪고 있는 구성원을 중심으로 지역사회의 생활에서 효과적으로 기능하기 위해 필요한 사회기술을 배우거나 증진시키는 것이 목적이다. 집단사회복지사는 사회화 과제를 달성하는 매개체로서 적극적으로 가르치고 시범을 보이며, 참여를 유도하여 사회적 역할을 학습할 수 있도록 도와주어야 한다.

사회화 집단은 프로그램 활동에 참여함으로써 개인기술을 향상시키는 집단이기 때문에 '활동을 통한 학습'을 지향하며, 사회적으로 수용될 만한 행동이나 사회적 기술을 배우고자 하는 사람들로 구성된다. 프로그램 활동, 구조화된 실천, 역할기법, 야외활동, 게임 등이 활용된다. 예를 들면, 주의력결핍 과잉행동 아동을 대상으로 한 활동 집단, 퇴원 정신장애인을 위한 사교집단, 독신자를 대상으로 하는 사회활동 집단 등이 있다.

사회화 집단은 구성원들로 하여금 집단 구성원으로서 기술을 개발하기 위하여 함께 노력하는 것이 자기 자신의 성취감과 자기가치를 높일 수 있다는 신념을 갖게 격려해 주고 도와주어야 한다.

〈표 9-1〉 치료집단의 상호작용 정도

집단 종류	목 표	자기노출	집단의 예	사회복지사 역할
지지집단	스트레스 대처방법을 알려는 집단, 대처능력 향상	대체로 높음	한부모 집단, 이혼자녀 집단, 암환자나 가족이 질병의 대처방법을 논의하는 집단	지지적 역할, 대처기술을 향상하도록 동기화시킴
교육집단	교육을 통한 집단 토론 기회 제공	가장 낮음	성교육 집단, 예비부모교육 집단	교육자 역할
성장집단	성원들의 잠재능력 향상을 위한 집단	아주 높음	여성을 위한 의식고양 집단, 퇴직 후의 고령자 집단, 부부 참만남 집단	조력자 역할
치료집단	성원들의 문제를 행동으로 변화, 상실된 기능 회복을 원조	지지집단보다는 낮지만 비교적 높은 편	본드 흡입 청소년 집단, 금연집단, 약물중독치료 집단	치료자(변화매개자)역할
사회화 집단	사회적 기술, 사회적 행동형태 습득을 위한 집단	보통	클럽, 여가집단, 공격적 성격의 아동 집단, 레크리에이션 집단	조력자 역할, 교육자 역할, 시범자 역할

출처 : 전남련 외(2007), 길귀숙 외(2015) 재인용.

2. 집단의 규범, 구성원의 지위와 역할

1) 집단규범

(1) 집단규범의 개념

사람들이 한 집단에 함께 참여하게 되면 가치의 공동체계를 형성하게 되고, 이것이 집단 구성원에 대한 행동 규범을 어느 정도 결정하게 된다(남세진 외, 1997). 집단규범(group norm)은 집단 내에서 집단 구성원들의 행동의 표준을 일반화한 것으로 집단 구성원들이 공유하는 기대와 가치체계, 신념 등을 말하며, 집단 구성원들이 동의하여야 한다(설진화, 2014).

집단규범은 집단에 어떠한 결과를 가져오든 간에 집단 구성원에게 기대되는 행동기준을 일반화시킨 것이다. 집단규범의 특징은 구성원 서로에게 기대할 수 있는 것에 관련된 정보를 제공함으로써 안정과 예측의 수단을 제공하는 메커니즘으로 구성원 전체에게 구속력을 가지며, 비공식적일 수도 있다. 또한 집단규범은 적절하거나 허용 가능한 개인의 특정 행동을 규정하거나 그 집단 내에서 받아들여지는 행동의 범위를 규정하는 특징을 지니고 있다(이영실 외, 2015).

집단규범은 집단 내에서 주요한 통제 수단으로 활용된다. 규범이 설정되면 이에 순응해야 하는 압력이 생긴다. 규범은 대체로 집단 구성원들 간의 합의로 만들어지기 때문에 규범을 강화하려는 개인적인 권리에 대한 욕구가 감소하고, 책임감이 집단 구성원들 간에 공유된다. 집단 구성원이 규범을 수용하고 준수하게 되면 내적으로 보상하게 되고 외부적인 통제의 필요성은 감소하게 된다. 따라서 집단규범은 특별한 대가를 치를 필요 없이 행동을 통제하는 수단을 제공한다. 또한 대인관계의 힘을 활용하여 규칙에 순응하도록 할 때 발생할 수 있는 불확실성을 없애는 수단이 되기도 한다(배은숙 외, 2014).

집단사회복지사는 집단규범이 발달하는 것을 확인하고 변화를 위한 긍정적 분위기를 만들어야 한다. 집단규범은 집단과정에 미묘하게 박혀 있으므로 집단행동을 통해서만 추론해 낼 수 있고 분간하기 어렵다. 집단사회복지사는 규범에 대해 설명하고 그들의 활동에 영향을 미치는 지도규칙을 확인하도록 요청한다(이영실 외, 2015). 집단규범은 집단 구성원이 규정할 수도 있고 사회복지사에 의해서 제시될 수도 있다. 비자발적인 집단의 경우 초기에 사회복지사가 집단규범을 제시하기도 하는데, 일반적으로는 구성원의 의사결정과 선택에 의해 규범이 형성되고 수용되도록 돕는다(장수미 외, 2015).

(2) 기능적 및 역기능적 집단규범

집단규범은 집단치료 목적을 지지할 수도 있고 그렇지 않을 수도 있다. 집단 구성원의 행복감과 전반적 치료목적에 유익한가(기능적 집단규범), 그렇지 않은가(역기능적 집단규범)의 여부에 따라 구분할 수 있다.

① 기능적 집단규범

집단 구성원 자신의 개인적인 것들을 자발적으로 드러내고 집단사회복지사를 존중하며, 집단사회복지사의 투입을 진지하게 대한다. 또한 기능적 집단규범은 개인의 문제에 초점을 둔다. 집단 구성원에게 토론에 참여하게 하고, 그 집단이 중심이 될 수 있는 동등한 기회를 부여해서 구성원은 어떤 주제라도 다른 구성원에게 직접적으로 말한다. 집단목표에 방해가 되는 것이 있으면 그 장애물에 대하여 말한다.

② 역기능적 집단규범

집단 구성원은 집단토론에서 피상적 주제로만 토론한다. 구성원은 자기의 위험을 회피하고 자기 폐쇄적이다. 또한 기회가 있을 때마다 지도자를 괴롭히고 비난하며, 지도자에 대해 불평한다. 따라서 구성원은 문제를 해결하는 데 필요한 에너지를 불평하는 데 쏟는다. 또한 공격적 구성원이 그 집단을 지배하게 내버려 둔다. 구성원은 감정적으로 긴장되거나 미묘한 주제에 대해 말하지 않고 장애물을 무시하고 집단문제에 대하여 이야기하는 것을 회피한다.

2) 구성원의 지위와 역할

지위는 주어진 집단 내의 위계질서에서 한 사람이 다른 사람들과 비교하여 상대적으로 차지하는 위치를 말한다. 집단 구성원이 지역사회 내에서 가지는 일반화된 지위는 교육, 소득, 능력 등과 같은 수단을 통해 주로 얻게 된다. 또한 어떤 지위는 성취된 것이라기보다 주어진 것이다. 이러한 지위에는 인종, 민족, 경제력, 성, 연령, 조상, 신체적 조건, 생활습관 등이 있다. 지위는 집단 구성원들 간의 상호작용에 따라 사회정서적인 역할과 과업 역할이 발생하게 되고, 이에 의거하여 변화하게 된다(배은숙 외, 2014).

역할은 집단 내에서 특정한 지위를 차지하고 있는 개인에게 기대되는 활동 및 행동양식 등을 말하며, 집단 내에서 수행해야 할 구체적인 과제나 기능과 관련된 행동을 규정한다.

각각의 지위는 일련의 역할을 구성하는 조직화된 역할관계를 가지고 있고, 동시에 서로 복잡하게 얽혀 있으며, 상호 연관성을 가지고 있다. 집단 내에서 집단 구성원의 지위는 자신에게 주어진 역할이나 성취한 역할에 의해 영향을 주고받는다. 즉, 집단이 조직됨에 따라 구성원은 집단의 목적과 구조에 관련된 공적 지위를 가지게 되며, 이 지위는 특수한 기대를 수반하게 된다.

집단 내에서의 역할은 크게, 집단의 기능이나 과업의 수행과 관련된 집단 과업 역할, 체계로서 집단의 유지에 초점을 둔 집단유지 역할, 개인적 욕구를 만족하게 하지만 집단 관련 일에는 손상을 주는 개인 역할 등 세 가지로 범주화시킬 수 있다.

집단은 과제 성취와 집단유지가 성공적으로 수행되어야 하므로 집단 구성원들의 다양한 역할에 의존하게 된다.

(1) 집단사회복지사의 역할 및 과제

집단사회복지사는 집단 구성원이 어떤 역할을 하는지 관심을 가지고 있어야 하며, 집단 구성원의 역할이 정형화되지 않고 특정한 역할에 고정되지 않도록 살펴야 한다. 집단사회복지사의 역할과 과제는 다음과 같다(이영실 외, 2015 재인용).

① 집단사회복지사는 집단규범을 확인하고 변화를 위한 긍정적 분위기를 만들어야 한다.

② 집단사회복지사는 규범이 적용되면 곧바로 개별 구성원이 집단 내에서 각기 다른 역할을 잘 수행하도록 원조해야 한다.
③ 집단사회복지사는 집단규범이 집단 과정에서 미묘하게 얽혀 있으므로 집단행동을 통해서 집단규범을 분석할 수 있어야 한다.
④ 집단사회복지사는 질서 있는 안정된 집단을 유지하기 위해서 집단 구성원이 협력적으로 집단규약에 따르도록 집단통제를 해야 한다.
⑤ 집단사회복지사는 집단 구성원에게 집단규범에 대해서 설명하고 구성원의 활동에 영향을 미치는 지도규칙을 확인할 수 있도록 해주어야 한다.
⑥ 집단사회복지사는 집단 구성원에게 일과 자신의 능력에 알맞은 역할을 주고 집단 구성원이 그 역할을 받아들여 일을 완성할 수 있도록 효과적으로 역할을 분담해야 한다.
⑦ 집단이 만들어지면 이를 통제할 규범이 만들어지고 집단 구성원의 역할이나 집단의 지위가 명확해진다. 집단 규범은 구성원으로서 용인된 행위나 승인되지 않은 행위에 대해 정의하고 집단을 통제하는 데 있어 중요한 역할을 하므로 집단사회복지사는 집단규범을 구성원이 잘 지키도록 교육하고 안내해야 한다.

(2) 집단 구성원의 역할

집단 구성원의 역할은 그 역할을 맡고 있는 개인이나 집단에게 긍정적일 수도 있지만 부정적 영향을 미치기도 한다. 또한 일단 역할이 형성된 후 그 역할이 개인에게 고정화되어 특정 행동이 기대되며, 그 기대로부터 벗어나는 행동을 할 수 없게 된다. 집단사회복지사는 집단 구성원이 집단 내에서 어떤 역할을 하는지 관심을 가져야 하고, 집단 구성원의 역할이 정형화되지 않도록 신경을 써야 하며, 동시에 규범을 통한 제한으로 집단 구성원이 공통된 체험을 할 수 있도록 원조하는 역할을 해야 한다. 집단 구성원들의 주요한 역할은 다음과 같다(이영실 외, 2015 재인용).

① 지도자 역할

집단 구성원은 집단요구의 결과로 출현하는 공식적 또는 비공식적 지도자로서의 역할을 맡을 수 있다. 또한 서로 다른 기능을 발휘하거나 경쟁적 하위 집단의 대표적인 지도자가 출현하기도 한다.

② 과제중심 역할

집단 구성원은 집단 문제를 규정하고 문제해결의 전략을 이용하며, 과업을 수행하는 역할로 특수목표 수립이 요구된다.

③ 집단유지 역할

집단 구성원이 집단기능을 유지하고 강화하도록 지향하는 역할과 집단 생애의 사회적 · 정서적 측면을 강화하는 역할을 포함한다.

④ 자기만족 추구 역할

집단 구성원은 집단을 희생해서 자신의 욕구를 충족하는 역할로, 이들은 집단이나 집단의 가치를 무너트리기 위해 저항하고 방해와 반대를 일삼거나 참여도 하지 않으면서 일방적으로 자기주장을 고집한다.

⑤ 희생양 역할

집단 구성원은 집단문제에 대해 무거운 책임을 혼자 짊어진 것처럼 행동하지만 다른 구성원으로부터 끊임없이 부정적 반응을 얻곤 한다. 이들은 수줍음이 많고 집단의 다른 구성원으로부터 긍정적 반응을 이끌어 내려는 집단 내 시도에 계속 실패해 왔기 때문에 희생양 역할에 매력을 느끼기도 한다. 그리고 집단 상호작용을 촉진하는 비언어적 실마리나 행동을 통제하려는 미묘한 움직임 등을 알아차리지 못하고 행동하기 때문에 희생양 역할을 하기도 한다. 집단 내 희생양은 모든 구성원의 무언의 협동을 요구하는 집단유지 현상의 신호로 나타나며, 집단의 적대감을 불러일으키는 역기능적 행동을 반복한다.

⑥ 고립자 역할

집단 구성원은 집단 내에 있지만 집단 구성원에 의해 무시되는 구성원을 말한다. 그는 다른 구성원과 관계를 가져보려 노력하지만 거절당한다. 그의 존재는 무시되고 그의 기여를 누구도 알아차리지 못하며, 아무도 그의 견해에 귀 기울이지 않는다.

(3) 집단사회복지사의 유형

집단사회복지사의 유형이 집단 지도력에 영향을 미친다는 전제에서 본 고전적인 집단지도력 이론의 하나이며, 집단사회복지사(집단 지도자)의 유형을 권위적 지도자, 민주적 지도자, 방임적 지도자의 세 가지로 분류하였다 (Lewin, Llippit, & White, 1939, 설진화, 2014 재인용).

① 권위적 지도자

다른 유형의 지도자보다 훨씬 더 절대적인 힘을 소유한다. 사회복지사 혼자서 집단의 목표와 정책을 설정하고, 집단 구성원들의 활동과 주요한 계획을 세운다. 따라서 권위적 지도자의 지도력은 일반적으로 효과적이고 결정적이나 실패한 권위적 지도자는 집단 내의 분열주의를 낳고, 뒤돌아서서 집단 구성원들을 욕하고 속이며, 집단 구성원들을 조종함으로써 사기가 저하될 수 있다. 또한 권위적 지도자가 이끄는 집단에서는 민주적 지도자가 이끄는 집단보다 공격성, 적대감, 희생양이 더 많이 표출된다.

② 민주적 지도자

집단에 영향을 주는 의사결정에 모든 구성원들이 참여하게 하고, 지도자는 최소한으로 개입하고 참여한다. 민주적 지도자와 집단 구성원들은 권력보다는 책임을 추구하기 때문에 의사결정이 늦고, 혼란되기도 하지만 집단 구성원들이 직접 의사결정 과정에 참여함으로써 얻어지는 강력한 협동으로 인해 훨씬 효과적이다.

③ 방임적 지도자

지도자에 의한 참여가 가장 적은 유형의 지도력을 말한다. 집단 구성원들은 극히 적은 지도자의 개입하에서 기능하지만, 방임형 지도자의 유형하에서 집단 구성원들이 아주 잘 기능하는 경우는 드물다.

3. 집단의 발달단계

집단사회복지의 목적은 개인의 변화이며, 집단은 변화를 위한 1차적 상황으로서 변화를 위해 집단상태를 활용한다. 집단은 구성원들 간의 상호작용, 역동적 관계 등을 통하여 성장하고 발전하며 쇠퇴해 가는 체계이다. 집단은 시간이 지남에 따라 집단의 내부구조가 확립되고 문화가 형성되며, 조직과 집단의 진행과정에 변화를 겪게 된다. 이러한 집단의 변화를 집단발달(group development)이라고 한다(손광훈, 2013).

집단발달 단계란 시간의 흐름에 따라 집단에서 나타나는 변화와 성장의 과정을 말하는 것으로, 어느 집단이든 발달과정에서 일정 단계를 거치게 되므로 집단을 효과적으로 운영하기 위해서 사회복지사는 사전에 집단발달 단계에 대한 이해를 통해 집단의 미래를 예측할 수 있어야 한다.

1) 집단발달의 개념

집단은 단순히 개인의 집합체로 보일 수 있지만 시간의 경과에 따라 집단 내부구조가 확립되고, 의사소통과 상호작용의 형태, 응집력 및 사회적 통제, 문화 등이 형성되며, 조직과 집단의 진행과정에 변화를 경험하게 된다. 이러한 집단의 변화를 집단발달이라고 한다. 집단은 목표를 설정하고 유대관계를 형성하는 단계에서 출발하여 목표를 달성하기 위해 자발적으로 방향을 정하고 행동을 취하는 성숙기를 거쳐 집단 구성원이 집단의 활동과 자신의 공동경험을 평가해 보는 단계로 이동한다(설진화, 2014).

집단발달이란 모든 소집단 발달의 과정에서 점진적으로 나타나는 일련의 단계, 또는 집단 내 여러 요인의 영향에 따른 집단성원 매력의 순환적 주기로 간주할 수 있으며, 각 단계는 어느 주어진 시점에서 볼 때, 이의 출현을 명백히 확인할 수 있는 특성을 나타낸 것이다(손광훈, 2013).

2) 집단발달의 특성

모든 집단이 모두 동일한 발달 단계를 거치는 것이 아니며, 반드시 순차적으로 진행되는 것도 아니다. 또한 일반적 발달단계를 따르지만 이전 단계로 돌아가거나 특정 단계를 뛰어넘기도 하며, 어느 한 단계에 정체할 수도 있다(이영실 외, 2015).

집단발달 단계는 집단의 구성이나 기타 내적 요인과 집단에 압력을 가하는 외적 요인에 의해 영향을 받기도 한다. 집단발달 단계에 대한 지식은 집단의 존속기간 예측, 각 단계에서 예상되는 구성원 및 집단의 행동지표 제공 등에 필요한 종합적 활동기반을 제공하며, 사회복지사의 행동이 어떠한지를 간접적으로 알려준다. 특히 폐쇄집단은 비교적 집단발달 단계를 잘 구분하고 예측할 수 있지만 개방집단은 구성원들이 자주 교체되기 때문에 발달단계를 예측하는 것이 어렵다(윤현숙 외, 2001; 이영실 외, 2015).

집단발달은 일반적으로 세 가지 차원에서 고려되어야 하는데 첫째로, 사회적 조직, 즉 집단의 구조를 의미하며, 참여자의 역할과 지위유형 및 권력구조의 변화 차원이고, 둘째로, 참여자의 활동 및 과업, 집단의 운영과정으로 집단의 의사결정 과정의 차원이며, 셋째로, 집단의 문화와 규범, 가치, 공통목적 등의 차원이다. 그러므로 집단발달 단계를 이해하기 위해서는 이러한 규칙성과 변화를 파악하여야 한다(이화여대 사회사업학과, 1997).

집단발달 단계는 집단의 목적, 집단의 형태, 집단이 활용되는 영역, 지도자의 성향에 따라 달라질 수 있으며, 각 발달단계는 순서대로 거쳐 가는 것이 아니고, 발달단계를 거치는 데 소요되는 시간도 집단에 따라 다를 수 있다(김종옥 외, 2001). 폐쇄집단의 경우 시작단계부터 종결단계까지 동일한 성원으로 운영되므로 집단발달 단계를 예측하는 것이 가능하나, 집단 구성원들이 자주 교체되는 개방집단의 경우 발달단계를 예측하는 것이 어려워진다.

3) 학자별 집단발달 단계

집단발달 단계를 구분하고 각 단계의 성격을 규정하는 것은 여러 학자에 따라서 조금씩 차이가 있다. 단지 발달이라는 특성에서 볼 때 각 단계가 지니는 공통점은 있다. 노든(Northern), 트러커(Trecker), 가랜드와 콜로드니(Garland & Kolodny), 토스랜드와 리바스(Toseland & Rivas)의 집단발달 단계를 비교하면 <표 9-2>와 같다(이영실 외, 2015).

〈표 9-2〉 학자별 집단발달 단계

학자 \ 발달단계	초기(시작)단계	중간단계	종결단계
Northern	• 계획 • 오리엔테이션	• 탐색과 시험 • 문제해결	• 종결
Trecker	• 시작 • 집단감정 출현	• 유대감, 목적, 응집력 발달 • 강한 집단의식 • 집단의식 감소	• 종결
Garland & Kolodny	• 친밀 전 • 권력과 통제	• 친밀감 • 차별화(분화)	• 이별(헤어짐)
Toseland & Rivas	• 계획 • 초기 • 사정	• 작업 • 평가	• 종결

출처 : 이영실 외(2015).

이 장에서는 전체 집단발달 단계를 준비(계획)단계, 초기단계, 사정단계, 중간단계, 종결단계로 구분하였다.

4. 집단발달 단계별 실천기술

집단은 두 사람 이상이 공통의 목적과 관심사를 가지고 모여서 인지, 정서, 사회적 상호작용을 함으로써 상호 영향을 미치고 함께 기능할 수 있는 규범을 창조하며, 집단활동을 위한 전체로서의 목적을 발달시키고, 집단응집력을 발달시킴으로써 다른 집단과는 구별되는 전체로서의 집단의식을 발달시킨다(Hartford, 1971).

집단은 구성원 간의 상호 유기적·역동적 관계를 통해 성장·발전하고 쇠퇴하는 하나의 체계이다. 어떤 집단이든 발달과정에서 일정 단계를 거치게 되므로 집단을 효과적으로 운영하기 위해서는 사전에 집단발달 단계에 대한 이해를 통해 파악된 단계에 따른 적합한 개입을 하고 집단의 미래를 예측하면서 이끌어 갈 수 있어야 한다. 그러나 집단의 발달과정은 집단에 적용하는 이론적 방향이나 집단의 목적, 구성원에 따라 차이가 있기 때문에 명확하게 단계를 구분하기는 어렵다(장수미 외, 2015).

집단사회복지실천은 의도적인 집단경험을 통해 개인의 사회적 기능과 문제에 대한 대처능력을 향상시키고, 개인의 욕구를 충족시키며, 개인의 당면 문제를 해결할 수 있도록 하는 사회복지실천방법 중의 하나라고 할 수 있다(Konopka, 1983, 양정남 외, 2012 재인용). 또한 집단사회복지실천은 전문가의 지도와 원조에 의한 목표 지향적인 활동으로 대상은 고통받는 개인뿐 아니라 건강한 개인도 포함하며, 치료집단 또는 과업집단의 형태로 운영되고, 초점 영역은 개별 구성원, 전체집단, 집단이 속한 환경이다(김종옥 외, 2001).

1) 집단사회복지실천의 준비(계획)단계

집단의 준비단계는 계획단계라고도 부르는데, 이 단계는 집단이 형성되기 이전에 사회복지사가 집단에 대해 계획하고 구성하는 단계이며, 집단 구성원의 문제해결에 집단을 효과적으로 활용하기 위해 예비적 개입이 이루어진다(이영실 외, 2015). 또한 집단의 형성과 탐색이 이루어지는 단계이다. 이 단계의 과업으로는 집단의 목적과 목표 설정, 잠재적 구성원 확인 및 정보수집, 구성원 모집, 집단 구성, 오리엔테이션, 계약, 집단 환경 준비, 집단계획서 작성 등이 있는데, 그 주된 내용은 다음과 같다(배은숙 외, 2014, 이영실 외, 2015 재인용; Zastrow, 1995).

(1) 집단의 목적과 목표 설정

집단의 목적과 목표는 집단 구성원 개개인의 욕구를 고려해 집단지도자 또는 기관 직원에 의하여 결정한다. 집단의 목적은 집단과 집단 구성원에게 방향과 지침을 제공하며, 집단 구성원이 비생산적 경험을 하거나 좌절을 느끼지 않도록 한다. 집단 목적은 사회복지사와 집단 구성원들의 토론을 통해 수정될 수 있다.

(2) 구성원 확인 및 정보수집

집단 구성원을 모집하기 전에 집단의 목적과 목표에 적합한 잠재적 구성원을 확인하고 각 구성원의 정보를 수집한다.

(3) 집단 구성원 모집

잠재적 집단 구성원에 대한 정보를 수집하고 집단에 적합한 구성원을 결정한다. 결정된 구성원을 대상으로 모집계획을 세운다. 모집방법에는 구성원과의 직접적 접촉, 안내문 게시, 홍보, 인쇄물 배포 등이 있고 동시에 게시판이나 기관지에 광고를 내거나 지역사회 사람들이 많이 모이는 장소에 팸플릿 등을 만들어 배포하고 홍보하는 방법도 있다. 광고 내용에는 집단의 목적과 구성원의 선택기준을 기술한다.

(4) 집단 구성

집단 구성은 집단을 어떻게 구성할 것인가에 대한 것이다. 모든 잠재적 구성원들이 특정 집단의 구성원이 되기에 적합한 것은 아니다. 집단의 구성이 잘못되면 그 집단은 오래가기 어렵고, 응집력이 떨어져 목적을 달성하기 어려워진다. 집단 구성에서 선택해야 할 사항은 동질적 구성원과 이질적인 구성원, 구성원의 개방성 또는 폐쇄성, 집단의 크기 정도, 인구사회학적 특성과 다양성, 모임의 빈도와 존속기간 등이 있다.

(5) 오리엔테이션

집단의 목적을 설명하고, 집단절차에 대해 적응하며, 적절한 집단 구성원을 선별하기 위한 것이다. 오리엔테이션 방법으로는 이전 집단에 대한 내용을 비디오테이프 등으로 시청하는 것, 집단역학에 대한 강의, 효과적 의사소통방법을 비롯한 집단기술에 대한 연습 등이 있다.

(6) 계약

계약은 초기단계에서도 이루어지고 준비단계에서도 이루어진다. 일반적으로 계약은 초기단계에서 사회복지사와 집단 구성원의 상호작용을 통해 이루어지지만 실제 집단이 시작하기 전인 준비단계에서 이루어진다. 준비단계에서 이루어지는 계약의 형태에는 목표에 대한 계약, 집단절차에 대한 계약, 개별 구성원들이 기대하는 것에 대한 계약 등이 있으며, 계약방법은 서면이나 구두로 이루어진다. 집단절차에 대한 계약으로는 회합의 빈도와 기간, 비밀보장, 시간과 장소, 비용 등에 대한 계약이 있다.

(7) 집단 환경 준비

집단 환경은 집단 구성원에게 비밀보장, 친밀성, 편안함, 집중도에 상당한 영향을 미치므로 집단사회복지사는 주어진 여건 내에서 최상의 조건을 만들어 내기 위하여 노력해야 한다.

(8) 집단계획서 작성

집단을 계획할 때 집단계획서를 작성하는 것이 유익하다. 특히 재정지원을 받기 위해서는 계획서가 반드시 필요하다. 서면으로 작성된 계획서는 잠재적 구성원에게 집단에 대한 정보를 제공할 수 있다.

집단계획서에는 ① 집단목표에 대한 간단한 기술, ② 집단 운영방식, ③ 집단지도전문가의 역할과 기능, ④ 기관명과 목적, 자원, 기관의 지리적 위치에 관한 정보, ⑤ 집단 활동의 대상 및 선별근거, ⑥ 모집방법, ⑦ 집단구성과 관련된 사항, ⑧ 집단소개절차, ⑧ 회합기간, 빈도, 시간 등의 계약내용, ⑨ 집단 환경 등이 포함되어야 한다.

2) 초기단계

초기단계에서는 집단 구성원의 새로운 집단에 대한 탐색과 집단사회복지사에 대해 접근하면서 동시에 회피하려는 성향 등이 혼합되는 특징을 보이며, 또한 구성원 간에 평가하고 서열화되며, 투쟁이 발생하기도 하면서 하위집단이 형성된다.

또한 이 단계는 집단 구성원의 공통된 목표를 서로가 알게 되며, 각 구성원의 개별적 목표도 수립하게 된다. 계약 시 집단목적, 행동주체, 성취평가 및 측정방법 등을 구체적으로 명시한다. 사회복지사는 집단 구성원의 동기부여, 능력격려, 집단의 장애 또는 그 요인 등을 예측한다. 그리고 이 단계에서는 선정된 집단 구성원들이 최초로 모임에 참여하여 구성원들끼리 대면함으로써 시작되는데, 집단 구성원들은 다른 구성원에 대해 낯설고 새로운 환경에 직면하여 상당한 불안감과 불신감, 두려움 등을 나타내기도 한다. 이때 집단사회복지사는 집단 구성원들의 불안감과 긴장감 등을 해소해 주고 신뢰관계를 형성하는 데 주력하여야 한다(이영실 외, 2015).

초기단계의 주요 과업으로는 구성원 소개, 프로그램 활동, 집단목적의 설명과 피드백 받기, 비밀보장의 한계 정하기, 구성원의 집단 소속감 촉진하기,

계약, 집단참여에 대한 동기부여와 능력 격려하기, 장애물 예측하기 등이 있는데, 그 주된 내용은 다음과 같다(이애재, 2013, 장수미 외, 2015 재인용; Corey & Corey, 1992).

(1) 구성원 소개

집단목적을 고려하여 어떤 정보가 공유되는 것이 좋은지를 결정하고 개별 구성원 소개 시 그 정보를 밝히도록 하는 것이 좋다. 사회복지사는 소개과정을 통해 집단 구성원들이 그들의 생활경험, 어려움, 관심사, 감정 등에서 유사성이 있다는 점이 드러나도록 해야 한다. 구성원을 소개하는 방법은 순번대로 2명씩 짝짓기와 짝을 집단에 소개하는 방법 등 다양하다.

(2) 프로그램 활동

특정 과제를 수행하는 과정에서 구성원 상호 간 중요한 정보를 교환하고 자기개방이 고취되면서 집단응집력이 높아진다.

(3) 집단목적의 설명과 피드백 받기

집단의 목적은 긍정적 측면을 강조하고, 분명하고 이해하기 쉬운 표현으로 구성한다. 또한 집단의 목적을 알고 집단 구성원이 참여하긴 했지만, 집단 초기단계에서 집단의 목적을 명확히 하는 것이 좋다. 기관의 서비스의 한계도 명확히 하고, 목적과 목표에 대해 구성원이 자신의 의견이나 관심사를 표현하도록 촉구해서 그들의 의견을 반영해야 한다. 집단목적은 모호하게 설정되면 집단이 성공적으로 운영되기 어렵기 때문에 명확하게 설정되어야 하지만 집단목적을 설명한 후 집단 구성원의 의견이나 피드백을 받고 반영하여 수정되기도 한다.

(4) 비밀보장의 한계 정하기

집단모임에서 비밀공개의 정도와 원칙에 대해 토론하여 집단 구성원들이 원칙을 만들고 이를 지킬 수 있도록 원조한다.

(5) 구성원의 집단소속감 촉진하기

집단의 공동목표와 동시에 각 구성원의 욕구에 따라 개별적 목표를 수립한다. 목표는 명확하고 측정 가능하며, 성취 가능한 것으로 설정해야 한다.

(6) 계약

계약을 통해 상호 간의 기대, 의무, 책임을 명백히 하는 것이 필요하고, 구성원과 사회복지사 간의 계약, 구성원 간의 계약이 이루어질 수 있다. 특정 목적이나 목표에 관해 계약할 때 누가, 무엇을, 어떤 상황에서 하며, 그 이행에 대해 어떻게 측정할 것인가에 대해 구체적으로 언급해야 한다.

(7) 집단 참여에 대한 동기부여와 능력 격려하기

목적달성을 위해서는 클라이언트의 동기가 결정적이다. 동기는 집단과정에 대한 기대, 사회복지사의 역할에 대한 기대, 집단을 통해 이루어질 수 있는가에 대한 기대에 의해 결정된다. 사회복지사는 집단 구성원의 기대를 확인하기 위해 직접적 질문을 할 수 있다. 집단 구성원의 양가감정, 변화에의 두려움, 걱정을 극복하도록 도와야 한다. 목적달성을 방해하거나 촉진시키는 심리적·사회적·환경적 요인이 무엇인지 열거하고 이에 대해 집단 구성원이 토론하도록 한다.

(8) 장애물 예측하기

사회복지사는 집단 구성원이 목표나 목적을 성취함에 따라 직면할 수 있는 장애물이나 장애요인에 대해 미리 예측해 보도록 하는 것이 좋다.

3) 사정단계

사정(assessment)은 원조과정에서 절차와 결과(산물)라는 두 가지 측면을 포함하며, 과정으로서의 사정은 정보를 수집하고 조직화하며, 판단하는 것을 의미한다. 집단사회복지실천에서의 사정은 집단단계에 따라 사정의 초점이나 내용이 달라진다. 즉, 초기의 사정단계에서만 이루어지는 것이 아니라 집단을 시작하면서 종결 때까지 지속적인 사정을 해야 한다. 예를 들면, 치료집단에서는 개별 구성원이 경험하는 문제가 사정의 초점이 되며, 과업집단에서는 집단의 생산성이 초점이 된다(이영설 외, 2015).

핀커스와 미나한(Pincus & Minahan, 1973)은 집단과정 단계에서 사정의 특징을 첫째, 적절한 정보를 빠르고 효율적으로 획득할 수 있도록 자료 수집을 조직화해야 하며, 둘째, 몇 가지 원천으로부터 적절한 정보샘플을 획득해야 하며, 셋째, 편협적 자료는 피하고 정보제공자에게 지나친 요구를 하지 않아야 하며, 넷째, 가능한 곳이면 어디서나 한 가지 이상의 자료수집 양식을 사용하며, 다섯째, 사정 시 정보의 원천과 문제, 관심, 과업 등을 구분해야 한다고 강조하였다(김혜란 외, 2010 재인용).

(1) 사정의 방법

집단사회복지사는 집단 초기단계뿐만 아니라 지속적으로 집단 구성원에게 나타나는 양상에 대해 관찰하고 사정할 필요가 있다. 집단사정의 방법에는 구성원의 자기관찰과 집단사회복지사의 관찰, 외부 전문가의 보고, 표준화된 사정도구 등이 있다(손광훈, 2013).

(2) 사정의 영역

사정은 집단 구성원에 대해 정보를 수집하고, 수집한 자료를 조직화 또는 분석해서 구성원의 문제와 강점을 판단하는 것이다. 사정은 지속적인 과정으로 집단을 대상으로 한 목표와 개인의 목표를 충분히 달성하기 위해 이루어져야 한다.

집단사회복지실천에서는 집단 구성원 개개인에 대한 사정뿐만 아니라 집단 전체에 대한 사정을 하는 것이 필요하기 때문에 개인을 대상으로 하는 사정보다 더 복잡하다고 할 수 있다. 집단사회복지사는 집단 구성원 개개인, 집단, 그리고 집단 환경 등 세 가지 각도에서 집단에 대한 사정을 하게 된다(윤현숙 외, 2001, 설진화, 2014 재인용).

① 개별 구성원 사정

- 개별 구성원 특성에 대한 사정

  집단 구성원의 성장·발달 과정에서 일어난 일, 현재의 건강상태, 심리상태, 정신건강, 교육 정도, 직업, 수입, 취미, 신념, 기대, 동기 등에 대한 사정으로 주로 의사와 사회복지사의 평가 및 관찰, 그리고 집단 구성원 자신의 자기보고 등에 대한 정보를 기반으로 사정이 이루어진다.

- 대인관계와 집단 구성원 간 상호작용

  집단 구성원의 가족과의 관계, 친구와의 관계, 어떤 문제가 발생했을 때 이야기를 들어주고 정신적으로 의지할 수 있는 인간관계의 유무 등에 관하여 사정한다.

- 집단 구성원의 환경에 대한 사정

  집단사회복지사는 집단 구성원의 환경이 각자의 목표와 집단 목표달성을 지지하는 환경인지 아닌지를 평가할 필요가 있다. 이때 사회복지사는 반드시 한 번 이상은 집단 구성원의 가정을 방문하여 실제적인 정보를 확인할 필요가 있다.

② 집단에 대한 사정

집단은 집단과정을 통해 개별 구성원뿐 아니라 전체로서의 집단에 영향을 미치는 독특한 힘을 만들어 낸다. 집단과정에서 만들어진 이러한 힘을 집단역동이라 하며, 집단역동을 활용하는 것은 집단사회복지사의 중요한 과제

중의 하나가 된다.

집단역동을 이해하는 데 필수적인 영역으로는 집단구조, 집단 내 의사소통과 상호작용 유형, 집단에 대한 매력과 응집력, 집단의 사회적 통제, 집단문화, 집단발달 단계에 대한 지식 등을 들 수 있다.

③ 집단 환경에 대한 사정

집단 환경에 대한 사정으로는 집단사회복지사가 소속된 기관이나 시설을 비롯하여 이들 시설 간 환경 및 지역사회 환경에 관해 사정하게 된다.

사회복지기관, 시설 내에서 집단을 결성할 경우 집단의 목적이 기관 및 시설의 목적에 맞는지, 집단 활동의 장소는 있는지, 협력은 제공되는지, 집단에서 다루고자 하는 접근방법이 기관이나 시설의 방침에 적합한지 등을 사정하게 된다. 또한 다른 사회복지 기관, 시설에서 새로운 프로그램이나 실천방법에 대한 연구회 등 특별사업이 행해지고 있는지 등 다른 기관에서 계획하고 있는 사업과 행해지고 있는 사업 등에 대한 정보를 수집하여 시설 간 환경에 대한 사정을 해야 한다. 그리고 지역에는 어떤 사람이 거주하고 어떤 직업, 수입, 종교를 가지고 있는지, 지역 내에는 어떠한 공공자원이 있으며, 부족한 자원은 무엇인지, 지역사회 관심사는 무엇인지 등에 대해서도 사정하도록 한다.

(3) 개입기술

집단사회복지실천에서의 사회복지사의 개입기술 중 주된 기술로는 집단구성원에 대한 민감성, 말하는 기술, 집단응집력을 촉진하는 기술, 집단 구성원의 불안과 저항을 다루는 기술 등이 있다(이영실 외, 2015 재인용).

① 민감성

전체로서의 집단의 움직임을 민감하게 알아채는 기술로, 집단에 대한 지식이 필요하다. 집단지식은 집단의 역할, 규범, 구성, 상호관계, 지도력, 동질성, 응집력, 발달단계, 집단 크기, 개방집단 · 폐쇄집단 등에 대한 지식이다.

② 집단 구성원을 대상으로 한 말하는 기술

집단 구성원을 대상으로 말하는 스캐닝(scanning) 기술은 집단사회복지사가 한 구성원이나 두 명의 구성원에게만 집중하여 이야기하는 것이 아니라 전 구성원을 대상으로 자연스럽게 눈과 눈을 마주 보면서 이야기하는 기술이다. 전 구성원을 차별하지 않고 관심을 가지며, 주의를 기울이는 사람이라는 것을 강하게 느끼게 하는 이 기술은 구성원과의 신뢰관계를 구축하는 데 도움이 된다.

③ 집단응집력을 촉진하는 기술

집단사회복지사 자신이 사용할 언어에 대한 신중한 고려를 통해 응집력을 증진시킨다. 가능한 한 '나'라는 말 대신에 '우리'라는 표현을 쓰는 관심 및 배려 등이 필요하다. 또한 집단 구성원의 공통관심사를 가지고 한 주 동안에 서로 경험을 나누는 상호 원조의 중요성을 강조한다.

집단사회복지사는 집단 구성원이 집단을 통해 이룩한 것, 발전한 것, 집단에 공헌한 것 등에 대해 아낌없이 칭찬해 주는 동시에 이들에게 집단규범을 제시한다. 집단이 순조롭게 목표를 달성하기 위해서는 집단과제뿐 아니라 집단의 사회적・경제적인 면을 좋은 상태로 유지해야 하며, 이를 위해 필요한 행동규범을 제시해야 한다. 이때 구성원은 집단사회복지사의 모델링을 통해 새로운 대화법을 선택하고 가능한 행동과 방법을 배울 수 있다.

집단응집력의 촉진을 위해 집단사회복지사는 프로그램을 활용한다. 프로그램이란 집단활동을 진행할 때 이용하는 소재인데, 집단 초기에 구성원을 기쁘게 맞이하기 위해 조용한 배경음악을 튼다거나 각자 자기소개를 할 때 게임방식을 활용하는 등 자연스럽게 프로그램을 활용하면 분위기도 좋아지고 구성원 사이에 말문을 트게 하는 데도 도움이 된다.

④ 집단 구성원의 불안과 저항을 다루는 기술

집단 구성원들의 불안은 특히 초기단계에서 자연스럽게 나타나는 현상임을 인식하고 이를 집단 구성원들에게 설명하여 준다. 또한 집단 구성원들

간의 갈등 또는 집단 구성원과 사회복지사 간의 갈등이 잘 다루어지지 않는다면 상호 신뢰감이 저하될 뿐만 아니라 앞으로 전개될 집단과정에 부정적인 영향을 줄 것이다. 따라서 갈등은 반드시 인식되어야 하고 긍정적이고 건설적인 방식으로 다루어져야 하며, 갈등이 성공적으로 해결된다면 집단 구성원들 사이의 신뢰감과 집단 구성원과 사회복지사 간의 신뢰감 형성에 긍정적인 영향을 줄 것이다.

또한 집단 구성원이 보이는 저항은 집단사회복지사의 태도와도 관계가 있다. 예를 들어, 사회복지사가 집단을 위한 준비를 소홀히 했다거나 혹은 클라이언트를 대하는 사회복지사의 태도가 공격적이고 심판적이라면 대부분의 클라이언트는 사회복지사를 신뢰하지 못할 뿐만 아니라 저항할 수도 있다. 따라서 집단사회복지사가 세션을 철저하게 준비하고 집단 내에서 자신의 행동에 관해 주의하는 것이 집단 구성원의 저항을 줄이는 좋은 방법 중의 하나이다.

4) 중간단계

사정단계가 성공적으로 이루어졌다면 집단은 더 생산적인 단계인 중간단계로 이동한다. 집단의 생산성은 높아지고 집단 구성원들은 자신이 계획한 목표를 달성하기 위하여 이전보다 더 집단활동에 전념하게 된다. 또한 집단 구성원들은 집단에 대한 소속감이 증가하고 다른 집단 구성원과 사회복지사에 대한 신뢰감도 증가한다. 신뢰감이 있다는 것은 자신의 생각과 감정을 집단 내에서 자유롭게 표현할 수 있다는 의미이며, 자신의 이야기를 털어놓기 시작함에 따라 감정의 정화작용이 일어난다. 자신의 문제에 대한 통찰력, 더 활발한 상호작용, 솔직한 피드백이 증가하면서 집단응집력의 강화라는 집단 구성원들의 변화가 일어난다(설진화, 2014).

중간단계에서는 목표달성의 장애요소를 극복할 수 있도록 원조하고, 목표달성에 필요한 집단의 문화와 규범을 발전시키고 유지하여야 한다. 또한 집단 구성원의 노력을 지지하는 집단역동을 촉진하고 조직과 지역사회가 구성원의 노력에 부응할 수 있도록 노력한다.

(1) 중간단계의 특징

중간단계의 주요 특징은 구성원의 투쟁과 집단에 대한 저항의 존속, 집단의 신뢰감과 응집력의 강화, 집단과 개별 문제의 관련, 상호 원조 등이 있는데, 그 주된 내용은 다음과 같다(Corey & Corey, 1992, 이영실 외, 2015 재인용).

① 구성원의 투쟁과 집단에 대한 저항의 존속

초기단계가 끝날 무렵 볼 수 있는 구성원의 불신감, 사회복지사나 다른 구성원에 대한 저항이나 적대감 및 구성원 사이의 투쟁 등 부정적 감정은 구성원이 너무 친밀해질 것을 두려워하거나 자기노출에 대한 불안과 방어적 저항일 수 있나. 십단목적을 관념적으로는 이해하면서도 집단을 자기 생각대로 통제하려고 다른 구성원과 투쟁할 수도 있다. 이때 구성원이 집단에 속한 동기가 낮을수록 저항은 강하게 나타난다.

② 집단의 신뢰감 및 응집력의 강화

집단의 신뢰감 및 응집력은 초기단계 말에 나타난 구성원끼리의 부정적 감정에 관해 집단 전체가 서로 신중하게 생각하고 각 구성원의 문제 등에 대한 공통점을 찾아냄으로써 유대가 강화되고 신뢰감이 증대되며, 집단목표를 향해 함께 전진할 용기를 갖게 된다.

③ 집단과 개별 문제의 관련

집단 구성원이 개별적 문제를 집단에서 말하게 되고, 다른 구성원에 대해서도 알고 싶어 하게 된다. 이것은 집단 구성원이 사회복지사와 구성원을 신뢰하고 있다는 증거이기도 하다.

④ 상호 원조

집단의 각 구성원은 서로를 수용하게 되고 집단사회복지사의 도움 없이도 구성원끼리 서로 도움을 주고받을 수 있게 된다.

(2) 중간단계의 과업(과제)

중간단계의 과업(과제)은 집단의 형태와 지도자의 지도력 유형에 따라 다르지만 공통적으로 집단모임 준비하기, 집단 구조화하기, 구성원의 참여 유도와 능력 고취, 구성원의 목표달성 원조, 저항하는 집단 구성원 다루기, 집단과정의 점검과 평가(모니터링) 등이 있다(Toseland & Rivas, 1995, 이영실 외, 2015 재인용).

① 집단모임(회합) 준비하기

- 집단모임의 매 회기 시간을 적절하게 배분한다.
- 집단모임의 회합을 위한 과제, 의제를 집단 구성원이 준비한다.
- 집단모임의 다음 회합에 대한 일정을 제시하며, 필요시 사전연습을 한다.
- 집단사회복지사는 집단모임을 위해 역할극 개발이나 프로그램 활동 등을 준비한다.
- 집단모임에서 집단 구성원의 토론을 자극하고 흥미를 유발할 수 있는 여러 가지 재료를 준비한다.

② 집단 구조화하기

- 집단의 목적성취, 집단 구성원 간의 토론과 지지 등을 촉진한다.
- 집단과정 회합에서 집단 구성원에게 다룰 사항을 명확히 알도록 한다.
- 집단의 초점을 유지하는 활동, 지금까지의 일을 요약하는 등 활동을 한다.
- 모든 집단 구성원이 참여할 수 있는 기회를 부여하도록 토론과정을 구조화한다.
- 집단에서의 각 회합이 정시에 시작하고 끝난다는 사실을 집단 구성원이 알게 한다.
- 집단사회복지사가 계획적 · 체계적으로 개입할 수 있고 자원을 활용할 수 있도록 한다.

③ 집단 구성원의 참여 유도와 능력 고취

- 집단 구성원의 투입과 피드백을 진지하게 고려한다.
- 집단의 내용과 집단의 목적 방향이 집단 구성원 스스로에게 달려 있다는 것을 알게 한다.
- 집단 구성원은 집단과정에서 부딪힐 수 있는 장애물과 어려움이 있다는 것을 인식하도록 한다.
- 집단사회복지사는 집단 구성원의 강점에 대한 믿음을 보여줌으로써 집단에서의 목적을 달성하도록 한다.
- 집단의 활동에 완전히 참여하게 하고, 집단 내외에서 자신의 삶에 책임을 질 수 있도록 권한을 부여한다.

④ 집단 구성원의 목표달성 원조

- 집단과정의 구체적 개입계획을 발전시킨다.
- 집단 구성원이 집단과정에서 자신의 목적이 무엇인지 인식한다.
- 집단과정의 개입계획을 집단과정실천에 실행할 수 있도록 원조한다.
- 집단 구성원의 직면 문제를 극복하고, 구체적 계획을 개입과정 실행에 옮기려는 의지를 증진시킨다.

⑤ 저항하는 집단 구성원 다루기

- 집단 구성원 간에 건설적 직면을 하도록 해서 동기를 촉진시킨다.
- 집단 구성원 변화에 영향을 주는 여러 자원체계와 외부환경을 이용한다.

⑥ 집단과정의 점검과 평가(모니터링)

- 집단진행 과정을 점검하고 집단 구성원과 사회복지사 간에 피드백을 받게 된다.
- 집단사회복지사는 서면, 구두보고의 방법으로 집단의 전 과정에 대해 점검하고 평가한다.

- 집단과정의 각 회합이 끝났을 때, 혹은 2~3회의 회합 후에 평가의 시간을 마련해서 평가서를 작성하거나 집단 구성원이 그 회합에 대한 평가 및 피드백을 한다.

(3) 집단사회복지사의 역할 및 개입기술

집단사회복지사는 융통성 있는 자세를 취하며, 집단 구성원에게 책임지게 한다. 또한 집단계획이나 내용을 구성원과 함께 재검토하며, 구성원이 감정을 표현할 수 있도록 장려한다(이영실 외, 2015).

중간단계에서 요구되는 주요 실천기술은 다음과 같다(윤현숙 외, 2001, 설진화, 2014 재인용).

① 집단을 이끄는 기술

집단을 이끄는 기술은 집단을 통제, 관리하는 기술뿐 아니라 충고, 조언, 상담하는 기술 등으로 이루어진다. 집단사회복지사에 대한 집단 구성원들의 관심이 집단에 대한 관심으로 옮겨가도록 끊임없이 격려하고 집단토의가 소수의 집단 구성원에 의해 이루어지고 있다면 참가자 전원이 참여할 수 있도록 지도해야 한다.

② 지지기술

집단사회복지사는 집단 스스로가 집단을 유지할 수 있도록 지지하고 가능한 한 집단 구성원들에게 지도력을 발휘할 수 있는 기회를 주도록 노력해야 한다. 집단과정의 발달에 따라 집단사회복지사는 앞에서 집단을 이끌어 가던 위치에서 뒤에서 지원하는 위치로 자신의 위치를 바꾸어야 하며, 칭찬, 지지, 격려 등이 집단을 지지하는 기술이다.

③ 집단유지에 도움이 되는 프로그램 사용기술

집단유지를 위한 프로그램은 집단 구성원들의 의견이 일치하는 결정을 지지하고 규범에 따라 행동을 촉진시키며, 서로 다른 역할을 지지하고 집단 구성원들이 집단에 소속되어 있다는 기분과 안정감을 강화시킬 수 있는 것이어야만 한다. 집단사회복지사는 각 프로그램 활동이 집단의 목표 성취를 어느 정도 촉진시키며, 얼마만큼 도움을 주는지, 집단 구성원 전원의 참가가 가능한지, 시간 내에 마칠 수 있는지, 활동을 위해 어느 정도의 비용이 드는지 등을 집단 구성원들과 함께 검토한 후 집단에서 결정하도록 원조해야 한다.

(4) 개입방법

중간단계의 개입방법에는 개인 내적 수준, 대인관계 변화, 집단 선체에 개입하기 등이 있으며 구체적으로는 다음과 같다(이애재, 2013, 이영실 외, 2015 재인용; Yalom, 1995).

① 개인 내적 수준의 개입방법

- 사고와 신념의 비합리성 분석
- 사고와 감정, 그리고 행동 사이의 연관성 파악
- 집단 구성원 개개인의 사고, 행동, 감정 등의 파악과 분석
- **사고, 신념, 감정상태의 변화** : 인지적 재구조화, 인지적 자기지시, 사고중단, 재정의, 인지적 심상기법, 점진적 이완기법, 체계적 둔감화 등

② 대인관계 변화를 일으키게 하는 방법

- 역할극을 통한 연습
- 모델 관찰을 통한 연습
- 대인관계 교육 및 훈련을 통한 집단 구성원 자기인식 증진

③ 집단 전체에 개입하기

- **집단응집력 향상시키기** : 흥미 있는 프로그램을 실시하고 집단 구성원이 인간적으로 만날 수 있는 기회 부여하기
- **의사소통과 상호작용에 개입하기** : 집단 구성원이 고르게 집단에 참여

하게 하고 의사소통 내용이 초점에서 벗어나지 않도록 명료화하고 초점 잡아주기

- 집단의 규범, 역할, 지위, 위계구조에 대한 사회적 통제 : 너무 제한하여 억압당한다는 느낌을 받지 않도록 하고, 통제가 너무 약해서 집단이 혼란스럽지 않게 하기

④ 환경수준의 개입방법

- 효과 유지하기
- 물리적 환경 변화시키기
- 기관 간 연계망 형성하기
- 지역사회의 인식 증가하기
- 집단 구성원의 사회적 관계망 확대하기
- 집단을 후원하는 기관의 지원 확대하기
- 집단 구성원이 필요로 하는 특별한 자원 연결하기

5) 종결단계

집단의 목적을 달성하고 끝을 맺는 것을 종결단계, 혹은 이별단계라고 한다. 집단과정의 마지막 발달단계에서 사회복지사의 주요한 과제는 집단을 성공적으로 종결하는 것이다. 그러나 집단 구성원의 중도탈락이나 집단의 목적 또는 구성원의 목적을 달성하지 못한 채 종결하는 경우도 있다.

집단이 성공하면 할수록 사회복지사와 집단 구성원은 헤어지는 것에 대해 강렬한 감정을 갖는다. 집단사회복지사와 구성원 사이의 집단역동이 고조되기 때문에 종결단계에서의 집단지도자인 사회복지사의 역할은 매우 어렵다(이영실 외, 2015).

종결단계에서 집단사회복지사가 사용하는 기술은 이전까지의 집단경험을 포함하여 모든 집단경험의 성패를 좌우한다(이영실 외, 2015). 집단의 종결은 대개 미리 계획하여 집단 구성원에게 예고하는 것이 바람직하다.

(1) 종결단계의 특징

집단의 목적에 따라 그 성과는 다르지만 문제에 대한 대처방식을 배우고 자신감을 얻고, 시야를 넓히는 등의 목적을 성취한다(이영실 외, 2015).

집단에 매우 깊이 관여했던 집단 구성원들에게는 특히 힘든 시간이다. 집단 구성원들은 불안감과 노여움을 표시하기도 하고, 종결을 부정하기도 한다. 사회복지사에 대한 의존성이 나타나기도 하고 투쟁을 벌이기도 한다. 집단경험의 긍정적 의미를 부정하기도 하며, 예전의 버림받은 감정, 거절당한 감정 등을 다시 경험할 수도 있다(설진화, 2014).

종결의 유형에는 집단 구성원의 중도탈락에 의한 종결, 집단사회복지사의 사정에 의한 종결, 의뢰(타 기관이나 전문가에)에 의한 종결 등이 있다(장수미 외 2010; Zastrow, 1995).

집단과정을 통해서 획득된 변화나 기술, 기법 등이 종결 후에도 잘 유지되도록 계획을 수립할 필요가 있다.

(2) 종결단계에서의 집단사회복지사의 과제

집단사회복지사는 종결단계의 과제를 잘 수행하여 집단 구성원이 성공적으로 종결할 수 있도록 하는데, 종결단계의 주요 과제는 다음과 같다(김혜란 외, 2010, 설진화, 2014 재인용; Reid, 1997).

① 불만족스러운 종결의 사유에 대한 이해

집단 구성원이 중간에 탈락하거나 집단과 집단 구성원들이 그들의 목적을 달성하지 못한 채 집단이 조기에 종결되는 경우도 있다. 집단사회복지사는 그 원인을 확인하여 집단 구성원이 탈락하는 것을 방지하여야 한다. 또한 집단이 조기에 종결되는 경우, 집단사회복지사는 어떤 요인이 집단의 해체에 영향을 미치는지를 검토하여 앞으로의 집단지도에 반영하여야 한다.

② 변화노력의 유지 및 일반화

집단사회복지사는 집단 구성원들이 집단참여를 통하여 성취한 변화를 유지하고, 구체적인 변화를 집단 구성원의 주요한 생활영역으로까지 일반화할 수 있도록 도와야 한다. 집단 구성원들은 개입 직후에 상당한 변화를 유지하더라도 시간이 지나면서 긍정적인 변화를 유지하는 것이 어려워지며, 개입으로 나타나는 특정한 행동을 다른 장면이나 맥락에서는 제대로 실행하지 못하는 경향이 있다.

③ 집단에 대한 의존성의 감소

집단사회복지사는 집단 구성원의 집단의존성을 줄이기 위하여 집단 구성원들이 집단 외부의 지지와 집단 구성원 자신의 기술 및 자원을 활용하도록 원조해야 하며, 집단이 끝나기 몇 주 전부터 집단의 종결에 대해서 논의하도록 한다. 또한 집단 구성원이 집단에서 성취한 것을 요약하거나 더 이상 집단이 필요하지 않음을 주제로 토론하게 한다. 종결단계에서 모임 간격은 길게, 모임시간은 짧게 하도록 한다. 집단 구성원들에게 외부 활동에 참여하도록 격려하여 집단의 중요성을 감소시킬 수 있다.

④ 종결에 대한 감정의 처리

집단의 종결 시점에 이르러서 집단 구성원과 집단사회복지사는 긍정적인 감정(기쁨, 만족감, 상호 존중, 자존감 등)과 부정적인 감정(분노, 슬픔, 거부, 적개심 등)을 동시에 느낀다. 집단사회복지사는 집단의 종결에 따른 자신의 감정을 집단 구성원과 공유하며, 집단 구성원들의 양가감정을 토론하도록 격려하여야 한다. 집단의 종결에 대한 부정적인 감정을 완화하기 위하여 집단 구성원들의 장점을 인식하도록 하며, 집단이 끝나더라도 필요한 경우에 사회복지사와 후원기관이 집단 구성원들에게 해줄 수 있는 역할이 무엇인지를 명확하게 밝히는 것이 도움이 된다.

⑤ 미래에 대한 계획

집단이 종결된 후에 집단 구성원의 욕구가 충족되지 않거나 성취하고 싶은 다른 목적이 있어서 부가적인 서비스가 필요한 경우가 있다. 집단 구성원들이 부가적으로 모임을 갖기를 희망할 경우 재계약을 할 수 있으며, 사회복지사의 지도 없이 집단 구성원들끼리 만나는 자조집단을 만들도록 격려할 수도 있다.

⑥ 의뢰

부가적인 서비스나 자원이 필요한 경우 사회복지사는 같은 기관 내 타 사회복지사에게 이전(transfer)하거나 타 기관으로 집단 구성원을 연결시켜 주는 의뢰(referral)를 해주는 것이 필요하다. 의뢰는 집단 구성원과 사회복지사가 모두 동의한 경우에만 가능하다.

⑦ 평가

평가는 개별 구성원과 집단의 목적달성 정도를 통해 실천의 효과성을 판단할 수 있는 근거를 제공한다. 뿐만 아니라 집단 구성원들은 집단에서의 만족과 불만족을 표현할 수 있는 기회를 가지며, 사회복지사는 평가를 통해 얻은 정보를 활용하여 집단지도기술을 발전시킬 수 있다. 평가는 과정평가와 결과평가로 나뉜다.

- **과정평가** : 집단이 어떻게 진행되고, 집단응집력, 집단규범, 역할, 의사소통 등의 속성이 어떤가에 초점을 두는 것으로, 집단 구성원들로부터 피드백을 얻거나 과정기록을 활용할 수 있다.
- **결과평가** : 집단 초기의 설정목표가 어느 정도 달성되었는가를 평가하는 것이다.

(3) 집단사회복지사의 역할 및 개입기술

종결단계에는 집단의 종결로부터 새로운 경험으로 집단 구성원들을 이끌어 주는 집단사회복지사의 실천기술이 필요하다(윤현숙 외, 2001, 설진화, 2014 재인용).

① 집단에서 학습된 주된 내용을 명확하게 한다.
② 집단 종결 이후에도 계속해서 각 집단 구성원들의 노력이 필요하다는 것을 명확하게 한다.
③ 새로운 경험과 지지체계로 이행할 수 있도록 원조한다. 집단 구성원이 다른 집단을 계속 필요로 할 경우 사회복지사는 새로운 집단으로 원활히 이끌어 주어야 한다.

학습평가

01 다음 사례에 해당하는 집단의 유형은?

> 장애인복지관에서 발달장애아동의 비장애 형제를 대상으로 주 1회, 8회기 집단을 운영하였다. 집단의 목적은 비장애 형제의 장애형제와 관련한 부적응적 사고와 신념의 변화였다. 이를 위해 자기 모니터링, 인지 재구성, 의사소통훈련, 문제해결 훈련을 활용하였다.

① 성장집단　　② 치료집단
③ 지지집단　　④ 과업집단
⑤ 참만남집단

정답 ② 집단의 목적이 비장애 부적응적 사고와 신념의 변화이므로 치유집단이라고도 하는 치료집단이 된다.

02 자조모임(self-help group)의 특성에 해당하지 않는 것은?

① 자기노출을 통해 문제의 보편성을 경험한다.
② 집단 구성원 간의 학습을 통해 모델링 효과를 얻는다.
③ 집단과정 촉진을 위해 구성원 간의 의사소통이 중요하다.
④ 과업달성을 위해 집단사회복지사의 주도성이 요구된다.
⑤ 집단 구성원의 자율적인 참여를 위해 동기부여가 필요하다.

정답 ④ 자조모임 혹은 자조집단은 유사한 어려움이나 관심사를 가진 구성원들이 자발적으로 집단을 형성하여 집단 구성원끼리 경험을 나누고 바람직한 변화를 가져오도록 노력하는 상호원조집단이다. 지지집단과 비슷하지만 사회복지사의 역할에서 차이가 난다. 사회복지사는 자조집단을 형성하는 데 도움을 주지만 집단을 이끌어 가거나 주도적인 역할을 하지는 않고, 집단의 유지와 발달에 도움을 줄 수 있을 정도로 지지와 상담을 제공한다. 따라서 자조집단은 과업달성을 목표로 하지 않으며 사회복지사의 주도성도 요구되지 않는다.

03 집단 구성원 간의 갈등이나 상반되는 관점 등을 해결할 수 있도록 원조하는 집단사회복지사의 역할은?

① 교육자
② 중개자
③ 옹호자
④ 중재자
⑤ 조성자

정답 ④ 중재자는 집단 구성원 간의 갈등이나 상반되는 관점 등을 해결할 수 있도록 원조하는 역할이다.

04 집단사회복지실천 과정에서의 개입기술로 옳지 않은 것은?

① 자료수집－요약하기
② 초기 사정－재구조화
③ 과제수행－코칭
④ 집단과정 촉진－초점화
⑤ 종결－집단경험 평가하기

정답 ② 재구조화는 집단 혹은 집단 구성원이 직면한 관심사와 이슈를 다양한 각도에서 바라봄으로써 문제해결에 도움이 되는 생각이나 행동을 취하도록 원조하는 기술이다. 재구조화는 행동 기술에 속하는데, 행동기술은 집단의 목적과 과업을 성취하도록 원조할 때 사용한다.

05 집단의 초기단계에서 고려해야 하는 사회복지사의 과업으로 옳지 않은 것은?

① 집단 구성원의 의무와 책임을 명백히 한다.
② 집단활동에 대한 참여 동기를 확인한다.
③ 집단구성 요소를 고려하여 집단을 계획한다.
④ 상호 관심사와 집단에 대한 기대를 공유한다.
⑤ 집단목표에 대한 구성원들의 의견을 수렴한다.

정답 ③ 집단 구성원을 모집하여 집단을 구성한 후 집단 운영을 본격적으로 시작하는 단계가 초기단계이다. 집단구성 요소를 고려하여 집단을 계획하는 것은 집단이 본격적으로 시작되기 전인 준비단계에서 이루어져야 한다.

10

CHAPTER

지역사회실천기술

1. 지역사회의 개념
2. 지역사회의 기능
3. 지역사회를 바라보는 관점
4. 지역사회실천의 원칙과 과정
5. 지역사회실천가의 역할과 기술
6. 지역사회실천의 분야

10
CHAPTER

지역사회실천기술

학습목표

1. 지역사회의 개념과 기능을 이해하고 실천할 수 있다.
2. 지역사회실천가로서 역할과 기술을 키울 수 있다.
3. 사회복지사의 관점에서 지역사회를 바라보고 복지를 실천할 수 있다.

1. 지역사회의 개념

1) 지역사회의 개념

다양한 개성과 욕구를 가진 클라이언트가 모여서 형성된 것이 지역사회이고, 그 안에서 지역적인 특성, 기능적인 특성, 인구학적인 특성 등 각각의 지역사회도 고유한 문화가 형성되어 정책적으로 보면 하나의 큰 클라이언트라고 볼 수 있기에 지역사회실천기술에 있어 그 개념과 의미는 다양하고 복잡할 수밖에 없다. 즉, 사회복지사가 어떤 위치에서 바라보느냐, 그 업무가 무엇이냐에 따라서 지역사회가 사회복지실천과 개입을 하는 하나의 클라이언트의 단위가 될 수 있는 반면, 사회복지의 실천, 즉 원조하는 클라이언트가 생활하는 공간과 환경의 개념이 될 수도 있다는 것이다. 지역사회는 환경적 요소로서 클라이언트의 생활에 밀접하며, 클라이언트가 속한 지역사회의 서비스체계,

의사결정이 사회복지실천에 영향을 미치기에 중요하다. 이러한 이유 때문에 사회복지사는 지역사회 자체를 복지실천의 개입대상으로 인식하고 지역사회의 문제 예방 및 해결, 욕구, 인적·물적 자원을 활용할 수 있어야 한다.

지역사회는 라틴어 'communis'을 어원으로 하고 있다. 우리가 흔히 커뮤니티, 공동체라고 번역하는 단어의 어원으로 '모두에게 공유되는'이라는 뜻을 가지고 있다. 어원에서 알 수 있듯이 지역사회는 일정한 공간과 지역에서 공동체라는 서로 공유할 수 있는 사람들이 모여 있는 집단인 것이다. 던햄(Dunham)은 지역사회를 "관습, 전통, 언어 등과 같은 일상적인 삶에서 공유되는 것을 지니고 일정 영토에서 거주하는 인구집단"으로, 펠린(Fellin)은 "공동의 장소와 이해, 정체성에 기초한 사회적 단위를 형성하는 사람들의 집단"으로 정의하고 있는 것도 같은 의미로 받아들일 수 있겠다. 지리적인 특성을 강조하면 '지리적인 지역사회', 기능적인 특성들을 강조하면 로스(Ross)가 주장한 '기능적인 지역사회'로 크게 구분할 수 있다. 여기에서 조금 더 지역사회를 특징적으로 구분하면 구조적·기능적·정서적·경제적·개인적인 부분으로 나누어 볼 수 있다.

(1) 구조적 지역사회

물리적·공간적 특성으로 구분한 지역사회로 모인 이유보다는 집합 그 자체를 의미하는 '집합체', 환경적인 특성으로 구분한 '생태학적 공동체', 행정단위로 구분한 지정학적 공동체로 나누어 볼 수 있다.

- **집합체** : 암환자 모임, 입원환자 모임, 태양계 등
- **생태학적 공동체** : 산간지방, 내륙지방, 농촌, 어촌, 섬 등
- **지정학적 공동체** : 시, 도, 군, 읍, 면 등

(2) 기능적 지역사회

기능적 지역사회는 문화 또는 사회적 동질성을 가진 집단이 공통된 관심

과 이해를 목적으로 모인 이익집단이다. 즉, 목표를 중심으로 구성된 지역사회이며 공통된 문제를 가진 집단이 모인 '공동요구집단'과 자원활용 범위의 한계 해결을 위한 '자원공동체'가 있다.

- **공동요구집단** : 미혼모 집단, 장애아동부모 집단, 다문화 공동체 등
- **자원공동체** : 노숙자 무료급식 봉사단, 군부대의 대민지원, 그린피스, 자원봉사단체 등

(3) 정서적 지역사회

정서적인 공유와 교류를 위해 형성된 지역사회로 혈연, 지연, 학연 등이 중심이 되는 '소속집단'과 흥미나 취미를 함께하는 '흥미집단'으로 세부화할 수 있다.

- **소속집단** : 향우회, 동창회, 원우회 등
- **흥미집단** : 등산 동호회, 낚시 동호회, 조기축구회 등

(4) 경제적 지역사회

경제활동의 특성에 따라서 모인 지역사회를 의미한다.

- 주택지역, 교육지역, 관광특구, 공업단지 등

(5) 개인적 지역사회

개인의 관점에서 규정한 지역사회를 의미하며, 개인별로 관심과 참여의 정도는 차이가 있지만 한 지역사회에 국한되는 것이 아니라 여러 지역사회에 속한다는 특징이 있다.

- 구조적 · 기능적 · 지리적 의미로서의 지역사회를 모두 포함

2) 지역사회실천의 개념

지역사회의 수준에서 사회복지실천기술은 지역사회에서 발생되는 다양한 복지 관련 문제를 예방하고 해결하는 원조기술을 의미한다. 담당하는 지역사회에서 발생하고 있는 다양한 지역주민, 기관 등의 복지와 관련된 욕구를 조사하고 이에 대한 실천계획 수립 및 원조활동을 실천해야 한다. 지역사회에서 복지실천의 가장 큰 목적은 지역사회 구성원들의 복지 증진을 위한 환경을 가능한 범위에서 최대한 제공하는 것이며, 사회복지사가 수행해야 하는 지역사회에서의 실천과제는 교육, 환경개선, 옹호활동, 관여 및 개입 등이다(전남련 외, 2014).

2. 지역사회의 기능

지역사회의 기능에 대한 것은 지역사회에 속해 있는 주민들이 어떤 이유로 집단을 이루어 구성되었는지 살펴보면 알 수 있다.

1) 지역사회의 기능

(1) 생산 · 분배 · 소비의 기능

지역사회는 주민이 일상생활을 영위해 나가는 데 필요한 기본 욕구를 충족하기 위한 재화와 용역을 효율적으로 생산하고 분배하여 주민 각자의 욕구에 따라 소비하도록 하는 환경을 제공하는 기능을 한다. 기업과 정부, 각종 전문기관과 종교단체 및 교육기관 등에서 재화와 서비스를 생산 및 분배한다.

(2) 사회화의 기능

지역사회는 그 성원들이 살아가는 데 필요한 정보를 여러 경로를 통해 직·간접적으로 전달하고, 사회화는 개인의 어린 시절부터 일생 동안 지속적으로 이루어진다. 즉, 사회적 가치, 지식, 행동양식 등이 자연스럽게 전달되는 과정을 통해서 독특한 생활양식을 습득하는 것이 사회화의 기능이다.

(3) 사회통제의 기능

지역사회는 사회적 규범인 법률, 도덕, 규칙, 규정 등을 제정함으로써 질서를 유지하고 사회해체를 막는 기능을 수행한다. 사회통제를 하는 주된 기관은 정부이며, 정부는 경찰력, 사법권을 통해서 보편적으로 적용되는 법을 집행하는 강제력을 행사하고, 이를 통해 사회질서가 파괴되어 비행과 범죄가 만연하는 사회해체현상이 나타나지 않도록 기능한다. 가정과 학교, 종교기관과 사회기관들도 부분적으로 사회통제기능을 수행하고 있다.

(4) 사회통합 또는 사회참여의 기능

지역주민에게 다양한 집단 및 조직 활동 등의 사회참여기회를 제공함으로써 이러한 상호작용은 지역사회의 유지와 결속의 역할을 하며 종교제도, 가정, 학교, 사회단체 등이 이를 실천하고 있다. 사회체계가 정상적인 기능을 할 수 있도록 결속력과 사기를 높이며, 워렌(Warren)은 사회통합의 용어 대신 사회참여(social participation)라는 용어를 사용하기 시작하였다.

사회통제가 지배수단의 기능이라면, 사회통합은 규범을 준수하여 사회가 기대하는 바람직한 행동을 할 수 있도록 하는 것이라고 할 수 있다.

(5) 상부상조의 기능

지역주민은 기본적 사회제도에 의해서 자신의 욕구를 충족할 수 없는 경우에 외부의 도움이 필요하다. 상부상조는 이러한 상황의 성원들에게 그들의 안녕을 위해 도움을 제공하는 역할을 한다. 전통적인 사회에서의 상부상조의 기능은 가족과 친척, 동네 사람들 등과 같은 일차적인 집단에서 수행되었지만 현재는 정부, 민간복지단체, 종교단체 등으로 확대되어 실시되고 있다.

2) 지역사회기능의 비교척도

(1) 지역적 자치성

지역사회가 기능을 실시함에 있어서 타 지역에 의존하는 것이 어느 정도인지를 두는 척도이다.

(2) 서비스 영역의 일치성

지역사회의 지역조직 서비스 영역이 어느 정도 동일지역에서 이루어지는지를 중점으로 하는 척도이다.

(3) 심리적 동일시

지역주민들이 자신이 속한 지역에 대한 소속감이 어느 정도인지를 확인할 수 있다.

(4) 수평적 평형

지역사회 내에 소속해 있는 상이한 단위조직들이 기능적·구조적으로 얼마나 강한 유대관계 또는 관련을 가지고 있는지를 뜻한다.

3. 지역사회를 바라보는 관점[1)]

지역사회를 어떻게 바라보는지에 대한 문제를 바라보는 시각에 따라 지역사회를 분석하고 실천방법을 결정하며 실천가가 수행해야 하는 역할 등이 결정된다.

1) 기능주의 관점

기능주의는 일반적으로 사회가 여러 부분으로 구성되어 있고 각 부분은 합의된 가치와 규범에 따라 변화되며 균형과 안정을 향해 나아간다. 또한 기능주의 관점에서 바라보는 지역사회의 문제를 해결하기 위한 실천은 각 하위체계들이 전체를 잘 조화시킬 수 있도록 제대로 기능하게 해주는 역할을 강조한다.

▪ 지역사회와 관련한 기능주의 관점의 내용

① 지역사회는 경제, 종교, 가족 등 다양한 사회제도로 구성되어 있는 하나의 체계이다.

② 하위체계 내의 성원들 사이에 상호 관련성을 의미하는 것으로, 하위체계 간에 다양한 사회적 상호 관련성이 있다.

③ 지역사회를 포함한 모든 사회체계는 균형상태를 향해서 움직인다.

④ 하위체계가 상호 관련성이 있다고 하더라도 각각의 하위체계는 분리된 실체를 이루고 있으며 경계를 가진다.

2) 갈등주의 관점

갈등주의 이론은 기능주의가 지역사회의 유지와 균형에 주로 중점을 두기 때문에 간과한 지역사회의 한정된 자원과 권력을 둘러싼 집단 간 갈등을

1) 이경남 외(2012), 남일재 외(2015), 서혜석(2017), 조추용 외(2018) 참조.

설명하기 위해 기능주의 이론의 대안으로 제시되었다. 갈등주의 관점에 입각하여 지역사회 문제나 주민의 욕구를 해결하기 위한 실천방법으로는 지역의 자원이나 권력 등의 재분배나 사회구조적 변혁 등이 있다.

- 지역사회와 관련한 갈등주의 관점의 내용

① 지역사회 갈등은 경제적 문제, 권력이나 권위 등의 이유로 발생되지만 문화적 가치 및 신념의 차이에 의해서도 발생된다.

② 지역사회의 구조에 대한 갈등의 영향은 조직 간의 변동에도 영향을 미친다.

③ 지역사회의 문제나 주민들의 욕구를 해결하기 위해서는 지역사회 갈등의 주요 소재인 경제적 자원, 권위, 권력 등의 재분배를 요구하게 되고 이러한 요구가 사회행동으로 표출된다.

4. 지역사회실천의 원칙과 과정

1) 지역사회복지실천의 원칙

지역사회에서 복지를 실천하는 데 있어서 무엇이 지역사회복지 향상을 위한 보편적인 진리이며, 가치판단의 기준을 어디에 두어야 하는지가 중요하다. 로스(Ross, 2001)가 제시한 지역사회실천의 원칙은 다음과 같다.

① 추진회는 지역사회에 현재 발생하는 불만으로부터 결성된다.

② 불만은 특정 문제에 관한 계획을 세우고 실천에 옮길 수 있도록 집약되어야 한다.

③ 지역사회조직을 위한 불만은 지역사회주민들에게 널리 인식될 필요가 있다.

④ 지역사회조직을 위한 추진회는 지역사회 내에 있는 주요한 하위집단에 의해 지목되고 수용될 수 있는 지도자(공식적 · 비공식적)를 참여시켜야 한다.

⑤ 추진회는 지역사회주민들로부터 고도의 지지를 받을 수 있는 목표와 운영방법을 가져야 한다.
⑥ 추진회는 회원 상호 간 지역사회와 활발하고 효과적인 대화통로를 개발해야 한다.
⑦ 추진회는 협동적인 노력을 위해 참여하고 있는 다양한 집단을 지원하고 강화시켜야 한다.
⑧ 추진회는 정상적인 업무상의 결정 과정을 해치지 않는 범위 내에서 절차상에 융통성을 지녀야 한다.
⑨ 추진회는 지역사회의 현존 조건에 따라 수행하는 사업의 보조를 맞추어야 한다.
⑩ 추진회는 효과적인 지도자를 개발하는 데 힘써야 한다.
⑪ 추진회는 지역사회 내의 지도자들을 참여시킬 수 있고, 어려운 문제를 해결할 수 있는 능력, 안정성과 지역사회로부터 신뢰를 얻어야 한다.

2) 지역사회복지실천의 과정

지역사회복지 대상의 실천은 개별사회사업이나 집단사회사업처럼 문제 파악, 계획 수립, 계획 실행, 기록, 평가의 과정으로 전개된다.

(1) 지역사회복지 대상의 실천과정

① 문제발견 및 분석

- 문제의 발견

  주민의 욕구를 통해 지역사회의 문제 상황을 발견하는 단계로 주민들의 공통적 문제와 특정 대상자별 문제를 양면적으로 파악하는 것이 중요하다. 지역사회를 고유의 요소를 가진 존재로 이해하기 위해 지역구조와 특성, 주민조직, 지역의 역사 등을 수집하고 지역사회의 전체상을 명확하게 해야 한다.

- 지역분석

지역사회문제의 해결을 위한 공동계획의 책정에 앞서 지역의 사회진단을 실시하게 된다. 주민의 자립적 조직화를 중시하는 지역사회조직에서는 진단의 과정에서 대상지역의 주요한 주민조직과 전체적인 지역의 개요를 파악하는 과정과 지역사회문제의 종류와 그 발생을 촉진하는 사회적 조건을 파악하는 과정, 문제에 대한 주민의식의 정도, 문제에 내포된 여러 가지 사실 등 문제해결에 직접 유용한 요인을 파악하는 과정이 포함되어야 한다(이철수, 2009).

② 지역사회복지실천에서 계획 수립

지역사회복지실천에 있어서 계획 수립은 사업계획, 조직계획, 재정계획의 세 가지로 수립되며(전남련 외, 2014), 홍보도 중요한 항목이다. 계획 수립 절차에는 대상자를 포함한 주민의 참여가 매우 중요하게 작용된다.

- 사업계획

사업계획은 문제의 우선순위와 목표를 설정하는 것으로서 중장기적인 목표설정과 달성을 위한 시책, 사회자원의 동원 필요성 등의 계획이 포함되어야 한다.

- 조직계획

조직계획은 문제해결을 위한 조직 만들기를 생각하는 것이며, 지역의 지도층을 중심으로 조직화하고 그 조직 활동이 지역 전체로 확충해 가는 과정을 목표로 하는 것이 일반적이다.

- 재정계획

대부분의 경우 재정을 자체적으로 확보하기 때문에 공공기관의 예산보다 유연한 성격을 가지고 있다. 그러나 재정계획은 국가보조금을 받거나 공동모금 등의 민간재원 활용과 함께 재원 확보를 위한 지역사회 바자회 등을 열어 주민의 참여를 촉진할 수도 있다(김충식 외, 2010; 전남련 외, 2014).

• 홍보 활동

홍보 활동은 계획 수립에서 실시에 이르기까지의 과정을 홍보하는 것을 의미하며, 홍보의 목적은 지역사회의 문제 상황과 지역사회복지실천의 필요성을 많은 주민에게 알리는 것이다. 즉, 정보의 공유화를 도모하고 동기부여를 하여 참여를 촉진하는 것이다. 광고에는 인터넷, SNS 등 다양한 정보매체의 이용이 가능하고 커뮤니케이션을 도모할 수 있는 주민 간담회나 연수회와 같은 참여 방식도 효과적이다(김혜숙 외, 2014).

③ 계획 실행

계획 실행 과정에서는 지역주민들의 복지에 대한 이해와 주체적인 활동을 촉진하는 지역조직화, 사회자원 개발 및 유관기관, 시설과 단체와의 연락 조정을 도모하는 복지조직화의 전개가 중요한 과제이다. 지역주민 스스로 노력이나 사회자원의 동원으로 문제가 해결되지 않을 경우에는 주민집회와 같은 사회행동이 발생될 수 있다(전남련 외, 2014).

• 지역조직화

지역주민들이 주체적으로 문제해결을 도모할 수 있도록 지역사회에서 활동을 원조하는 과정으로, 고립화 방지를 위해 고령자, 장애인과 그 가족 등의 대상자를 조직화하는 것이 가장 중요하며, 지역사회 활동을 위한 기반조직을 구성하고, 대상자의 문제해결이나 욕구에 대응할 수 있는 자원봉사자의 활동 촉진을 도모하는 일을 실시해야 한다.

• 복지조직화

복지조직화를 위해서는 사회자원의 동원과 개발이 선행되어야 한다. 사회자원을 효율적이고 효과적으로 활용해 지역주민들의 욕구를 충족해 가기 위해 관련 기관과 단체 간의 연락조정을 도모하고 시스템을 구축해야 한다. 이러한 원조기술은 사례관리의 사고방식과 공통성을 가지고 지역의 협력체제 확립을 목표로 전개되어야 한다(김혜숙 외, 2014).

- 주민집회

주민집회는 사회자원의 개발 등에서 주민 간의 이해 대립을 해소하기 위한 접근의 한 방법이다. 사회자원의 개발에서 주민 간의 대립이 클 경우에는 지역조직화와 복지화가 불가능해질 수 있고, 이 경우에 불이익을 받을 수 있는 특정 주민을 위해 주민집회를 개최할 수 있다. 주민집회에서는 지역주민의 주체성과 자유의지를 존중해야 하고, 각자의 욕구와 사고를 충분하게 반영한 자유로운 토의 안에서 결론을 얻어야 한다(전남련 외, 2014).

④ 평가

평가는 사회자원의 개발과 정비 등의 구체적인 과제의 달성도를 평가하는 것으로 재정효과 정도, 주민의 욕구 충족 정도를 양적 · 질적으로 평가하는 기준이 된다. 어떤 기관과 단체가 어느 정도 공헌했는가의 평가도 함께 실시되어야 한다.

계획 수립에서부터 계획 실시까지의 과정에서 지역주민들의 주체 형성의 정도와 관계한 기관, 조직의 활동을 긍정적으로 평가해야 하며, 활동에 대한 주민의 관심도나 참가도 및 연대감의 정도, 기관 · 조직 간의 연계나 협력체제의 수준, 지역사회문제 해결 능력 향상 정도 등이 평가의 중점이 된다. 이때 주민의 권리의식, 풀뿌리 민주주의의 정착이나 실행정도 등을 관계목표로서 별도의 평가지표로 사용할 수 있다(김혜숙 외, 2014).

3) 지역사회복지실천모델(Rothman, 1968)

(1) 지역사회개발모델

저소득 또는 억압받는 지역사회 주민들의 삶의 질을 향상시키는 것을 목표로 지역사회 수준에서 광범위한 지역주민들의 참여를 통해 지역사회 변화를 시도해 보려는 것이 지역사회개발모델이다.

지역사회 구성원들이 스스로 지역사회에서 활동하여 지역사회의 전체적인 조화를 추구할 수 있는 역량을 배양하고 궁극적으로 자립을 할 수 있도록 민주적 절차, 토착적 지도자의 개발·교육, 자발적 협동 등을 강조한다. 이를 위해 사회복지사는 지역사회 조직가로서 지역사회복지관, 지역사회사업, 성인교육과 공중보건교육 분야에서의 지역사회활동, 평화봉사단의 지역사회활동 등에서 안내자, 전문가, 조장자의 역할을 수행하게 된다.

(2) 사회계획/ 정책모델

지역사회의 특정한 문제를 해결하는 것을 과업 수행의 목표로 하여 보건, 주택, 고용, 비행과 같은 지역사회 내의 사회문제를 해결하고자 하는 기술적 과정과 합리적 면을 강조한다. 사회문제의 규모나 복잡성 때문에 지역사회 주민들만의 힘으로 해결될 수 없는 경우가 많기 때문에 전문적 지식을 갖춘 전문가에 의한 합리적인 계획 수립과 통제된 변화를 통해 문제해결을 도모하는 활동(길귀숙 외, 2015)이 필요하다.

지역사회개발모델과는 달리 과업의 성취에 중점을 두고 있기 때문에 지역주민의 참여보다는 기술적 합리성이 더욱 중요시되며, 사회복지사는 지역사회 조직가로서 지역사회보장협의체, 공동모금회 등에서 추진하는 여러 정책에 능통한 분석가, 계획가, 조직가, 행정가 등의 역할을 수행하게 된다.

(3) 사회행동모델

사회행동모델이란 어려움을 겪고 있거나 위험에 처한 지역사회 구성원들이 민주주의 실현과 사회정의에 입각해서 보다 많은 자원과 향상된 처우를 그 지역사회에 요구하는 것이다.

지역사회의 구성원들로 하여금 자신의 능력과 역량을 강화시켜 불평등에 도전하고, 지역사회 욕구를 무시하는 정책 결정자에 대응, 부당한 결정과 맞서 싸워서 부당한 조건을 변화시키도록 지원하기 위해 사회복지사는 지역사회 조직가로서 지역사회의 기존 제도와 현실에 대한 근본적 변화를 추구하며 권력 · 자원 · 지역사회 정책 결정의 역할 등에서의 재분배와 공공기관의 기본 정책에 대한 변화를 추구(길귀숙 외, 2015)해야 한다. 또한 사회행동가로서 사회정의와 민주주의에 기초하여 보다 많은 자원과 권한을 배분해야 할 사명을 가지고 있으며, 투쟁이나 대결, 경쟁을 목표 달성 수단으로 사용하기도 해야 한다. 즉, 조장자, 중개자, 옹호자, 행동가의 역할을 수행하여 빈민운동, 여성운동, 환경운동 등의 다양한 시민운동 조직에서 활동할 수 있다.

5. 지역사회실천가의 역할과 기술

지역사회복지실천가인 사회복지사는 교사, 중개자, 촉진자, 촉매자 등 다양한 역할을 수행해야 한다. 지역사회복지실천의 범위는 우리의 생활 주변에서 발생하는 모든 것이 포함되기에 지역사회 구성원들의 삶 안에서 보다 효과적으로 복지실천을 수행해 나가기 위한 실천기술들을 살펴볼 필요가 있다.

1) 옹호기술

사회복지사는 옹호기술을 통해 클라이언트에게 제공되지 않은 자원 및 서비스를 얻을 수 있도록 하며, 클라이언트에게 부정적인 영향을 미치는 정책과 실천, 절차들을 보완하고 수정할 수 있다. 또한 옹호기술은 실천에 필요한 서비스와 자원을 제공받을 수 있도록 새로운 법률이나 정책들을 증진시키기 위해서 클라이언트와 함께 또는 클라이언트를 대표해서 처리하는 일련의 과정이다(Hepworth, Looney, & Larsen, 2004).

이와 같은 옹호의 기술은 표적집단에 대한 강력한 영향력이나 압력을 행사하는 것을 포함하는 개념으로, 이를 수행하기 위해서는 설득과 대표행위 등의 기술이 필요하다.

(1) 설득(persuasion)

설득은 대인관계 기술의 하나로 사회복지실천에서 자주 쓰이며 클라이언트의 주장에 대한 호의적인 해석을 얻어내기 위해 펼치는 제반 활동이다.

설득은 메시지 전달자, 전달형식, 전달할 메시지(내용), 전달대상이라는 네 가지 요소로 구성되며, 효과를 높이기 위해서는 명확한 사실관계 파악과 개인적인 권위가 필요하다.

(2) 대표행위(representation)

다른 사람의 의견을 대신해서 전달하거나 표현하는 행위를 대표행위라고 한다. 대표자와 대표를 요청한 사람과의 관계는 상호 간의 합의에 의해 결정되며, 대표행위는 다음과 같은 원칙을 가지고 이루어져야 한다(이애재, 2006).

- 당사자 외에 제3자의 개입이 필요한지를 먼저 결정한다.
- 대표자는 자신의 지식을 클라이언트와 공유한다.
- 클라이언트가 원하는 바를 찾아내서 점검한다.
- 대안을 제시하고 클라이언트가 바람직한 것을 선택하게 한다.
- 매사에 상호 협조한다.

(3) 개인에 대한 옹호와 집단옹호

옹호에는 개인(사례)에 대한 옹호와 집단(계층)옹호가 있다.

- **개인옹호** : 개인, 가족이 적절한 서비스를 제공받을 수 있도록 개별 클라이언트 체계와 함께 또는 그들을 대표해서 일하는 것

- **집단옹호** : 특정 계층 또는 집단의 모든 사람들에게 영향을 미칠 수 있는 정책, 법의 변화, 실천을 도모하는 것

(4) 옹호활동이 사용되는 상황(Hepworth, Looney, & Larsen, 2004)

- 기관이나 직원이 자격이 되는 클라이언트에게 서비스를 제공하지 않을 때
- 비인간적인 방법으로 서비스를 전달할 때
- 인종, 종교, 신념, 그 밖의 다른 요소로 클라이언트가 차별받을 때
- 서비스와 혜택의 차이로 인해 곤란과 역기능이 있을 때
- 정부나 기관정책이 자원과 혜택이 필요한 사람들에게 부정적인 영향을 미칠 때
- 클라이언트가 스스로를 위해서 효과적으로 행동할 수 없을 때
- 자원이 없어 많은 사람들의 공통된 욕구가 해결되지 못할 때
- 위기상황에서 클라이언트가 즉시 서비스와 혜택을 받아야 하는 특별한 욕구가 있을 때
- 클라이언트가 시민 혹은 법적인 권리를 거부당했을 때
- 조직 시설이나 절차가 클라이언트에게 부정적으로 영향을 미칠 때

(5) 사회복지사가 옹호활동에 사용할 수 있는 기술의 예

(Hepworth, Looney, & Larsen, 2004)

① 클라이언트의 집단 조직

- 공통적인 문제가 있는 클라이언트들을 구성
- 옹호자들은 클라이언트 집단을 대신한다기보다는 함께 행동
- 불이익을 당하는 개인이나 집단의 참여가 중요
- 정치가는 유권자를 의식하기 때문에 클라이언트 집단과 가족들이 투표권자로서 힘을 발휘할 수 있음

② 협의체 구성

- 개별기관이 필요한 변화에 성공적으로 영향을 미치지 못할 때 공동의 문제에 대해서 기관 간에 위원회를 형성
- 많은 기관이 공통된 관심을 표명할 때, 여러 조직과 연합할 때 효과적

③ 정부 관계자 또는 입법자들과 접촉

- 사회복지사는 시의 조례나 법안의 개정을 위해서 입법자나 공공관료와 직접 접촉
- 입법자가 어떤 안건을 판단하기 위해서 정보가 필요할 때 위원회에 참석하여 정보를 제공

④ 법적인 행동

- 클라이언트의 권리가 침해당했을 때 기관 차원에서 해결되지 않을 경우에는 법적인 소송을 제기하는 것도 대안의 한 방법

⑤ 전문가 증언 제공

- 사회복지사는 조사, 연구, 문헌연구 등을 통하여 얻은 정보를 공청회에서 적절한 질문 및 답변으로 제시하거나 입법자들과 만나서 클라이언트와 문제나 욕구에 대해 증언하여 공공정책 개선에 영향을 발휘

⑥ 지역사회 관련 부분 교육

- 출판, 집회, 지역방송, 캠페인, 패널토론 등을 적극 활용하여 정부 관계자 또는 주요 결정권자들에게 지역사회 복지현장의 내용을 교육

2) 조직화(Organizing) 기술

조직화 기술은 지역사회복지 실천에서 가장 기본이며 핵심적 기술이다. 클라이언트 체계의 문제를 해결하기 위해 필요한 서비스 또는 인력을 규합하고, 해당 조직의 목표를 달성하도록 합리적인 운영을 하는 과정으로(최옥채, 2001), 적합한 주민을 선정하여 모임을 조직하고, 이 조직이 지역사회의 욕구나 문제를 해결해 나가도록 돕는 역할을 수행하도록 한다(김범수 · 신원

우, 2006).

효과적인 조직화 기술(Beckwith & Lopez, 1997, 김종일, 2004 재인용)은 다음과 같다.

① 사적 이익에 대한 관심을 조직화에 활용한다.
② 조직화는 지속적 관심과 노력이 요구되는 역동적인 과정이다.
③ 갈등과 대립상황에 익숙해지는 법을 배워야 한다.
④ 조직화는 쟁점을 중심으로 이루어지므로 쟁점을 명확히 해야 한다.

3) 임파워먼트 기술

지역사회실천으로서 임파워먼드는 무력감을 느끼는 주민들에게 자신들의 잠재력을 개발하고 이 힘을 바탕으로 필요 자원을 획득하도록 도와주는 과정이다.

지역사회주민의 임파워먼트를 높이기 위한 구체적인 기술 및 방법(Rubin & Rubin, 2001)은 다음과 같다.

① **의식 제고** : 무력감을 느끼는 개인들에게 문제의 원인이 자신들에게 있는 것이 아니라는 점을 깨닫게 해주는 과정을 통하여 자신들을 억압하는 사회구조에 대해 비판적 의식을 갖도록 한다.
② **자기주장** : 문제의 원인을 파악하고 공개적으로 자기의 목소리를 내어 자신의 주장을 전개해 나갈 수 있도록 해주는 것으로, 이때 사회복지사는 이들이 공개적으로 자신의 주장을 전개하는 것에 대해 위축되거나 두려움을 갖지 않도록 도와준다.
③ **공공의제화** : 쟁점을 공공의제로 발전시켜 대중의 관심을 확보할 수 있도록 정리하여 의제화시키는 것이다. 캠페인, 시위 등의 방법은 대중들의 관심을 유도하는 좋은 수단이 될 수 있다.
④ **파워 키우기** : 조직화와 자원동원으로 주민들의 힘을 키우는 과정이다. 참여인원, 전문성, 열정, 법적 행동 등을 활용할 수 있다.

⑤ **능력 키우기** : 클라이언트의 역량을 강화하기 위한 조직을 설립하고 그들의 주장을 효과적으로 표명하는 능력을 키우는 것이다. 캠페인을 전개하는 과정 등을 통해 클라이언트는 목표 완수라는 성공을 이루고 무력감을 극복할 수 있다.

⑥ **사회적 자본 창출** : 물리적 자본과는 상대적 개념인 사회적 자본은 지역사회 구성원의 사회적 관계에 바탕을 둔 자원으로 구성원들 간의 연대감과 협동력을 높일 수 있다.

4) 자원개발과 동원 기술

자원이란 사회복지실천에서 클라이언트의 변화나 그들의 생활을 향상시키는 데 유용하게 사용할 수 있는 인력, 물질, 조직, 정보이며(최옥채, 2005), 자원개발 및 동원 기술은 지역사회의 문제를 해결하기 위해 필요한 필수적인 자원이 지역사회 내에 부족하거나, 외부의 자원이 필요한 상황에서 활용된다. 흔히 자원의 유형은 개인, 시설, 현금, 물품, 기관, 조직, 정보 등으로 구분되지만, 인적·물적 자원이 가장 핵심적인 자원이라고 할 수 있다.

자원을 개발하고 동원하는 기술(Rubin & Rubin, 2001)은 다음과 같다.

① **인적자원 동원기술** : 기존 조직의 활용, 개별적 접촉, 사회경제적 네트워크 활용

② **물적자원 동원기술** : 회비, 조직의 홍보와 마케팅, 외부 지원금 신청, 모금을 위한 특별 사이트

인적자원을 개발 및 동원하기 위해 사회복지사가 고려해야 할 실천 기술(최옥채, 2005)은 다음과 같다.

① 기존 조직이나 네트워크에 편입된 자원일수록 지역사회조직의 성원이 되기 쉽다.

② 개인의 지역사회조직 참여는 그가 제공하는 비용과 받는 이득에 의해 영향을 받는다.

③ 기존 조직들을 활용하는 것은 참여자들의 비용감소, 실천활동의 성공률을 증가시킬 수 있는 지역사회복지실천의 중요한 자원이다.

④ 참여자 간의 응집력이 높고 통합이 잘 되는 집단과 네트워크에 의한 동원을 통해 집합행동이 발생하고 활성화된다.

⑤ 최소한의 분업이 가능하며, 다양한 전략 사용이 가능한 소규모 비공식 집단은 외부의 방해에도 효과적으로 대응할 수 있다.

⑥ 사용되는 현금이나 물품의 사용에 대한 투명성이 확보될 수 있도록 구성원에 대한 책임성 강화, 지속적인 교육을 실시한다.

5) 연계기술

연계란 일반적으로 서비스의 중복을 방지, 효율적인 자원 관리를 위하여 정기적인 모임 및 회의를 통하여 서비스 계획을 공동으로 수립한 후 개별기관들이 각각의 서비스를 제공하는 것이다. 연계가 잘 이루어질 때 개별기관의 정체성은 유지되고 서비스 제공은 효율적이 된다(박태영, 2003).

지역사회 내에서 사회복지사의 연계기술(Rubin & Rubin, 2001)은 다음과 같다.

① 지역사회에 필요한 자원과 서비스와 연결하는 것을 돕는다.

② 지역사회의 유용한 자원을 발굴하거나 정보를 모아 그 정보가 필요한 지역사회주민에게 제공해 준다.

③ 서비스의 중복을 방지하고 효과적인 자원관리를 위해 정기적 모임 및 회의 등을 가진다.

④ 다양한 욕구를 충족시키기 위해 패키지 서비스 또는 원스톱 서비스가 이루어질 수 있도록 한다.

6. 지역사회실천의 분야

1) 지역사회보장협의체

민간사회복지기관의 대표조직으로 지역사회 전체의 복지 향상을 위한 계획 수립과 추진, 지역 내 사회복지기관의 연락・조정・협의, 조사・연구, 연수・교육 등의 기능을 수행함과 동시에 민・관 파트너십을 형성하기 위한 민간의 대표성을 지닌 조직으로서의 역할도 함께 해나가야 하는 기관이다. 즉, 각종 사회복지시설과 기관, 단체의 협의회 활동과 사회복지욕구 조사 및 연락조정활동, 지역주민을 중심으로 조직화하고 재가복지의 조직적인 추진을 도모하는 민간단체로 정의할 수 있다.

던햄(A. Dunham)은 "사회복지협의회란 지역사회 안의 각종 사회복지시설, 사회복지에 관심을 가지고 있는 민간단체나 개인의 연합체라고 할 수 있다. 또한 지역사회가 요구하는 사회복지의 욕구를 효과적으로 달성하기 위하여 모든 활동에 있어서 상호 협력 및 조정하는 단체이다"라고 하였고, 이오카는 "사회복지협의회는 관청이 아니며 민간단체이다. 또한 사회복지의 각종 서비스를 경영하는 사업체가 아니라 각종 서비스를 개발・전개하여 나가려고 하는 주민주체의 운동단체이다. 즉, 주민이야말로 지역의 주인공으로서 권리주체에 대하여 주민의 입장을 관철해 나갈 수 있도록 그 운동을 전개하는 민간 자주조직이다"라고 하였다.

(1) 지역사회보장협의체의 성격

지역사회에서 주민이 주체가 되어 사회복지, 보건위생, 그 밖에 주민생활의 개선 및 향상에 연관이 있는 관계자들의 참여, 협력을 얻어 해당 지역의 사정에 따라 주민의 복지를 증진시키는 것을 목적으로 하는 민간의 자주적 조직으로 다음과 같은 성격을 가지고 있다.

① **주민욕구 기본의 원칙** : 광범위한 주민의 생활실태와 복지욕구 등을 파악하도록 노력하고 그 욕구를 반영하여 복지를 증진시킬 수 있는 활동을 수행해야 한다.

② **주민활동 주체의 원칙** : 주민들의 지역복지에 대한 자주적 관심을 높이고 그 대응을 기초로 한 활동을 수행해야 한다.

③ **민간성의 원칙** : 주민들의 욕구에 대한 대응, 지역의 복지에 대응하는 개척성, 유연성, 적응성을 민간조직의 특성을 최대한 살려서 수행해야 한다.

④ **공사협동의 원칙** : 보건, 의료, 교육, 노동 등의 관계기관과 주민, 단체 등의 협력 및 역할 분담에 따라 공사의 사회복지를 계획적이고 종합적으로 수행해야 한다.

⑤ **전문성의 원칙** : 지역복지의 실천을 추진하는 조직으로서 조사, 계획, 조직화 등에 관련하여 전문성을 발휘하는 활동을 수행해야 한다.

(2) 사회복지협의회의 기능

사회복지협의회는 지역복지 추진의 중심조직으로서 기능을 수행한다.

① 주민 욕구·복지 과제 명확화 및 주민 활동 추진 기능

② 공사 사회복지사업 조직화·연락조정 기능

③ 복지 활동·사업의 기획 및 실시 기능

④ 조사연구·개발 기능

⑤ 계획 책정, 제언·개선 운동 기능

⑥ 홍보·개발 기능

⑦ 복지 활동·사업의 지원 기능

2) 사회복지공동모금회

공동모금회란 지역 내의 민간자원을 개발하여 적절하게 배분하는 기능을

하는 기관이다. 사회복지공동모금회는 단순히 민간자금을 모으는 기능만 하는 것이 아니라 지역주민이 자신이 생활하고 있는 지역사회에서 발생하는 여러 가지 문제들에 직·간접적으로 참여하여 이를 해결하기 위해 모금에 참여하도록 하는 주민참여의 의미도 함께 가지고 있다.

(1) 공동모금의 필요성

① 부족한 재원 확보

공동모금은 단발적이고 산발적인 자선모금활동을 줄이고 법이 보장하는 제도적인 틀 안에서 도움이 필요한 곳에 민간자원을 적절하게 동원할 수 있는 방법이다. 모금을 하는 입장에서는 최소한의 노력과 비용으로 모금을 가능하게 하고, 기부자의 측면에서는 정보의 집중으로 인해 중복되거나 불필요한 모금을 피하고 하나로 집중된 창구를 통해 도움의 성과가 나타날 수 있는 규모로 기부한 금품이 사용되는 방법으로 기부한 돈을 효과적으로 사용할 수 있다.

② 자원봉사활동 활성화

공동모금은 지역사회의 공동체 의식과 함께 나누는 삶을 증진시키고 지역사회 내부의 문제를 주민들 스스로 해결하는 데 기여할 수 있다는 의미가 있다. 공동모금이 활성화되면 금품의 지원뿐만 아니라 인력을 후원하는 자원봉사자들이 복지를 실천할 수 있는 장이 마련되고, 모금활동을 하지 못하고 있는 정보에 취약하거나 소규모 복지기관들에게도 복지 재원의 분배 기회가 제공되어 사회복지서비스의 질이 향상될 수 있다.

③ 국민인식 개선

공동모금회가 전 국민을 상대로 다양한 홍보전략과 모금활동을 실시함으로써 사회복지에 대한 올바른 인식을 국민들에게 심어줄 수 있고, '이웃 사랑'과 '상부상조의 정신'을 상기시킬 수 있다.

④ 상호보완적 역할 수행

지역사회의 다양한 욕구에 따라서 중앙정부의 복지사업만으로는 해결하지 못하는 복지사각지대와 특화된 사회복지의 발전을 가능하게 할 수 있고, 정부와 민간의 동반자 관계를 형성할 수 있다.

(2) 공동모금의 주요 기능과 전략[2)]

① 기획 및 홍보의 기능

- **사회복지 공동모금회의 3대 주요 기능** : 기획 및 홍보의 기능, 모금의 기능, 배분의 기능
- **사회복지 공동모금회법**(제13조) : 기획·홍보분과 실행위원회, 모금분과 실행위원회, 배분분과 실행위원회 분과위원회 운영

② 모금의 방법

현행의 모금 방법은 연중모금을 할 수 있다. 연말을 기해 매년 실시해 오던 이웃돕기모금 기간에 집중모금한다.

- **연말 캠페인 모금** : 12월부터 다음 해 1월까지 2개월간 전국적인 모금 캠페인을 실시하는 것
- **월급 자동공제 모금** : 매월 또는 지정한 기간 중에 직장의 피고용자들이 월급에서 일정액을 모금회에 기부금으로 각출하는 것
- **직장**(일터) **중심 모금** : 기업, 학교 단체 등 조직체 내에서 모금회를 돕기 위해 모금 캠페인을 벌이는 것
- **이벤트 모금** : 인기가 많은 스포츠 경기를 통하여 입장료의 일부 또는 선수들의 골 득점과 승패에 따라 모금운동을 전개하는 방법(마사회의 자선골프대회 행사)
- **거리모금** : 연말에 각 지역별로 유명 연예인과 사회 저명인사를 초대하여 모금활동을 실시하고, 지역별로 인구가 집중되는 백화점, 거리,

2) 전해황 외(2016), 사랑의 열매 홈페이지(http://www.chest.or.kr) 참조.

공공기관 앞에서 모금자원봉사자를 통해 모금활동을 하는 방법

- **사랑의 봉투 모금** : 연말 모금기간을 통하여 사랑의 봉투를 각 가정에 돌려서 모금함(반상회를 통해 홍보하고 모금)

(3) 배분의 기능[3)]

① 생활시설 배분

시설 여건이 열악하고 정부보조가 미약한 가정, 일정 기간 지속적인 지원이 필요한 생활시설을 대상으로 한다. 배분 비율은 30~40%가 넘지 않는 범위 내에서 할당하고 점차 줄여나갈 필요가 있다. 미국의 경우 대부분 프로그램 위주의 기금이 배분되고 일본에서도 전체 모금에서 시설에 배분되는 비율은 12%로 낮은 편으로 나타난다. 생활시설에 대한 지원금 신청과 심사는 일반 프로그램 신청과 별도로 심사기준을 마련해 배분해야 한다.

② 프로그램 배분

프로포절의 형태로 프로그램의 신청을 받은 후 모금에 대한 예산안이 확정되면 지역 내 사회복지 전문가와 사회복지전공교수, 관계공무원, 기업체 대표, 시민단체대표, 자원봉사자 등으로 구성된 배분분과 실행위원회와 운영위원회의 심의를 통하여 프로그램의 신청과 심사를 실시해 나간다.

전 국민을 대상으로 하는 공공기금의 사용에 대해 배분에 대한 투명성이 확보되지 못하면 국민들의 불신이 높아지게 되고 추후 모금활동과 지원에 부정적인 영향이 발생된다. 공동모금제도의 실시는 이러한 불신을 해소하는 데 기여할 것으로 기대할 수 있다. 개인정보의 침해가 되지 않는 범위에서 운영비 공개 등을 통해 국민들의 신뢰를 받으며 사회복지 재원이 필요로 하는 욕구에 따라 객관적이고 합리적인 방식으로 배분할 것을 기대할 수 있다.

---

3) 김범수 외(2009).

3) 자원봉사센터[4)]

지역사회의 인적 자원인 자원봉사자의 양성과 활성화를 도모하는 기관이다. 자원봉사센터는 주민에게 체험적 복지교육을 통하여 주민의 복지의식을 변화시켜 나감과 동시에 지역 내에서 필요로 하는 자원봉사활동거리의 개발과 자원봉사활동의 지속화를 위한 지원 등을 함으로써 주민의 지역사회에 대한 관심과 참여를 조성해 나가야 한다. 지역사회의 복지기관들이 도움을 받는 수요처임과 동시에 자원봉사자를 수용할 수 있는 공급처가 되기 위해서는 자원봉사센터의 전문화와 더불어 각 복지기관 자원봉사 담당자들의 교육 및 밀접한 교류가 필요하다. 'VMS', '1365'와 같은 자원봉사 사이트를 적극 활용하여 지역주민들의 자원봉사에 대한 인식과 접근성을 향상시켜야 할 것이다.

4) 사회복지관[5)]

일정한 지역사회에 사회복지서비스를 종합적으로 제공하는 기관으로서, 여기에는 클라이언트뿐만 아니라 지역주민도 함께 참여하여 필요한 서비스의 이용과 제공이 동시에 이루어지는 조직체이다. 아직은 클라이언트 중심의 서비스가 주류를 이루고 있지만 점차 주민조직화와 복지계획의 책정 등을 통하여 주민 전체의 복지센터로서의 역할을 해야 한다. 각 시·군·구의 주민자치센터에서 운영하는 지역주민을 위한 다양한 프로그램과 중복되지 않도록 민·관이 꾸준히 정보와 계획을 교류할 필요성도 제기되고 있다.

(1) 사회복지관의 정의

지역사회복지관이란 종합적인 사회복지 사업을 통해 저소득층의 자립능력을 배양하여 중산층으로 유도하고 지역사회의 문제를 예방, 치료하여 지역사회 및 주민의 연대감을 조성하고 주민의 복지증진을 수행하기 위하여

4) 사회복지관설치운영규정, 보건복지부 참조.
5) 보건사회부(1988), 김범수·신원우(2006) 239-240 재인용.

설립된 기관이다.

지역주민들의 통합과 연대, 공동적인 관심사에 개입하며, 연구적이고 시범적인 사업을 수행한다는 특성을 지니고 있다.

① 지역사회의 발전과 개선에 관심을 가지고 있는 집단의 계속적 노력
② 사회복지활동을 좀 더 체계적이고 계획적으로 추진해 나가고자 하는 종합적인 사회복지센터로서의 역할과 기능을 담당하는 시설
③ 지역사회의 충족되지 않는 욕구와 문제를 발견하여 주민들에게 필요한 서비스를 제공하는 대표적인 직접서비스기관
④ 지역사회의 일정한 지역에 자리 잡고, 그 지역의 가족 및 자원봉사자를 갖추고 주민들의 복지수요에 부응하여 종합적인 사회복지 사업을 수행하는 사회복지시설
⑤ 지역의 가족 및 가족 성원에게 관심을 가지며, 지역사회의 어떤 특정한 연령층이나 계층과는 상관없는 서비스 전달체계

(2) 사회복지관의 10가지 원칙

① **전문성** : 전문적 지식과 기술을 요하는 것으로 전문 인력에 의해서 사업이 수행되어야 한다.
② **시설성** : 지역주민과의 상담, 교육, 훈련, 인간관계치료 등 자조적 서비스를 위한 기준시설을 확보해야 한다.
③ **복지성** : 정치활동, 영리활동, 특정 종교 활동이 개입할 수 없으며 오직 인간의 고통 예방과 해소의 인도주의적 원칙이 적용되어야 하고 복지혜택을 받는 주민에게는 인간의 존엄성이 유지되면서 서비스를 받을 수 있어야 한다.
④ **자주성** : 복지관을 이용하는 주민의 복지욕구와 지역사회 실정 및 특수성에 따라서 사회복지관사업이 운영되어야 한다.
⑤ **종합성과 연계성** : 기존 사회문제에 대한 치료적 차원의 원조와 동시에

예방적 차원의 사업이 필수적으로 함께 수행되어야 한다.

⑥ **주민참여의 원칙** : 자조주의에 입각하여 궁극적으로 지역사회주민들이 스스로 참여하여 자신의 문제를 직접 해결해 나가도록 주민의 역할과 주민의 책임을 강조하는 사업이다.

⑦ **다목적성** : 다수의 주민들의 문제는 상호 연계되어 있으므로 문제해소를 위한 서비스는 사업의 연계적 운영에 의해 종합적으로 개선되어야 한다.

⑧ **잠재자원 활용의 원칙** : 지역주민들의 다양한 욕구에 따라 다양한 기능의 인력 및 자원을 필요로 하므로 지역사회의 잠재자원을 발굴하여 동원하고 활용해야 한다.

⑨ **민주주의 원칙** : 모든 서비스는 민주주의적 방법으로 진행되어야 한다.

⑩ **평가의 원칙** : 주민들의 성장과 변화의 효과, 재정투입의 효과 및 합리성, 사용된 방법의 적합성 등이 지속적으로 평가되어야 하며 피드백의 원리가 지속적으로 적용되어야 한다.

(3) 사회복지관의 역할[6)]

① 지역사회 구성원의 욕구와 문제에 맞추어 조정하고 통합하여 효과적 서비스체계를 수립하는 사회서비스 센터의 역할

② 주민들이 모여서 집단활동을 하거나 토론을 할 수 있는 공동이용센터의 역할

③ 직업훈련과 부업의 알선 및 중개를 하는 매개체로서의 직업안정센터의 역할

④ 주민이 필요로 하는 정보와 평생교육을 위한 프로그램을 계획하고 실천하는 사회교육센터의 역할

⑤ 지역사회에 살고 있는 지적·문화적·경제적 배경이 각기 다른 다양한 지역주민들의 생활의 향상과 지역발전을 위한 국민 총화의 장으로서의 역할

---

6) 김범수 외(2009).

(4) 사회복지관의 사업[7)]

① 가족복지사업

저소득층과 일반가정의 자녀문제, 건강문제, 취업문제 등에 관한 의견을 교환하고, 이들의 가정문제를 예방·치료하거나 자립능력을 배양하기 위해 필요한 제반 서비스를 제공하거나 다른 서비스 체계와 연계·알선한다.

② 저소득가정의 자립지원

저소득가정의 자립지원을 위해 국민기초생활보장 수급자 상담 지원, 직업 기능훈련, 취업알선, 보건의료서비스, 물품지원, 교양교육 등을 실시한다.

③ 아동과 청소년 복지

아동과 청소년을 위해 어린이집 운영, 독서실, 기능교실 운영, 아동과 청소년 상담, 장학금지원, 진로지도, 방과후공부방 운영, 교양교육 등을 실시한다.

④ 노인과 장애인 복지

노인과 장애인을 위해 가정봉사원 서비스, 무료급식, 노인학교, 물리치료실 운영, 노인문제 상담과 장애인을 위한 자립작업장 등을 설치·운영한다.

⑤ 지역복지사업

일반주민과 지역발전을 위해 편의시설을 제공하고 지역사회문제를 예방·해결한다.

⑥ 이웃돕기

불우노인, 소년소녀가장, 장애인 등 불우이웃에게 관심을 가지고 있는 사람을 찾아 연결하여 정기 또는 부정기적으로 후원금과 생활용품 등을 지원하고, 이들의 정서적 안정을 위해 결연사업을 진행한다.

---

7) 김범수 외(2009).

⑦ 자원봉사활동

지역사회 주민들 중 불우한 이웃을 돕고자 하는 자를 자원봉사자로 모집, 양성하여 이들을 교육시킨 후, 희망하는 복지사업 분야에서 활동할 수 있도록 연계한다.

5) 사회복지시설의 사회화[8)]

시설이 시설다워지기 위한 일련의 노력 가운데 하나이다. 사회적 보호의 연속체 개념에서 볼 때 시설은 지역사회와 밀접한 관계를 가질 수밖에 없다. 시설이 지역사회복지실천의 중요한 현장으로서의 역할을 수행하는 방법이 시설의 개방, 열린 시설, 시설과 지역사회의 교류 등으로 표현되는 시설의 사회화이다. 인권을 위해 탈시설화가 바람직할 수 있으나 시설에서의 전문적인 보호가 필요한 대상자들을 위해 정부와 관련 기관은 지속적인 평가와 모니터링 등으로 전문성을 유지시킬 수 있도록 노력해야 한다.

8) 서혜석 외(2017).

학습평가

01 다음 보기의 지역사회는 어떤 방식으로 구분한 지역사회인가?

미혼모 집단, 장애아동 부모 집단, 다문화 공동체

① 정서적 지역사회　② 경제적 지역사회
③ 개인적 지역사회　④ 기능적 지역사회
⑤ 구조적 지역사회

정답 ④ 기능적 지역사회는 문화 또는 사회적 동질성을 가진 집단이 공통된 관심과 이해를 목적으로 모인 이익집단으로, 미혼모 집단, 장애아동 부모 집단, 다문화 공동체 등의 공동요구 집단과 무료급식 봉사단, 그린피스와 같은 자원공동체로 구분할 수 있다.

02 다음 설명에 해당되는 지역사회의 기능을 고르시오.

사회적 가치, 지식, 행동양식 등이 자연스럽게 전달되는 과정을 통해서 독특한 생활양식을 습득하는 것

① 사회화의 기능　② 사회참여의 기능
③ 사회통합의 기능　④ 사회통제의 기능
⑤ 분배의 기능

정답 ① 사회화의 기능은 살아가는 데 필요한 정보를 여러 경로를 통해 직·간접적으로 전달하고, 사회화는 개인의 어린 시절부터 일생 동안 지속적으로 이루어진다. 즉, 사회적 가치, 지식, 행동양식 등이 자연스럽게 전달되는 과정을 통해서 독특한 생활양식을 습득하는 것이다.

03 다음 중 지역사회를 바라보는 관점에서 기능주의 관점이 아닌 것을 고르시오

① 하위체계 내의 성원들 사이에 상호 관련성을 의미하는 것으로, 하위체계 간에 다양한 사회적 상호 관련성이 있다.
② 하위체계가 상호 관련성이 있다고 하더라도 각각의 하위체계는 분리된 실체를 이루고 있으며 경계를 가진다.
③ 지역사회를 포함한 모든 사회체계는 균형상태를 향해서 움직인다.
④ 지역사회는 경제, 종교, 가족 등 다양한 사회제도로 구성되어 있는 하나의 체계이다.
⑤ 지역사회의 문제나 주민들의 욕구를 해결하기 위해서는 지역사회 갈등의 주요 소재인 경제적 자원, 권위, 권력 등의 재분배를 요구하게 되고 이러한 요구에 대한 것이 사회행동으로 표출된다.

정답 ⑤ 지역사회의 문제나 주민들의 욕구를 해결하기 위해서는 지역사회 갈등의 주요 소재인 경제적 자원, 권위, 권력 등의 재분배를 요구하게 되고 이러한 요구에 대한 것이 사회행동으로 표출되는 것은 갈등주의 이론의 내용이다.

04 지역사회복지 대상의 실천과정의 전개순서이다. ( ) 안에 들어갈 말을 적으시오.

문제 파악 – 계획 수립 – ( ) – 기록 – 평가

정답 계획 실행 : 지역주민들의 복지에 대한 이해와 주체적인 활동을 촉진하는 지역사회조직화, 사회자원 개발 및 유관기관, 시설과 단체와의 연락 조정을 도모하는 복지조직화의 전개가 중요한 과제는 계획 실행의 과정이다.

05 다음의 원칙을 가지고 수행해야 하는 지역사회실천가의 개입기술은 무엇인가?

> • 클라이언트가 원하는 바를 찾아내서 점검한다.
> • 대안을 제시하고 클라이언트가 바람직한 것을 선택하게 한다.
> • 매사에 상호 협조한다.

① 클라이언트 집단 조직기술 ② 대표행위
③ 설득 ④ 개인에 대한 옹호
⑤ 집단에 대한 옹호

정답 ② 대표행위는 다른 사람의 의견을 대신해서 전달하거나 표현하는 행위이며 그 원칙은 당사자 외에 제3자의 개입이 필요한지를 먼저 결정하고, 대표자는 자신의 지식을 클라이언트와 공유하며, 클라이언트가 원하는 바를 찾아내서 점검한다. 또한 대안을 제시하고 클라이언트가 바람직한 것을 선택하게 하며 매사에 상호 협조해야 한다.

11
CHAPTER

사회복지실천 기록

1. 기록의 필요성
2. 기록의 내용
3. 기록의 종류

11 CHAPTER 사회복지실천 기록

학습목표

1. 사회복지서비스 기록의 목적을 설명할 수 있다.
2. 종류별로 분류한 기록의 유형을 설명할 수 있다.
3. 유형별 기록에 따른 장·단점을 설명할 수 있다.

사회복지서비스 관련 기록은 클라이언트의 상황에 대해서 확인하고 기술하며 사정하는 것으로 서비스의 목적과 과정, 개입과정과 결과를 한눈에 볼 수 있게 한다. 사회복지실천 과정에서의 기록은 클라이언트 혹은 타 전문직과의 의사소통을 위한 근거가 되는 것으로 책임성, 정보제공, 개입이나 서비스의 과정을 점검하고 평가하며 이를 통해 다양한 후원금 모금을 위한 자료가 되기도 하므로 중요한 의미를 갖는다.

1. 기록의 필요성

사회복지서비스 현장에서 진행되는 실천에 대한 기록은 사회복지서비스의 한 과정으로서 좋은 사회복지실천과 밀접한 연관이 있다. 기록을 통하여 서비스 과정의 점검 및 평가, 클라이언트에 대한 이해 증진, 지도감독 및 교육의 활성화, 근거자료의 제시, 효과적인 사례관리, 자료화 등의 목적을 달성하여야 하는데 이에 기록의 필요성을 구체적으로 살펴보면 다음과 같다.

1) 책무성

기록의 일차적 목적은 책무성을 명확히 하는 것이다. 사회복지 관련 전문가들은 기관과 클라이언트, 지역사회에 대하여 법적이고 윤리적인 책임성을 가지게 되며, 자신들이 제공한 서비스나 개입에 대하여 기록하고 설명하고 평가함으로써 전문직 수행에 대한 책임을 명확히 할 수 있다.

2) 정보 공유

클라이언트와 그 가족, 대리인, 고용주 등에게 정보를 제공하는 것을 말한다. 팀 서비스 차원에서 실천가, 지도감독관, 자문가, 기관 내의 타 전문가들에게 정보를 제공하기도 하며, 법정 관련 기관, 지역사회 관련 기관, 감독 및 기금조성을 위한 기관, 보호 관계망, 공익 집단 등에도 자료 제공을 통하여 전문직 간 협력을 원활하게 할 수 있다.

3) 모니터링

모니터링(monitering)이란 사업의 진행상황을 체크하여 관리하는 것으로 문제가 발생할 경우 발생사유, 내용, 조치사항 등을 시계열적으로 기록하고 정리하여 의견을 제출하는 것을 말한다. 이는 사업의 효율적 관리에 있어 매우 중요하며, 평가를 위한 중요 정보가 되기도 한다. 의견을 제출하는 기록을 통해 서비스나 개입이 어떻게 이루어지고 있는지 그 과정을 점검할 수 있으며, 그 개입의 효과성, 효율성, 서비스의 적정성 등을 평가하는 자료가 될 수 있다(나눔의집, 2018 : 386).

4) 클라이언트에 대한 이해 도모

사회복지사가 클라이언트의 욕구를 파악하고 개입의 방향을 설정하는 데 도움이 되며, 클라이언트에게는 자신에 대한 기록을 보거나 기록과정에 참여함으로써 자신에 대한 이해를 높일 수 있다. 이를 통해 클라이언트는 적극적으로 참여할 수 있게 될 것이며, 사회복지사와 클라이언트 간에 의사소통은 더욱 원활하게 될 것이다.

5) 슈퍼비전

슈퍼비전(supervision)이란 교육활동의 전반에 걸쳐 교육목표를 효과적으로 달성하기 위하여 이루어지는 슈퍼바이저(supervisor)의 전문적 활동을 말한다. 기록한 내용을 검토함으로써 적합한 서비스를 제공했는지 평가하고 효과적인 실천을 할 수 있도록 슈퍼비전을 실시함으로써 서비스의 질을 향상시키는 데 도움을 줄 수 있다. 또한 교육을 받는 학생이나 실습생 또는 초보 사회복지사들은 자신의 활동에 대해 점검하고 훈련받을 수 있는 기회가 될 수 있고, 상급자는 직원들이 제공하는 서비스나 업무 내용을 파악하고 평가하며 지도·감독하는 데 활용할 수 있다.

6) 문서화

기록은 기관 및 사회 정책에 따르는 승인을 증명하는 데 사용되며, 서비스의 질을 관리하고 조사를 수행하는 데에도 이용된다. 또한 연구를 위한 자료로서 가치가 있으며, 재정을 마련하거나 기금 조성 시 좋은 자료가 된다. 이러한 기록에 근거해서 클라이언트들이 호소하는 문제의 유형, 욕구, 제공한 서비스의 유형 등을 분류한 통계 자료는 클라이언트를 위한 서비스 개발 지침으로 활용되며, 모든 내용은 DB를 구축하여 자료로 남길 수 있다.

7) 사례관리

클라이언트에게 제공된 서비스나 개입활동 등이 기록됨으로써 클라이언트가 타 전문가나 기관에 의뢰될 경우 서비스가 끊이지 않고 연결되어 사회복지실천과정을 파악하기가 쉽기 때문에 지속적인 서비스 제공이 가능하다. 이처럼 서비스나 개입에 대해서 문서화함으로써 서비스의 중복이나 누락을 막아 효과적인 사례관리가 가능할 수 있다.

2. 기록의 내용

1) 클라이언트에 대한 기본 정보

클라이언트의 이름, 나이, 성별, 주소, 직업, 소득 정도, 가족 구성원, 동거가족, 수급 여부, 장애 정도 등에 관해서 간단한 기록이 필요하다. 또한 클라이언트를 만난 날짜, 시간, 기록을 작성한 날짜, 기록자 등이 포함되어야 한다. 이를 통해 클라이언트에 대한 개입의 추이와 변화를 예측할 수 있게 되므로 기본 정보는 필수적으로 수록되어야 한다.

2) 클라이언트의 사회력

사회력(social history)이란 사회적 사정보고서로서 클라이언트의 문제나 욕구를 역사적이며, 생태학적인 맥락, 강점을 기반으로 클라이언트의 문제뿐만 아니라 문제의 원인과 해결에 필요한 자원을 찾을 수 있으며, 강점과 대처능력 등을 발견하기 위해 사용된다. 주로 클라이언트와 그의 가족들, 클라이언트의 중요한 타자들, 기관의 기록, 시험이나 검사 기록, 사회복지사의 관찰 등을 통해 정보를 얻는다. 이는 사정 도구로 활용되며, 정보 자체로도 유용하게 쓰인다. 사회력의 작성은 지속적인 과정으로 초기에 작성된 자료 이후에 새로운 정보가 추가될 때마다 기존 사회력에 덧붙여 작성하며, 이야기체로 서술할 수도 있고, 기관의 구조화된 양식에 맞춰서 작성하기도 한다.

사회력은 클라이언트의 과거와 현재에 관한 깊이 있는 설명으로 인지적 · 신체적 · 정서적 · 심리적 · 의료적 상태, 발달력, 원가족, 현재 가족, 가족관계, 결혼상태, 가족의 역동성, 직업상태, 교육적 배경, 학력, 지적 기능, 종교, 중대한 대인관계, 강점이나 자원 및 제약, 대처방식, 문제해결 능력, 전문적인 서비스의 경험이나 내용, 최근 이용한 서비스 현황, 지역사회에 대한 정보로서 물리적 환경과 문화 등에 대한 내용들이 포함된다.

이처럼 사회력은 문제의 원인과 필요한 자원을 찾는 데 기초적 자료가 되고, 클라이언트에게 가장 적합한 서비스나 프로그램을 결정하는 데 도움이 되며, 다른 서비스제공자에게 사회복지실천의 관점을 알려주면서 서비스 전달과 관련이 있는 결정사항과 활동의 근거를 문서화할 수 있다.

3) 서비스 신청 사유

클라이언트가 사회복지사를 찾아오게 된 사유 및 경위나 의뢰 경위, 의뢰인 등에 대한 정보를 기록하며, 주로 클라이언트가 서비스를 받고자 하는 주요 문제에 대해 간략히 기록한다.

4) 사회복지실천과정 기록

클라이언트에 대한 사정, 사회복지사의 개입과 개입 계획, 종결에 관한 내용들을 포함하여 기록한다.

5) 사후관리 계획

사후관리(follow-up) 계획 또는 실제 진행된 사후관리의 내용 등을 기록한다.

또한 필요시 슈퍼비전을 받고 싶은 내용이나 업무상 궁금한 사항 등에 대해서도 기록 가능하다.

6) 사회력의 예

〈표 11-1〉 사회력의 예

클라이언트의 이름 :	생년월일 :	성별 : 남 / 여
신체적 특징		
인지적 특징		
심리사회적 특징		
건강상태 (주요 질병 및 장애)		
현재 건강상태		
가족력		
현재 가족상황		
사회적 상황 (직업, 학력, 종교 등)		
강점/ 자원		
서비스 경험 유무		
지역사회에 대한 정보		

출처 : 나눔의집(2018), p. 289 재구성.

3. 기록의 종류

1) 과정기록

과정기록(process recording)은 서비스 현장에서 사회복지사와 클라이언트 간에 있었던 면담한 내용, 클라이언트의 행동, 사회복지사가 관찰한 내용과 판단 등을 있는 그대로 기록하는 방식이다. 클라이언트가 상기할 수 있도록 그대로 기록하되 언어적·비언어적 표현까지도 기록으로 남긴다.

면담 내용이나 상황의 분석을 위해 면담 내용, 사회복지사의 의견, 슈퍼바이저의 코멘트 부분으로 나누어 기록하기도 하는데, 교육적 목적을 위해서 부분적으로 활용되지만 최근에는 많이 사용되지 않는다. 대화체를 그대로 기록하는 직접인용 과정기록과 대화를 풀어서 이야기체로 기록하는 간접인용 과정기록으로 구분된다.

(1) 과정기록의 장·단점

과정기록은 전체를 기록했다는 측면에서 슈퍼비전이나 교육적 도구로 매우 유용하다. 그러므로 실무 교습과 학습의 수단으로 널리 사용되며, 초보 사회복지사나 실습생 등이 자신의 활동에 대한 점검과 슈퍼비전 또는 자문을 받을 때, 어려운 사례를 다루거나 새로운 기술 등의 개발에 유용한 방법이다.

그러나 서비스 상황을 완벽하게 기록하는 것은 불가능하므로 정보의 불완전과 왜곡이 있을 수 있다. 이를 보완하기 위해 녹음, 비디오 녹화 등을 사용하는데, 시간과 비용이 너무 많이 소요되어 선택적으로 사용되고 있다. 또한 사회복지사가 기억하는 능력에 따라 기록의 유용성이 좌우되는 한계가 있다.

(2) 과정기록 시 유의사항

과정기록 시 주의해야 할 사항은 다음과 같다.

① 정직한 기록을 통한 슈퍼비전을 받아야 한다. 사회복지사가 있는 그대

로 기록하고 녹음, 녹화된 것을 가지고 슈퍼비전을 받아야 자기발전에 도움이 되는데, 자신의 실수 등 부끄러운 부분을 의도적으로 삭제하여 기록할 수도 있다.

② 클라이언트에 대한 집중력이 필요하다. 사회복지사가 과정 기록을 준비하는 데에만 초점을 두어 면접에서 주의를 집중하지 못하거나 자연스러운 행동을 취하지 못한다면 적절한 서비스를 제공하기가 어렵다.

③ 면접 상황과 내용 등을 기억할 수 있을 때 빠르게 기록하는 것이 필요하다.

④ 녹음, 녹화 테이프와 과정기록서는 비밀보장을 위해 보안이 유지되는 곳에 보관해야 하며, 명시된 기간 이후의 폐기처분에도 신중해야 한다.

(3) 과정기록의 예시

① 직접인용 과정기록

〈표 11-2〉 **직접인용 기록과정(대화체)**

면담 내용	사회복지사의 의견	슈퍼바이저의 코멘트
사회복지사 : 어서 오세요. 아프신데 여기까지 와주셔서 감사합니다. 많이 불편하시면 병실로 가서 이야기해도 되고, 여기 소파에 누우셔도 됩니다. 불편해하지 마시고 편안하게 이야기하세요. **강수정** : 아니에요. 움직이는 것은 가능하고 가끔씩 운동도 할 겸 여기저기 돌아다니기도 해서 괜찮아요. (의자에 앉을 때 찡그림) **사회복지사** : 김하늘 간호사로부터 강수정 씨의 상황에 대한 이야기는 간단히 들었습니다만, 구체적인 이야기를 좀 더 해주시면 도움이 될 것 같습니다. **강수정** : 김하늘 간호사의 이야기를 들어서 아시겠지만 제가 교통사고를 당해서 두 달이 넘도록 입원을 해야 해요. 치료비는 보험회사에서 준다고 하니까 별 문제는 없는데 아이들이 문제예요. 4살짜리 아들과 2살짜리 딸이 있는데 어린이집에 안 다니거든요. 제가 데리고 있었는데, 병원에 있으니 아이를 돌봐줄 사람이 없어요. 그동안 이웃에서 좀 봐주었는데 미안하고 그쪽 사정도 안 되고… 그렇다고 신랑이 볼 수 있는 것도 아니고요… (눈물을 글썽임)	밝은 얼굴로 들어왔지만 걱정을 많이 하는 모습이 보였고, 중간에 한숨을 많이 쉬고 안절부절못함	비밀보장이나 사생활 보호를 위해 사회사업과 상담실에서 면담한 것은 좋았지만 장시간 앉아 있기 힘든 클라이언트를 위한 별도의 배려가 필요함

출처 : 나눔의집(2018), p. 391 재구성.

② 간접인용 과정기록

사례 1 간접인용 과정기록(이야기체)

2018년 7월 14일

외과 간호사 김하늘이 의뢰한 클라이언트 강수정과 첫 면담을 했다. 몸이 아픈 상황에서 상담실로 와준 것에 대해 감사하다고 말하고 불편하면 병실로 가서 이야기를 나눠도 되고, 소파에 누워도 된다고 알려주었다. 클라이언트는 가끔씩 운동 삼아 여기저기 돌아다니기도 한다면서 괜찮다고 했다. 클라이언트를 의뢰한 외과 간호사로부터 상황을 들었지만 구체적인 이야기를 직접 듣는 것이 좋겠다고 하자 클라이언트는 교통사고를 당해서 두 달이 넘도록 입원을 해야 한다고 말했다. 치료비는 보험회사에서 처리하지만 두 아이(4살, 2살)를 돌보아 줄 사람이 없다면서 걱정을 했다. 사고 이후 지금까지는 이웃집에서 봐주었지만 매우 미안하기도 하고 이웃집에서도 사정상 계속 봐줄 수가 없다고 했다. 또한 클라이언트의 남편도 애를 볼 수 있는 상황은 아니라고 하면서 눈물을 흘렸다.

출처 : 나눔의집(2018), p. 391 재구성.

2) 요약기록

요약기록(summary recording)은 사회복지 관련 기관에서 흔히 사용하는 형태로서 장기적 사례관리에 유용하며, 일반적으로 서비스 개시일, 사회력, 행동계획, 시간의 경과에 따라 변화된 상황, 개입활동, 중요한 정보 등을 요약하여 기록한다. 시간의 경과에 따라 일정한 간격을 정하여 기록하거나 특정 행동이나 사실 등의 기록이 필요할 때, 또는 가족기능, 사정내용, 개입계획, 변화과정처럼 주제별로 조직화해서 짧게 요약하여 작성한다. 세부적인 면담내용을 제외하고 클라이언트에게 일어난 변화 등에 초점을 둔다.

(1) 요약기록의 장 · 단점

면담의 모든 과정을 기록하는 것이 아니라 사회복지사가 중요하다고 판단한 것을 선택하여 기록할 수 있는 융통성이 있으며, 전체 서비스 과정을 고려하면서 쉽고 짧게 사용할 수 있다. 또한 매일매일 면담내용을 적어두는 사례노트를 활용하여 시간에 따른 변화나 과정을 기록해 두면 장기간의 사례관리에도 유용하게 쓰일 수 있다.

그러나 사회복지사의 판단하에 선택적으로 기록하기 때문에 면담내용이 지나치게 단순화되어 초점이 분명하지 않을 수 있고, 클라이언트의 언어적 · 비언어적 표현 등이 사실적으로 전달되지 않을 수도 있다. 또한 클라이언트나 사회복지사의 느낌이나 생각들이 잘 드러나지 않는 한계가 있다.

(2) 요약기록의 예시

① 시간 흐름에 따른 요약기록

사례 2 **시간 흐름별 요약기록(이야기체)**

2018년 7월 14일

외과 간호사 김하늘이 강수정을 의뢰했다. 오늘 첫 면담을 했는데, 강수정은 교통사고를 당해 2개월 이상 입원해야 하는 상태이다. 입원기간 동안 4살 아들과 2살 딸아이를 돌보아 줄 사람이 없어서 걱정을 많이 하고 심리적으로 불안한 상태이다. 입원기간 동안 자녀를 돌보아 줄 서비스나 정보에 대한 도움을 요청했다.

2018년 7월 21일

2회 면담을 하였다. 지난 일주일 동안 수집한 정보에 대해 전달했다. 클라이언트인 강수정의 거주 지역 근처에 있는 24시간 놀이방에서 아이들을 맡아줄 수 있었다. 비용은 병원의 후원회에서 지원해 주기로 했다. 이 소식을 들은 강수정은 매우 기뻐했으며, 아이들에 대한 미안함이 조금은 덜어졌다고 했다. 또한 남편에 대한 불만이 많았었는지 남편과의 갈등, 시댁과의 마찰에 대해 이야기하면서 많이 울었으며, 조만간 다시 만나서 이야기를 나누고 싶다고 하여 7월 28일에 3회 면담을 하기로 했다.

출처 : 나눔의집(2018), p. 393 재구성.

② 주제별 요약기록

사례 3 주제별 요약기록

클라이언트 : 강수정(30세, 여)
의뢰자 : 외과 간호사 김하늘
의학적 상태 : 교통사고로 전치 10주 진단받음

제시된 문제 : 클라이언트는 2018년 7월 9일에 교통사고를 당해 전치 10주의 진단을 받았다. 두 달 이상 입원을 해야 하는 상황에서 두 자녀를 돌보아 줄 사람이 없어서 많이 걱정하고 있고, 심리적으로 매우 불안한 상태이다. 겉으로 드러나지 않았으나 그동안 남편과 시댁문제로 스트레스를 심하게 받고 있었으며, 힘들어했다. 시어머니가 남편에 대해 과도한 기대와 역할을 요구하고 있으며, 경제적으로도 크게 의존하고 있는 상태이다. 클라이언트는 자신의 가정에 대한 시어머니의 간섭과 기대에서 벗어나지 못하면 부부갈등 및 시댁과의 관계가 더 악화될 것에 위기의식을 느끼고 있었다.

가족상황
남편(장승리, 35세, 회사원) : 밤에 아이를 돌보고 있으나 회사에서 늦게 돌아오는 일이 많고 출근을 해야 하므로 아이를 더 이상 돌볼 수 없다.
아들(장바다, 4세) : 여동생을 잘 돌보고, 놀아준다. 가끔 동생에 대해 질투를 하지만 큰 말썽은 부리지 않는다.
딸(장소리, 2세) : 오빠와는 달리 투정도 심하고 욕심도 많다. 엄마와 떨어져 지낸 적이 없었기 때문에 요즘처럼 이웃이 봐주는 것에 대해 낯설어하고 다소 경계를 보이고 있다.

개입계획
-
-
-

면담일시 및 내용
1회기(2018. 7. 14) : 주 호소 문제 탐색(입원기간 동안 자녀를 돌보아 줄 서비스 요청함)
2회기(2018. 7. 21) : 정보 전달
3회기(2018. 7. 28) : 시댁과의 관계 및 문제 탐색

개입 결과
-
-
-

출처 : 나눔의집(2018), p. 393 재구성.

3) 사례 노트

사례 노트는 클라이언트에 대한 사례에 개입이 진행되는 동안 매일매일 있었던 면담의 내용이나 개입상황 등을 간단하게 기록해 두는 것을 말한다.

〈표 11-3〉 사례 노트

면담 대상				면담 유형				일시	내 용
클라이언트	남편	자녀	기타	전화	방문	이메일	기타		
○					○			2018. 7. 14.	• 1회기 • 주된 문제 탐색 및 관계형성 : 교통사고로 입원이 길어짐에 따라 어린 자녀를 돌보아 줄 서비스 및 정보를 제공받기 원함
○					○			2018. 7. 21.	• 2회기 • 클라이언트 거주 지역 근처에 있는 24시간 놀이방에서 아이들을 맡아 줄 수 있고 비용은 병원의 후원회에서 지원할 수 있음을 전달 • 3회기 면담 약속 : 2018. 7. 28.

출처 : 나눔의집(2018), p. 392 재구성.

4) 문제중심기록

문제중심기록(problem-oriented recording)은 의학 및 보건 분야에서 학제 간 협력을 증진시키기 위해서 개발된 기록방법으로 문제 지향적 기록이라고도 한다. 이는 문제목록의 각 항목에 대한 클라이언트의 반응과 행동의 특정 유형을 요구하므로 중재 또는 개입이 필요할 때 사용함이 바람직하며, 개입의 책무성을 나타내는 문서의 기능을 한다.

또한 클라이언트의 현재 문제를 중심으로 문제 영역을 규정하고 사정하여 각각의 문제를 해결하기 위한 계획을 작성하고 진행상황을 기록하는 것으로 다양한 전문직 간 효율적인 의사소통과 정보교환을 통해 개입의 초점을 명확히 하며, 효율성을 향상시키는 데 중요하게 사용된다. 그리고 팀 서비스의 진행 시 다른 분야의 전문가들도 모두 동일한 기록지에 기록하기 때문에 다른 팀에서 무슨 일을 하는지 쉽게 파악할 수 있으며, 클라이언트의 기본자료, 문제에 대한 목표 및 계획, 활동을 통해 이룬 것과 결과에 대한 진행기록 등을 공유함으로써 원활한 팀 서비스가 가능해진다(금기윤 외, 2013 : 260-261).

(1) 문제중심기록의 방법

① S(Subjective Information, 주관적 정보) : 클라이언트나 가족으로부터 얻는 주관적 DB 정보, 기본적 자료, 클라이언트가 주관적으로 느끼는 자신의 상황에 대한 인식과 감정 등을 기록하는 것으로 클라이언트의 자기보고서에서 나온다. 따라서 독립적이거나 외적 타당도는 없다.

② O(Objective Information, 객관적 정보) : 사회복지사가 클라이언트에게 실시한 검사와 관찰로부터 얻은 객관적 정보, 전문가의 관찰, 검사 결과, 체계적 정보 등 사실적 자료에 근거하여 기록한다. 전문가의 직접적 관찰, 임상적 실험, 체계적 자료수집 등에 의해 얻어진 것이기에 독립적으로 검증될 수 있다.

③ A(Assessment, 사정) : 주관적 정보와 객관적 정보에 근거한 사정과 분석을 검토해서 추론된 전문가의 개념화와 해석, 분석, 결론 등을 기록한다. 이 활동은 내담자와 함께하며, 내담자를 위한 활동이다.

④ I(Impression, 견해) : 사회복지사의 견해, 가설, 사정 또는 평가를 기록한다.

⑤ G(Goals, 목적) : 현재의 목표를 기록한다.

⑥ P(Plans, 계획) : 주관적 정보, 객관적 정보, 사정을 기반으로 문제를 해결하기 위해 전문가가 특정한 문제를 제기하거나 해결하는 개입방법과 계획 등을 기록한다.

(2) 문제중심기록의 장·단점

문제중심기록은 다음과 같은 장점이 있다.

① 특정 문제에 초점을 두므로 적절하지 않은 정보는 기재하지 않으며, 간결하고 통일된 기록이 될 수 있기에 사회복지사, 슈퍼바이저, 외부의 자문가들이 특정 문제에 대해 접근해 온 서비스 방식을 쉽게 검토할 수 있다.
② 전문가 간의 의사전달과 지시의 명료성을 촉진시키기 때문에 사례조정이나 팀워크를 증진시킬 수 있어서 여러 분야 간에 공조가 원활하다.
③ 부서의 이동이 있어도 특정 문제에 대한 전문적 관심이 지속될 수 있다.
④ 미해결 문제에 대해서는 대안적인 계획이나 다른 기관에 의뢰하는 것에 대해 윤곽을 그릴 수 있다.
⑤ 초점을 극대화하여 효율성을 향상시킬 수 있다.
⑥ 클라이언트가 경험한 문제의 복잡성과 상호관련성을 나타내고, 특정 문제에 초점화된 관심을 갖도록 한다.
⑦ 문제해결의 진전에 대한 점검과 사후 추적조사를 위한 기제를 제공한다.
⑧ 문제해결에 대한 점검과 사후관리가 용이하기 때문에 기관이나 전문직 간에도 책무성이 향상될 수 있다.

그러나 문제중심기록은 다음과 같은 단점도 있다.

① 클라이언트의 자원이나 장점, 욕구보다는 문제를 강조하므로 병리적 관점을 부추겨 생태체계적 관점이나 강점 관점과 거리가 멀어질 수 있다.
② 문제의 사정이 부분적으로 이루어지고, 지나치게 단순화하며, 클라이언트의 능력과 자원을 덜 중요시하는 경향이 있다.
③ 심리사회적 관심보다는 생의학적 측면에 초점을 두므로 같은 것을 지속적으로 체크하고 코멘트하여 반복적일 수 있다.
④ 기록방법의 특성상 부분화를 강조함으로써 통합적이며 체계적인 쟁점들을 왜곡할 우려가 있다.

그러므로 문제중심기록을 위해서는 클라이언트의 문제를 확인하고 문제를 목록화하는 것이 필요하다. 문제란 클라이언트가 제시하는 문제, 사회 심리적 정보, 건강 및 병력, 각종 검사 결과 등이며, 문제는 가능하면 행동적인 용어로 기술한다. 새로운 문제가 발견되면 문제 목록에 추가하고 해결되면 해결된 날짜를 기록하도록 한다(금기윤 외, 2013 : 263-264).

(3) 문제중심기록의 예시

사례 4 SOAP기록

클라이언트 : 강수정(30세, 여)
의뢰자 : 외과 간호사 김하늘
면담일시 : 2018. 7. 14.
면담장소 : 사회사업과 상담실
의료적 상태 : 2018. 7. 9.에 교통사고로 전치 10주 진단받고 입원함

S : 입원기간 동안 자녀를 돌보아 줄 사람이 없어서 매우 걱정함
O : 낮에는 이웃이, 밤에는 남편이 자녀들을 돌봄
자녀를 이웃에 맡기는 것에 대해 부부가 매우 불안해함
강수정은 2개월 이상 입원해야 함
A : 아이들을 돌보아 줄 보육서비스 및 비용문제를 해결할 수 있는 대안을 마련해야 함
P : 자녀를 돌보아 줄 수 있는 지역사회 자원 찾아보기
보육서비스 비용을 지원해 줄 수 있는 자원 찾아보기

출처 : 나눔의집(2018), p. 395 재구성.

5) 녹음 및 녹화 기록

음성녹음과 화면녹화 등을 이용하여 면접과정을 관찰하고 재조사하며 분석하는 방법으로 면담이나 개입장면 전체를 기록하는 것이므로 직접 필기하는 것보다 효과적이다. 또한 기록보관의 보충적 방법으로도 사용할 수 있다.

녹음이나 녹화 기록은 교육용 자료로 유용하게 활용되며, 가족치료 및 실천에 대한 과정 지향적인 접근법을 지도, 감독할 때 유용하다. 그러나 클라이언트나 사회복지사가 녹음이나 녹화를 지나치게 의식하면 집중력이 떨어지거나 평소처럼 자연스럽지 않고 어색할 수 있다. 녹음이나 녹화 시 클라이언트에게 사전에 알리고 반드시 동의를 구해야 한다.

학습평가

01 과정기록에 대한 설명으로 옳은 것은?

① 문제의 목록화

② 사회복지 실습이나 교육 수단으로 유용

③ 경제적 효율성

④ 요약체로 기록

⑤ 면담의 분석 내용을 기록

정답 ② 과정기록은 서비스 과정 전부를 있는 그대로 기록하므로 시간 및 비용 측면에서 비효율적이지만 교육적 측면에서 유용하다.

02 사회복지실천 기록의 목적과 용도에 맞는 것을 모두 고르시오.

① 수급자격 입증자료

② 슈퍼비전의 활성화

③ 프로그램 관련 예산 확보

④ 클라이언트 당사자와 정보 공유

⑤ 사회복지사의 능력 확인

정답 ①, ②, ③, ④ 정보제공, 책임성, 개입 과정 점검 및 평가, 클라이언트에 대한 이해, 수급자격 입증, 지도·감독 및 교육 활성화, 예산분배 근거자료, 효과적 사례관리, 타 전문직과의 의사소통, 자료화 등을 위해 기록한다.

03 문제중심 기록의 작성내용이 아닌 것은?

① Assessment

② Plans

③ Objective Information

④ Subjective Information

⑤ Summary

정답 ⑤ Summary는 요약기록을 말한다.

04 문제중심기록의 한계가 아닌 것은?

① 부분적인 문제 사정
② 통합적이지 못함
③ 많은 시간과 비용의 소모
④ 개인과 환경의 상호작용 무시
⑤ 클라이언트의 문제 강조

정답 ③ 시간과 비용이 많이 드는 것은 과정기록이다.

05 녹음 및 녹화 기록에 대한 설명으로 옳지 않은 것을 모두 고르시오.

① 클라이언트의 집중력 저하 가능성
② 서비스 제공에 대한 증거자료로서 필수적 기록방식
③ 문제 지향적 접근방법을 지도·감독할 때 유용
④ 면접과정의 면밀한 관찰과 분석이 용이
⑤ 과정 지향적 접근방법의 지도·감독 시 유용

정답 ②, ③ 녹음 및 녹화기록은 증거자료로서 보충적 기록이며, 문제 지향적 접근방법은 문제중심 기록방법을 사용한다.

12

CHAPTER

사회복지실천 평가

1. 평가의 개념 및 필요성
2. 평가의 유형
3. 단일사례설계
4. 평가의 한계

12 CHAPTER 사회복지실천 평가

학습목표

1. 사회복지서비스에 있어서 평가의 중요성을 설명할 수 있다.
2. 유형에 따른 평가를 구분하여 목적에 맞는 평가방법을 설계할 수 있다.
3. 평가의 한계를 인식하여 건설적 대안제시가 가능하도록 한다.

사회복지실천에 있어서 평가는 필수적 부분으로 사회적 책무성이라는 측면에서 중요시되고 있으며, 서비스 개입의 효과성과 효율성을 입증하고 사회복지실천을 촉진하는 역할을 한다. 평가의 방법으로는 평가시점에 따라 형성평가와 총괄평가, 개입대상에 따라 실천평가와 프로그램 평가, 자료의 성격에 따라 양적 평가와 질적 평가로 나눌 수 있다.

1. 평가의 개념 및 필요성

1) 평가의 개념

사회복지실천에서 평가란 사회복지 프로그램 또는 기관의 계획, 수행, 활용 등 포괄적 활동 등을 체계적으로 판단하는 것을 의미하며, 사회복지실천에서의 평가는 개인, 가족, 집단, 지역사회를 대상으로 한 사회복지사의 개입활동의 효과성과 효율성, 변화의 정도 등을 검증하는 것을 말한다.

클라이언트를 변화시키는 요인으로는 사회복지사의 개입과 환경 등 다양한 개입 요인들이 영향을 미치기 때문에 결과와 더불어 달성 과정 등을 중시해야 하며, 개입방법의 성격과 목표달성의 성공과 실패 요인을 명백히 밝힐 수 있어야 한다. 그러므로 사회복지실천 평가를 위해서는 절차와 내용 등에 대한 계획을 세우는 것이 필요하다.

2) 평가의 필요성

사회복지서비스와 실천의 영역에서 실천 평가가 필요한 이유는 다음과 같다.

첫째, 제공된 자원이 효과적으로 사용되고 있는지에 대한 신뢰성 검증이 가능하다. 사회복지서비스는 성격상 실천에 필요한 대부분의 자원을 외부 관련 기관들에 의존하기 때문에 외부로부터 조직운영과 서비스의 효과성에 대한 입증을 요구받는다(이애재, 2006; 정무성 외, 2001). 또한 이 결과는 사회복지공동모금회를 비롯한 여러 재정지원기관의 프로젝트 선정기준 등에서 중요성이 강조되는 추세로 사회복지서비스의 질적 발전에 영향을 미칠 것이다.

둘째, 평가를 위한 법적 근거가 마련되었다. 1997년 사회복지사업법에서 3년마다 1회 이상 사회복지시설 종사자의 전문성, 시설환경, 서비스의 만족도 등에 대하여 평가하도록 규정하고 있는데, 이는 평가 이후 다양한 부가급부로 활용되고 있다(사회복지사업법 제43조의2).

셋째, 평가의 필요성과 이해의 증대로 인한 내부적 성숙을 볼 수 있다. 사회복지사는 클라이언트, 자기 자신 그리고 타 전문가들에게 자신이 실천한 방법과 기술의 효과성을 입증할 수 있어야 한다. 특히 사회복지실천의 전문 영역에 대한 다양한 도전 앞에서 사회복지실천의 전문성을 객관적으로 인정받기 위해서는 평가를 통한 효과성과 효율성을 인정받아야 한다. 체계적 평가는 실천방법과 기술 등에 대한 신뢰할 만한 정보를 제공해 주며, 사회복지사의 실천능력을 증진시켜 줄 것이다. 이로 인해 사회복지사는 자신의 업무 효율성을 입증할 수 있는 기회를 갖게 되며, 다양한 부문에서 자원을 제공받을 수 있는 기회를 증진시키게 될 것이다(금기윤 외, 2013 : 274-275).

2. 평가의 유형

1) 평가시점에 따른 구분

(1) 형성평가

형성평가란 사회복지서비스가 이루어지는 동안 부분적으로 수정·개선·보완하는 데 필요한 정보를 얻기 위해 주기적으로 진전 상황을 평가하여 환류하는 것으로 사회복지사의 개입과정에 대한 평가라고도 할 수 있다. 사회복지사가 과정을 검토하도록 하고, 필요시 수정하도록 하여 현재와 미래에 관련된 프로그램 수행상의 문제해결이나 결정을 내리도록 한다. 또한 프로그램의 전달체계, 기관의 운영상황, 클라이언트의 욕구 등을 염두에 두고 시행하며, 서비스 이용자의 욕구를 반영하여 진전이 이루어지고 있는지를 사정하기 위해 평가를 시행한다.

(2) 총괄평가

총괄평가란 활동이 종결되었을 때 그 활동의 결과로서 산출된 성과와 비용에 대하여 종합적 가치판단을 시행하는 평가방법이다. 즉, 프로그램이 종결되었을 때 개입을 통해 목표하는 바를 얼마나 잘 성취했는지를 평가하는 것으로 사회복지사의 다양한 개입방법의 효과성과 효율성을 사정한다는 측면에서 형성평가와는 대조된다.

2) 자료의 성격에 따른 구분

(1) 양적 평가

양적 평가는 집단활동 종결 후 또는 기존에 존재해 오고 있는 집단에 1회의 설문지를 돌리거나 추적조사를 통해 클라이언트가 만족스럽게 인식하고 있는 집단활동이나 집단과정에 대한 정보를 얻고 프로그램의 효과성이나 보완 및 수정에 대한 의견을 제시할 수 있는 평가방법이다. 특별한 개입전략을 수정하고 향상시키기 위한 기초수단과 집단경험의 어느 양상이 미래연구를 위해 유용한지를 안내하며, 연구 과제를 제시해 주는 탐색적 자료로 사용가능하다. 또한 획득된 자료의 속성에 대한 계량화가 가능한 측정방법이므로 많은 사례를 대상으로 실시할 수 있다.

(2) 질적 평가

질적 평가는 상황적이고 맥락적이며, 해석적인 특성을 갖는 것으로, 획득된 자료의 계량화가 곤란한 경우 나타나는 현상의 정도와 수준을 평가하는 것으로, 소수의 사례를 대상으로 적용할 때 적절한 방법이다. 집단조건에 영향을 주고 있는 참여자, 관계형성, 활동, 자원, 구조나 과정에 대해 폭넓게 초점을 두고 진행할 수 있으나 정보수집이 객관적이지 못하고, 객관적 측정도구를 사용하지 않으므로 비판을 받기도 한다. 그러나 새로운 프로그램의 개발과 소개 및 앞으로의 연구가설 내지 연구 과제를 제시한다는 점에서 중요한 의미가 있으며, 양적 조사에서 관찰되지 않는 독특한 집단과정을 묘사할 수 있는 장점이 있다.

3) 실시 목적에 따른 구분

(1) 결과평가

결과평가란 설정한 목표들이 얼마나 달성되었는가를 평가하는 것으로 개입과정을 통해 원하는 변화가 일어났는지를 평가하는 방법이다. 클라이언트의 변화는 다양한 요인의 영향을 받을 수 있기 때문에 결과가 개입으로 인해 일어났다는 것을 입증하는 방식이다. 이를 위해 개입 전후를 비교하는 단일집단 사전-사후 비교방법과 개입을 한 실험집단과 개입을 하지 않은 통제집단을 비교하는 방법을 많이 사용한다(나눔의집, 2018 : 410-411).

단일집단 사전-사후 비교방법은 사회복지실천의 효과성 입증을 위해 많이 사용되는 방법이지만 내적 타당도가 낮기 때문에 결과를 신뢰하는 데 한계가 있다. 또한 통제집단과 실험집단을 비교하는 방법은 개입을 한 실험집단과 개입을 하지 않은 통제집단을 비교하여 그 차이로 개입의 효과를 추정하는 것으로 사회복지실천분야에서는 윤리적 문제를 야기할 수 있어 많이 사용되지는 않는다.

이처럼 결과평가는 의도된 결과의 성취 정도를 입증하여 대상에 대한 개입결과를 평가하는 것이므로 비교적 평가를 수행하기 쉬운 반면, 사회복지사가 개입 결과에 영향을 주었는지를 판별할 수 있는 인과적 자료를 얻을 수는 없다. 그럼에도 결과평가는 일상적으로 사회복지실천에서 꼭 수행되어야 하는 중요한 영역으로 자리 잡아가고 있다.

(2) 과정평가

과정평가란 서비스 전달체계의 정밀성과 행정적 측면을 동시에 사정하는 것으로 프로그램이 의도한 대로 전달되었는지, 성공과 실패의 원인은 무엇인지, 누구에게 효과적이고 어느 상황에서 효과적인지, 프로그램의 어느 요소가 성공과 실패에 기여했는지 등을 파악하는 방법이다.

과정평가는 프로그램 개혁과 수행 등에 대한 정보를 얻는 데 초점을 두는 것으로 결과평가에서 간과되기 쉬운 프로그램의 준비, 진행, 종결 과정에서 환경적 요인과의 관련성을 개입과정에 따라 분석하는 방법이다. 그러므로 개입의 목표가 달성되더라도 개입과정에 대한 클라이언트의 평가는 부정적일 수도 있다.

3. 단일사례설계

1) 단일사례설계의 개념

단일사례설계는 개인, 가족 및 소집단 등을 대상으로 문제해결을 위한 개입의 효과를 과학적으로 입증하기 위해 통제된 환경하에서 개입하기 전과 후의 변화를 반복해서 개입의 효과성을 측정하는 조사설계 방식이다. 즉, 클라이언트에 대한 개입 및 결과의 인과관계를 살펴보기 위해 통제된 환경에서 개입 전·후의 변화를 시계열적으로 반복해서 측정하여 평가하는 것이다. 대부분 한 사람, 하나의 집단, 하나의 가족, 하나의 기관 등이 평가의 대상이 되지만 때로는 십단 전체의 평균이나 빈도 등으로 요약되어 하나의 사례로 적용될 수도 있다.

1970년대 심리학자들이 고안한 방법으로 사회복지실천에서 집단설계를 수행하는 과정에서 생기는 한계를 극복하기 위해 도입된 방법으로 개입 초기의 자료로 기초선(baseline)을 설정하고 이를 기준으로 후속적인 변화를 측정하여 개입의 효과를 측정하는 것으로 임상실천에서 주로 사용하고 있다.

2) 단일사례설계의 특징

단일사례설계의 일차적 목적이 표적행동에 대한 개입의 효과성을 분석하는 것으로 경향과 변화 정도를 알기 위해 반복적 관찰을 한다. 단일 클라이언트나 클라이언트 체계를 대상으로 개입 전, 개입 동안, 개입 후를 반복적으로 관찰함으로써 변화를 평가할 수 있으며, 결과의 성취 정도뿐만 아니라 그 변화가 개입으로 인한 변화인지 관찰을 통하여 기록·평가하기 때문에 사회복지실천에서 결과를 평가하고자 할 경우에 부합되는 방법이다.

대면 서비스 측면에서 본다면 관찰기록과 함께 단일사례설계의 평가방식을 사용할 경우 효과성 평가를 유용하게 할 수 있는 방법 중 하나로 볼 수 있다. 이때 개입의 효과를 증명하기 위하여 단일사례설계는 시계열 측정방식을 도입하여 지속적인 반복측정을 통하여 변화를 주기적으로 파악하여 비교하며, 이를 개입과정에 반영함으로써 개입 효과를 높일 수 있다. 그러나 양적 연구에 적합한 사례 수를 확보하는 데 어려움이 있고, 통제집단에 대해서 의도적 개입을 하지 않는다는 점에서 사회복지실천상 윤리적 문제가 제기될 수 있다.

3) 단일사례설계의 목적

사회복지 실천 평가에 있어서 블룸, 피셔, 옴(Bloom, Fischer, & Orme, 1995) 등은 단일사례연구설계를 사용하는 목적에 대하여 다음의 네 가지로 제시하고 있다(금기윤 외, 2013 : 283-284; 이미선 외, 2008 : 234).

첫째, 시간의 변화에 따른 사건과 사람의 변화를 점검하고 사례 상황을 사정
둘째, 표적 사건에 긍정적 혹은 부정적 변화가 일어났는지를 평가
셋째, 실천가의 개입이 변화와 원인적으로 연결되는가를 평가
넷째, 실천가가 개입 간의 효과를 비교

4. 평가의 한계

평가란 사회복지실천이 클라이언트에게 어떤 영향을 주었는지에 대해서 그 성과를 드러내는 데 있어 사회적으로 책임성과 과학성을 확보하기 위하여 건설적 대안과 방향을 도출하기 위한 노력이다. 그러나 때로는 이 평가들이 오용되거나 잘못 해석될 가능성도 있기에 평가의 한계를 제시하면 다음과 같다(금기윤 외, 2013 : 293).

- 일반화의 한계
- 잘못된 평가도구 선택 시 잘못된 결과 도출
- 평가과정에서 클라이언트를 배제하는 윤리적 문제 야기
- 평가에 대한 직원들의 불만
- 평가과정에서 서비스의 제공을 방해
- 프로그램 성과에 대한 대안적 설명 필요
- 예측하지 못한 평가결과의 도출에 대한 책임성 등의 문제 야기

이러한 다양한 한계와 문제점들을 극복하기 위해서는 사회복지사에게 전문적 지식의 개발과 서비스의 효과성을 입증하기 위해 평가 · 설계 등의 중요성을 일깨워 주어야 할 것이며, 검증된 평가 결과의 보급을 통하여 가장 적절한 서비스를 효율적으로 진행할 수 있도록 해야 할 것이다.

학습평가

01 단일사례설계에 대한 설명으로 맞지 않는 것은?

① 측정지수에는 긍정적 지표와 부정적 지표가 있다.

② 개입과정에서 개입의 강도나 방식을 바꿀 수 없다.

③ 개입 이후 기초선 자료를 수집할 수 있다.

④ 다수의 클라이언트의 변화를 점검할 수 있다.

⑤ 개입 효과성을 알기 위해 반복측정을 해야 한다.

정답 ② 개입과정에서 필요시 개입의 강도나 방식은 수정 가능하다.

02 단일사례설계에 관한 설명으로 맞는 것을 모두 고르시오.

① 개입과 개입철회 반복 가능

② 사전자료가 없는 경우 개입 이후 기초선 자료수집 가능

③ 여러 개의 표적행동에 대해 기초선 설정 가능

④ 한 명 이상의 클라이언트를 대상으로 비교 가능

정답 ①, ②, ③, ④ 단일사례설계는 개입과 철회를 반복하는 다양한 설계유형으로 클라이언트가 위기에 처해 있거나 기초선을 측정할 수 없는 상황에서도 개입 가능하다. 둘 이상의 클라이언트나 문제 혹은 표적행동에 대해 다중기초선 설계가 가능하고, 개인, 가족, 소집단 등을 대상으로 적용 가능하다.

03 사회복지실천평가에 관한 설명으로 맞지 않는 것을 모두 고르시오.

① 클라이언트의 만족도보다는 실제 효과성에 초점을 둔다.

② 개입의 지속 또는 변경 등을 판단하기 위한 정보를 제공한다.

③ 개입의 장점보다 단점에 집중하여 서비스가 개선되도록 한다.

④ 어떤 개입방법이 더 효과적인지에 대한 판단 자료가 된다.

⑤ 실천평가는 법적 근거하에 진행된다.

정답 ①, ③ 실천평가는 장·단점을 모두 파악하여 장점은 부각시키고 단점은 보완하여 개선하도록 한다. 또한 클라이언트의 만족도와 실제 효과성은 다르게 나타날 수 있으나 클라이언트의 만족도도 평가에 있어 중요한 사항이다.

04 형성평가에 대한 설명으로 적절하지 않은 것은?

① 부분적인 수정·보완 가능

② 서비스 수행상의 문제 해결 가능

③ 진전 상황 환류 가능

④ 개입의 효과성과 효율성 평가

⑤ 사회복지사의 개입과정 평가

정답 ④ 총괄평가는 개입이 종결되었을 때 실시하는 것으로 개입의 효과성과 효율성을 평가한다.

05 양적 평가에 대한 설명으로 적절하지 않은 것은?

① 탐색적 자료로 사용 가능 ② 계량화 가능

③ 추적조사 가능 ④ 많은 사례 가능

⑤ 주관적 정보수집 가능

정답 ⑤ 질적 평가를 통해 주관적 정보수집이 가능하다.

참고문헌

국가법령정보센터. 사회복지사업법.

권중돈 · 김종옥(1993). **집단사회사업방법론**. 홍익재.

금기윤 · 김미연 · 김은희 · 류동수 · 이태희(2013). **사회복지실천기술론**. 공동체.

길귀숙(2015). **사회복지실천기술론**. 양서원.

길귀숙 · 강희숙 · 김상곤 · 오영훈 · 유용식 · 이재호 · 임승희 · 천덕희 · 현영렬(2015). **사회복지실천기술론**. 양서원.

길귀숙 · 강희숙 · 이재호 · 천덕희 · 김상곤 · 오영훈 · 현영렬 · 임승희(2010). **사회복지실천론**. 양서원.

김기태(1998). **위기개입론**. 대왕사.

김기태 외(2006). **사회복지실천론**. 양서원.

김만두 역(1985). **위기개입론**. 홍익재.

김민경(2017). **사회복지실천기술론**. 양서원.

김범수 · 신원우(2006). **지역사회복지론**. 공동체.

__________(2009). **지역사회복지론**(제2판). 공동체.

김용환 · 김승돈 · 박선애 · 안외자 · 양정안 · 오정옥(2013). **사회복지실천기술론**. 동문사.

김익균 · 박은미 · 이정남(2009). **가족복지론**. 동문사.

김인숙 · 김용석(2002). **사회복지실천기술 연습**. 나남.

김종옥 · 권중돈(2001). **집단사회사업방법론**. 홍익재.

김충식(2009). **사회복지실천기술론**. 공동체.

김혜경 · 도미향 · 문혜숙 · 박충선 · 손홍숙 · 오정옥 · 홍달아기(2006). **가족복지론**. 공동체.

김혜란 · 홍선미 · 공계순(2001). **사회복지실천기술론**. 나남출판.

________________(2003). **사회복지실천기술론**. 나남출판.

________________(2006). **사회복지실천기술론**(개정2판). 나남출판.

________________(2010). **사회복지실천기술론**. 나남출판.

김혜선 · 박혜인 · 옥선화(2005). **가족관계학**. 한국방송대학교출판부.

김혜숙(2003). **가족치료 이론과 기법**. 학지사.

김혜숙 · 나임순 · 김현경(2013). **사회복지실천기술론**. 학지사.

________________(2015). **사회복지실천기술론**. 학지사.

김혜영 · 석말숙 · 최현미 · 신인순 · 홍나미 · 황미영(2017). **사회복지실천기술론**. 공동체.

나눔의집(2018). 사회복지실천기술론. 나눔의집.
________(2018). 사회복지실천론. 나눔의집.
남세진 · 조흥식(1997). 집단사회사업방법론. 서울대학교출판부.
남일재 · 문영주(2015). 지역사회복지론. 양서원.
박귀영 외(2017). 사회복지실천기술론. 양성원.
박태영(2003). 지역복지계획의 이론과 실천. 학현사.
배은숙 · 문혜숙 · 김준환 · 이금옥 · 박주현(2014). 사회복지실천기술론. 창지사.
보건복지부. 사회복지관 설치운영규정.
생각의마을(2018). 사회복지실천기술론. 공동체.
서혜석 · 이혜숙 · 이윤형 · 한경리(2013). 사회복지실천기술론. 양서원.
______________________________(2017). 사회복지실천기술론. 양서원.
설진화(2008). 사회복지실천기술론. 양서원.
______(2013). 사회복지실천기술의 이해. 양서원.
______(2014). 사회복지실천기술의 이해. 양서원.
______(2018). 사회복지실천기술론. 양서원.
성정현 · 여지영 · 우국희 · 최승희(2004). 가족복지론. 양서원.
손광훈(2013). 사회복지실천기술론. 공동체.
신선인 · 김순천 · 서혜석 · 송유미 · 이규영 · 이미영 공역(2006). 가족치료 및 상담 치료계획서. 신정.
신성자 외(2000). 치료견 보조프로그램이 정신분열병 환자의 사회기능수준 향상에 미치는 영향. 정신보건과 사회사업, 10.
신성자 외(2009). 사회복지실천기술론. 양서원.
신성자 · 고유나 · 권신혜 · 김수정 · 박용권 · 성희자 · 이현정 · 전보경 · 정숙희 · 최은지(2012). 사회복지실천기술론. 양서원.
양옥경 · 김정진 · 서미경 · 김미옥 · 김소희(2005). 사회복지실천론. 나남출판.
양정남 · 최선령(2012). 사회복지실천론. 양서원.
엄명용 · 노충애 · 김용석(2005). 사회복지실천기술의 이해. 학지사.
______________________(2015). 사회복지실천기술의 이해. 학지사.
윤선오 외(2016). 사회복지실천기술론. 양서원.
윤현숙 · 김기환 · 김성천 · 이영분 · 이은주 · 최현미 · 홍금자(2001). 사회복지실천기술론. 동인.
이경남 외(2012). 사회복지개론. 공동체.
이기량 · 김 병 · 김효선 · 나혜숙 · 박영주 · 송기영 · 신민정 · 임경선 · 전영록 · 현영렬(2017). 사회복지실천기술론. 공동체.
이문국 외 공역(1998). 사회복지대백과사전. 나눔의집.

이미선 외(2012). **사회복지실천기술론**. 창지사.

이미선·강우진·권향임(2008). **사회복지실천기술론**. 양서원.

이애재(2006). **사회복지실천기술론**. 양서원.

_____(2013). **사회복지실천기술론**. 양서원.

이영실·윤대중·강윤경·임정문·황치정·김성철·김지철(2010). **사회복지실천기술론**. 양서원.

이영실·윤순이·신준옥·오현숙·노길희·조명희·홍성희(2015). **사회복지실천기술론**. 양서원.

이영호(2007). **사회복지실천기술론**. 공동체.

_____(2008). **사회복지실천기술론**. 공동체.

_____(2015). **사회복지실천기술론**. 공동체.

이윤로(2008). **사회복지실천기술론**(제2판). 학지사.

이철수(2009). **사회 복지학 사전**. 블루피쉬.

이화여자대학교 사회사업학과(1997). **가족치료 총론**. 동인.

장수미·최정숙·박형원·김주현·홍현미라·이혜경·이영선·한인영(2015). **사회복지실천기술론**. 학지사.

전남련 외(2014). **사회복지실천론**. 정민사.

전남련·신재명·이권일·김상조(2007). **사회복지실천기술론**. 학현사.

전재일·이성희(2006). **사회복지실천기술론**. 형설출판사.

전재일·이성희·김연희(2015). **사회복지실천기술론**. 공동체.

전해황·이성윤·송낙길·정주석·염일열·김정호(2016). **지역사회복지론**. 양서원.

정무성·정진모(2001). **사회복지프로그램 개발과 평가**. 양서원.

조추용·김양이·황미경(2018). **지역사회복지론**. 양서원.

조휘일·이윤로(1999). **사회복지실천론**. 학지사.

조홍식·김인숙·김혜련·신은주(2006). **가족복지론**. 학지사.

최덕경·강기정·박경애·박주현·배은숙·이명순·이혜자(2010). **가족복지론**. 파란마음.

최선화(2006). **풀어쓴 사회복지실천기술론**(제2판). 공동체.

_____(2018). **풀어쓴 사회복지실천기술론**(제5판). 공동체.

최옥채(2001). **사회복지실천론**. 양서원.

최옥채·박미은·서미경·전석균(2004). **인간행동과 사회환경**. 양서원.

한국전문대학사회복지교육협의회(2005).

허남순·한인영·김용석(2004). **사회복지실천이론과 기술**. 나눔의집.

홍봉수·임안나·곽정국·장승전·전경란·임현진·김한덕·이순자·김덕주·배재덕·강해자(2015). **사회복지실천기술론**. 공동체.

Barker, R.(1991). *The Social Work Dictionary*. Silver Spring, MD : National Association of Sicial Workers.

Corey, G., Corey, M., & Hatnes, R. 저, 이은경·이지연 공역(2006). **집단상담의 실제 : 진행과 도**

전. 시그마프레스.

Corey, M. S., & Corey, G.(1992). *Group Process and Practice*(4th ed.). Pacific Grove. CA : Brooks/ Cole.

Duvall, E. M.(1977). *Marriage and Family Development*. Philadelphia : J. B. Lippincott.

Gilliland, B., & James, R.(1977). *Crisis Intervention Stragegies*. Brooks/ Cole.

Hartford, M.(1971). *Groups in Social Work*. New York : Columbia University Press.

Hoils, F.(1970). The Psychosocial Approach to The Practice of Casework. In Robert, R., & Nec, R.(Eds.), *Theories of Social Casework*. Chicago : University Press.

Kagle, J., & Kopel, S. 저, 홍순혜 · 한인영 공역(2010). 사회복지기록. 시그마프레스.

Levy-Strauss, C.(1969). *The Elementary Structures of Kinship*. Boston : Beacon. Press.

Maguire, Lambert 저, 배태순 · 최명민 · 김영미 공역(2007). 전문사회복지실천기술. 시그마프레스.

Mattaini, M., Lowery, C., & Meter, C.(2005). *The Foundations of Social Work Practice : A Graduate Text*. NASW Press.

Morals, A., & Sheafor, B. W.(1980). *Social Work : A Profession of Many Faces*. Boston : Allyn & Bacon INC.

Murdok, G. P.(1949). *Social Structure*. New York : Macmaillan.

N. Golan(1978). *Treatment in Crisis Situations*. New York : Free.

Olson, D.(1993). Circumplex Model of Marital and Family Systems : Assessing Family Functioning. In F. Walsh(Ed.). *Normal Family Processes*. New York : Guilford Press.

Payne, M.(1977), 서진환 외 공역(2001). 현대사회복지 실천이론. 나남출판.

Rapoport, L.(1970). Crisis intervention as a mode of brief treatment. In Roberts, R. W., & Nee, R. H.(Eds.), *Theories of Social Casework*. Chicago : University of Chicago Press.

Sheafor, W., Horejsi, R., Horejsi, A. 저, 남기철 · 정선욱 · 조성희 공역(2010). 사회복지실천기법과 지침. 나남.

Smally, R.(1967), *Theory for Social Work Practice*. NY : Columbia University Press.

Trevithick, P. 저, 장인협 외 공역(2005). 사회복지실천기술 : 실천을 위한 핵심기술 50. 청목출판사.

Woods, M. E., & Robinson(1996). Chapter 23 : Psychoscial Theory and Social Work Treatment. In F. Turner(Ed.), *Social Work Treatment*(4th ed.), New York : The Free Press.

Woods, M., & Hollis, F.(1990). *Casework : A Psychosocial Therapy*(4th ed.). New York : McGraw Hill.

Yallom, I. D.(1995). *The Theory and Practice of Group Psychotherapy*. New York : Basic Books.

Zastrow, C.(1995). *The Practice of Social Work*(5th ed.). Pacific Grove. CA : Brooks/ Cole Publishing Co.

Zastrow, Charls, H.(2003). *The Practice of Social Work*(7th ed.). Brooks/ Cole-Thomson learning.

사랑의 열매 http://www.chest.or.kr

찾아보기

저/자/약/력

■ 이태희
경북전문대학교 사회복지과 교수

■ 류동수
청암대학교 사회복지과 교수

■ 박희숙
경복대학교 복지행정과 교수

■ 오하나
경복대학교 복지행정과 교수

■ 황동섭
선린대학교 사회복지심리상담학부 교수

사회복지실천기술론

|공저자| 이태희 · 류동수 · 박희숙 · 오하나 · 황동섭

|1판 1쇄| 발행 2023년 9월 15일

|발행인| 김동훈
|발행처| 공동체

|주소| 경기도 고양시 일산동구 호수로 358-39, 동문타워 1차 905호(백석동)
|전화| 031)814-3000(대표)
|팩스| 031)814-3100
|홈페이지| http://www.compub.co.kr
|전자우편| compub@naver.com
|출판등록| 2005년 10월 6일
|등록번호| 제396-2005-36호

|ISBN| 979-11-6725-507-5
정가 20,000원